THOMAS HOLZNER

Die normative Kraft des Faktischen:
Die Vertrauensfrage nach Art. 68 GG –
stiller Verfassungswandel hin zu
einem Selbstauflösungsrecht?

Schriften zum Öffentlichen Recht

Band 1122

Die normative Kraft des Faktischen: Die Vertrauensfrage nach Art. 68 GG – stiller Verfassungswandel hin zu einem Selbstauflösungsrecht?

Von

Thomas Holzner

Duncker & Humblot · Berlin

Bibliografische Information der Deutschen Nationalbibliothek

Die Deutsche Nationalbibliothek verzeichnet diese Publikation in der Deutschen Nationalbibliografie; detaillierte bibliografische Daten sind im Internet über http://dnb.d-nb.de abrufbar.

© 2009 Duncker & Humblot GmbH, Berlin
Fremddatenübernahme: Process Media Consult GmbH, Darmstadt
Druck: Berliner Buchdruckerei Union GmbH, Berlin
Printed in Germany

ISSN 0582-0200
ISBN 978-3-428-12939-3

Gedruckt auf alterungsbeständigem (säurefreiem) Papier
entsprechend ISO 9706 ♾

Internet: http://www.duncker-humblot.de

Meinen Eltern

Vorwort

Die vorliegende Arbeit wurde im Sommer 2007 von der Hochschule für Politik München als Diplomarbeit im Fachbereich „Recht und Staat, Lehre von den politischen Systemen unter Einschluss der verwaltungswissenschaftlichen Aspekte" angenommen. Literatur und Rechtsprechung wurden bis zum Juni 2007 und vereinzelt auch darüber hinaus berücksichtigt.

Herzlichen Dank möchte ich zunächst Herrn Prof. Dr. Rupert Stettner sagen, der die Arbeit als Erstkorrektor begleitet und durch wertvolle Anregungen gefördert hat. Ebenfalls möchte ich Herrn Prof. Dr. Oberreuther danken, der das Zweitgutachten erstellt und ebenfalls interessante Denkanstöße gegeben hat.

Mein besonderer Dank gilt Herrn Prof. Dr. Jens Kersten, der mir an seinem Lehrstuhl den Freiraum gab, die Arbeit zu vollenden und durch seine Unterstützung maßgeblich an der Veröffentlichung der Arbeit mitgewirkt hat.

Weiter möchte ich mich bei Herrn Christian Lutz und Herrn Alexander Vetter für ihre Mühe und Zeit herzlich bedanken, die diese in das Korrekturlesen der Arbeit investiert haben.

Abschließend möchte ich noch meinen Eltern Dank sagen, ohne deren stete Unterstützung vorliegende Arbeit nicht entstanden wäre.

München, im Juli 2008

Thomas Holzner

Inhaltsverzeichnis

Kapitel 4

Die politische Anwendung des Artikels 68 GG und deren Folgen   46

Kapitel 5

Schlussbetrachtungen

Abkürzungsverzeichnis

a.A.	anderer Ansicht
a.E.	am Ende
a.F.	alte(r) Fassung
aaO.	am angegebenen Ort
Abs.	Absatz
AKzGG	Alternativkommentar zum Grundgesetz
Anm.	Anmerkung
AöR	Archiv des öffentlichen Rechts
Art.	Artikel
BayVBl.	Bayerische Verwaltungsblätter
BayVerfGH	Bayerischer Verfassungsgerichtshof
Bd.	Band
Bde.	Bände
BGBl.	Bundesgesetzblatt
BK	Bonner Kommentar
BRD	Bundesrepublik Deutschland
BT-Drs.	Bundestagsdrucksache
BV	Verfassung des Freistaates Bayern
BVerfG	Bundesverfassungsgericht
BVerfGE	Entscheidung(en) des Bundesverfassungsgerichts
BVerfGG	Gesetz über das Bundesverfassungsgericht (Sartorius I Nr. 40)
BWG	Bundeswahlgesetz (Sartorius I Nr. 30)
bzgl.	bezüglich
ca.	circa
CDU	Christlich Demokratische Union
CSU	Christlich Soziale Union
dens.	denselben
ders.	derselbe
DM	Deutsche Mark
DÖV	Die öffentliche Verwaltung
Drs.	Drucksache
DVBl.	Deutsches Verwaltungsblatt
EL.	Ergänzungslieferung
EuGRZ	Europäische Grundrechtezeitung
FAZ	Frankfurter Allgemeine Zeitung
FDP	Freie Demokratische Partei Deutschlands
gem.	gemäß
GG	Grundgesetz für die Bundesrepublik Deutschland (Sartorius I Nr. 1)
GO BT	Geschäftsordnung des Bundestages (Sartorius I Nr. 35)
h.L.	herrschende Lehre
h.M.	herrschende Meinung

HChE	Herrenchiemseer Entwurf
hg.	herausgegeben
Hg.	Herausgeber
HStR	Handbuch des Staatsrechts der Bundesrepublik Deutschland
i.S.v.	im Sinne von
i.V.m.	in Verbindung mit
insb.	insbesondere
JA	Juristische Arbeitsblätter
Jhg.	Jahrgang
JöR n.F.	Jahrbuch des öffentlichen Rechts der Gegenwart
Jura	Juristische Ausbildung
JuS	Juristische Schulung
JZ	Juristenzeitung
KSK	Kommando Spezialkräfte
Lit.	Literatur
MDR	Monatsschrift für Deutsches Recht
Mio.	Million
Mrd.	Milliarde
mwN.	mit weiteren Nachweisen
n.F.	neue(r) Fassung
NATO	North Atlantic Treaty Organization, Nordatlantikpakt
NJW	Neue Juristische Wochenschrift
Nov.	November
NRW	Nordrhein-Westfalen
NVwZ	Neue Zeitschrift für Verwaltungsrecht
o.A.	ohne Angabe
o.g.	oben genannt(-e; -es; -em)
o.J.	ohne Jahresangabe
o.O.	ohne Ortsangabe
PDS	Partei des Demokratischen Sozialismus
Rn.	Randnummer(n)
Rspr.	Rechtsprechung
S.	Seite
sog.	sogenannt(-e)
SPD	Sozialdemokratische Partei Deutschlands
std. Rspr.	ständige Rechtsprechung
Sten.B.	Stenographischer Bericht
Stzg.	Sitzung
SZ	Süddeutsche Zeitung
u.a.	unter anderem/n
u.U.	unter Umständen
USA	United States of America, Vereinigte Staaten von Amerika
vgl.	vergleiche
VVDStRL	Veröffentlichungen der Vereinigung der Deutschen Staatsrechtslehrer
WASG	Wahlalternative Arbeit und Soziale Gerechtigkeit
Wp.	Wahlperiode
WRV	Weimarer Reichsverfassung vom 11.8.1919 (RGBl. 1383)
z.B.	zum Beispiel

ZfP	Zeitschrift für Politik
zit.	zitiert
ZParl.	Zeitschrift für Parlamentsfragen
ZRP	Zeitschrift für Rechtspolitik
zzgl.	zuzüglich

Kapitel 1

Einleitende Bemerkung

„Die Entwicklung der Verfassung bietet uns die große, immer noch nicht genug in ihrer gewaltigen Bedeutung gewürdigte Lehre, daß Rechtssätze unvermögend sind, staatliche Machtverteilung tatsächlich zu beherrschen. Die realen politischen Kräfte bewegen sich nach ihren eigenen Gesetzen, die von allen juristischen Formen unabhängig wirken."[1] Dieses von Georg Jellinek schon aus dem Jahr 1906 stammende Zitat sowie sein Ausspruch von der „normativen Kraft des Faktischen"[2] implizieren, dass es nicht nur eine Wechselwirkung zwischen Verfassungsrecht und Verfassungswirklichkeit gibt, sondern dass die politischen Prozesse maßgebend auf das Verfassungsgefüge einwirken und nicht etwa durch dieses gesteuert werden.[3] Hiernach würden politische Ereignisse die Verfassung verändern können, ohne dass dieser zugestanden wird, auf jene ordnend einzuwirken.

Dem wird von der neueren Staatsrechtslehre entgegengetreten, da Politik weder über das Recht noch über das Verfassungsrecht beliebig verfügen könne[4] und auch politische Prozesse allein keine rechtsbildende Kraft besitzen würden.[5]

Betrachtet man die Szenarien, in denen die Vertrauensfrage nach Art. 68 GG gestellt wurde, sowie die Rechtsprechung des Bundesverfassungsgerichts hierzu, so gewinnt diese Diskussion an Aktualität, denn es stellt sich die Frage, ob das Bundesverfassungsgericht die Ausgestaltung von Art. 68 GG in der geschehenen Weise allein aufgrund der politischen Situation vorgenommen hat oder sich die Richter bei ihren Urteilssprüchen ausschließlich der Verfassung verpflichtet sahen. Und wenn doch eine politische Beeinflussung gegeben war, wie wirkte sich diese auf die Ausgestaltung von Art. 68 GG aus?

Der vorliegende Beitrag zeichnet die Entwicklung des Art. 68 GG seit seiner Entstehung nach und beleuchtet dabei die politischen Anwendungen sowie die Diskus-

---

[1] *Georg Jellinek*, Verfassungsänderung und Verfassungswandlung, 1906, Berlin, S. 72.

[2] *Georg Jellinek*, Allgemeine Staatslehre, 3. Aufl. 1976, Kronberg/Ts., S. 338.

[3] *Jellinek,* Allgemeine Staatslehre, S. 358.

[4] *Klaus Stern*, Das Staatsrecht der Bundesrepublik Deutschland I, 2. Aufl. 1984, München, § 3 IV 1.

[5] *Peter Badura*, Staatsrecht, 3. Aufl. 2003, München, F 60. Vgl. zu Georg Jellineks Staatslehre auch *Jens Kersten*, Georg Jellinek und die klassische Staatslehre (Beiträge zur Rechtsgeschichte des 20. Jahrhunderts Bd.28), 2000, Tübingen.

sion in Literatur und Rechtsprechung als auch deren Folgen näher.[6] Hierbei finden auch die Auswirkungen der Rechtsprechung auf Art. 68 GG und das Verfassungsgefüge Berücksichtigung, um letztlich der Frage nachzugehen, ob Art. 68 GG einem stillen Verfassungswandel – getrieben von den politischen Verhältnissen – unterlag und ob nun am Ende einer solchen Entwicklung ein Selbstauflösungsrecht des Parlaments steht.

Diesbezüglich gilt es jedoch zunächst abzuklären, was unter einem Verfassungswandel überhaupt zu verstehen ist, bevor dann Art. 68 GG vorgestellt wird und die Ursachen und Wirkungen der politischen Anwendungen näher erörtert werden.

---

[6] In Anbetracht der Vielzahl der Beiträge, deren vollständige Darstellung den Umfang der vorliegenden Abhandlung sprengen würde, wird versucht, die Diskussion in der Literatur überblicksartig und akzentuiert auf die wesentlichen Argumente wiederzugeben.

Kapitel 2

Zum Verfassungswandel

„Starrheit" und „Beweglichkeit" sind nach Konrad Hesse notwendige Eigenschaften einer Verfassung, damit diese der ihr zugedachten Bestimmung gerecht wird.[1] Die verbindliche Festlegung ist relevant, da sie allein die relative Konstanz und mit ihr die stabilisierende Wirkung entfaltet, die das Gemeinwesen vor Auflösungsprozessen durch ständigen Wechsel zu bewahren vermag,[2] die Offenheit und Weite hingegen, um dem beständigen Wandel und der Ausdifferenzierungen der Lebensverhältnisse gerecht zu werden.[3] Ansonsten würde „jede Verfassung […] an ihrer eigenen Sprödigkeit zerspringen und sich selbst mit Sicherheit ad absurdum führen, wenn sie auf Grund eines falsch verstandenen Dogmas der Unantastbarkeit auf die potentielle Anpassungsfähigkeit des Allgemeinen an das Besondere […] verzichten würde."[4] Diese „Beweglichkeit" zur Anpassung der Verfassung an neue Bedürfnisse, Erfahrungen und Einsichten wird durch das Institut der Verfassungsänderung erreicht. Diese stellt die aufgrund und nach Maßgabe des geltenden Verfassungsrechts bestehende rechtliche Möglichkeit dar, das geltende Verfassungsgesetz in einem besonderen Verfahren der Gesetzgebung zu ändern, sei es durch eine Abänderung der bestehenden Vorschriften, sei es durch eine Ergänzung des Verfassungsgesetzes.[5] Ein solches Verfahren hält das GG mit Art. 79 bereit, stellt dieses jedoch zur Erreichung der geforderten Konstanz auch unter enge Grenzen.

Dieses festgesetzte formalisierte Verfahren der Verfassungsänderung ist jedoch zu unterscheiden von der „ungeschriebenen" Verfassungsentwicklung, wie sie u. a. auch im Wege des Verfassungswandels erfolgen kann.[6]

---

[1] *Konrad Hesse*, Grundzüge des Verfassungsrechts der Bundesrepublik Deutschland, 20. Aufl. 1995, Heidelberg, Rn 37.

[2] Andernfalls würde das „schlechthin gültige Ordnungsprinzip" und der „Finalitätscharakter" zerstört, so *Triepel* und *Loewenstein*, zit. nach *Gerhard Leibholz*, Strukturprobleme der modernen Demokratie, 1958, Karlsruhe, S. 187.

[3] *Hesse*, Grundzüge des Verfassungsrechts, Rn 37.

[4] *Leibholz*, Strukturprobleme, S. 186.

[5] *Peter Badura*, Verfassungsänderung, Verfassungswandel, Verfassungsgewohnheitsrecht, in: Josef Isensee/Paul Kirchhof (Hg.), HStR VII, 1992, Heidelberg, § 160 Rn 16 ff.; *ders.*, Staatsrecht, F 59.

[6] Eine weitere Möglichkeit wäre die der Verfassungsauslegung, vgl. dazu *Badura*, Staatsrecht, A 14 f.; *Hartmut Maurer*, Staatsrecht I, 5. Aufl. 2007, München, § 1 Rn 47 ff.; *Hesse*, Grundzüge des Verfassungsrechts, Rn 49 ff.; *Stern*, Staatsrecht I, § 4 III; *Christian Starck*, Die Verfassungsauslegung, in: Josef Isensee/Paul Kirchhof (Hg.), HStR VII, 1992, Heidelberg, § 164.

Der Begriff des Verfassungswandels wurde vor mehr als hundert Jahren von Paul Laband eingeführt.[7] Wird er von diesem noch im untechnischen Sinne zur Bezeichnung einer Mehrzahl von unterschiedlichen Vorgängen gebraucht, verwendet ihn Jellinek schon als Gegenstück zur Verfassungsänderung.[8] Zwar besteht in der Literatur keine generelle Übereinstimmung in Begriff, Inhalt und Grenzen des Verfassungswandels,[9] jedoch wird der Terminus weitgehend zur Beschreibung desselben Phänomens verwandt. Als Verfassungswandel wird gemeinhin die Veränderung von Verfassungsbestimmungen durch die Verfassungspraxis angesehen, ohne dass der Wortlaut der betroffenen Bestimmung ausdrücklich abgeändert wird.[10] Damit wird einer Verfassungsnorm ein anderer Sinn beigelegt, ohne dass dies mit einer Änderung des Texts einhergeht,[11] so dass die Interpretation einer Norm aufgrund der Weite und Offenheit des Tatbestands unter veränderten Voraussetzungen zu unterschiedlichen Ergebnissen führt und sich damit ein „Wandel" derselben vollzieht.[12] Da Verfassung und Verfassungswirklichkeit nicht isoliert voneinander,[13] sondern „in einem sich gegenseitig bedingenden und befruchtenden Wechselverhältnis" stehen[14] und der Norminhalt der Verfassung der Konkretisierung vor dem Hintergrund dieser Wirklichkeit bedarf, führt eine Änderung dieser Wirklichkeit zu einer veränderten Interpretation der Verfassungsnorm und damit zu einem Wandel derselben.[15] Dabei ist zu beachten, dass der Normtext, je allgemeiner, unbestimmter und unvollständiger er gehalten ist, umso

---

[7] *Paul Laband*, Die Wandlungen der deutschen Reichsverfassung (Jahrbuch der Gehr-Stiftung zu Dresden Bd. 1), 1895, Dresden, S. 149.

[8] *Jellinek*, Verfassungsänderung und Verfassungswandlung, S. 3. Nach diesem ist eine Verfassungsänderung eine durch absichtlichen Willensakt herbeigeführte Änderung des Verfassungstexts, hingegen die Verfassungswandlung eine die Texte formell unberührt lassende Änderung, die nicht von der Absicht oder dem Bewusstsein einer solchen Änderung begleitet sein muss.

[9] *Stern*, Staatsrecht I, § 5 III 1 b Anm. 91 mwN.

[10] *Paul Kirchhof*, Die Identität der Verfassung, in: Josef Isensee/ders. (Hg.), HStR II, 3. Aufl. 2004, Heidelberg, § 21 Rn 63; *Badura*, Staatsrecht, F 60; *ders.*, in: Isensee/Kirchhof (Hg), HStR VII, § 160 Rn 13; *Hesse*, Grundzüge des Verfassungsrechts, Rn 39; *Maurer*, Staatsrecht I, § 22 Rn 7; *Brun-Otto Bryde*, in: Ingo v.Münch/Philip Kunig (Hg.), GG, 3. Aufl. 1996, München, Art. 79 Rn 11; *Bruno Schmidt-Bleibtreu/Franz Klein*, GG, 9. Aufl. 1999, Neuwied, Vorb. v. Art. 70 Rn 7 mwN.; kritisch zum Erkenntnisgewinn eines solchen Verständnisses von Verfassungswandel *Andreas Voßkuhle*, Der Staat 43 (2004), S. 450 (453 ff.).

[11] *Badura*, Staatsrecht, § 160 Rn 13; *Stern*, Staatsrecht I, § 5 III 2 b α; *Reinhold Zippelius/Thomas Würtenberger*, Deutsches Staatsrecht, 32. Aufl. 2008, München, § 7 II 1; als Beispiel wird unter anderem der Begriff des Rundfunks in Art. 5 Abs. 1 GG genannt, der durch technische Neuerungen Wandlungen unterzogen ist, vgl. *Kirchhof*, in: Isensee/ders. (Hg.), HStR II, § 21 Rn 63.

[12] *Hesse*, Grundzüge des Verfassungsrechts, Rn 39.

[13] Vgl. *Kirchhof*, in: Isensee/ders. (Hg.), HStR II, § 21 Rn 63.

[14] *Maurer*, Staatsrecht I, § 1 Rn 74.

[15] *Hesse*, Grundzüge des Verfassungsrechts, Rn 45; *Maurer*, Staatsrecht I, § 1 Rn 74; *Leibholz*, Strukturprobleme, S. 278.

mehr Auslegungsspielraum und damit Anpassungsmöglichkeiten gewährt.[16] Und so ändert sich durch den geschichtlichen Wandel der von Hesse als „Normbereich" benannten Verhältnisse der Wirklichkeit die Interpretation der Norm, obgleich der Normtext und mit ihm im Wesentlichen auch die von der Norm getroffene Anordnung, von Hesse als „Normprogramm" bezeichnet, unverändert bleibt.[17] In diesem Zusammenhang prägte Jellinek auch die Formel von der „normativen Kraft des Faktischen".[18]

Damit handelt es sich bei dem Verfassungswandel um ein komplexes Problem einerseits der Interpretation der Verfassung, andererseits des Spannungsverhältnisses zwischen Verfassungsrecht und Verfassungswirklichkeit.[19]

Die Ursachen dieses Phänomens sind daher sehr vielschichtig. Als wichtigster Faktor wird der Lauf der Zeit erkannt.[20] Daneben spielen jedoch auch der soziale, technische, politische und ökonomische Wandel sowie die Staatspraxis eine tragende Rolle,[21] da sie, zum Teil als „Wirklichkeit" bezeichnet, zur Konkretisierung der Verfassungsnorm herangezogen werden müssen.[22]

Von diesen Faktoren für die Fortbildung des Verfassungsrechts erscheint als Wesentlichster die Staatspraxis, also der Wandel durch die politischen Entscheidungen des gesetzgebenden Parlaments und der Regierung,[23] die letztlich rechtliche Anerkennung durch die prüfende Anwendung des Bundesverfassungsgerichts erlangt,[24] dessen Richtersprüche gem. Art. 31 BVerfGG Gesetzeskraft zukommt.[25] Hierbei kann eine Änderung durch gezielten Sprachgebrauch[26] sowie mittels der Konkretisie-

---

[16] *Zippelius/Würtenberger*, Deutsches Staatsrecht, § 7 II 1.

[17] *Hesse*, Grundzüge des Verfassungsrechts, Rn 46.

[18] *Jellinek*, Allgemeine Staatslehre, S. 338. Diese Formel ist, wie gleich zu sehen sein wird, missverständlich, vgl. *Badura*, Staatsrecht, F 60.

[19] *Stern*, Staatsrecht I, § 5 III 2 b, spricht in diesem Zusammenhang von „normendogener" und „normexogen[er]" Entwicklungen. Aus diesem Grunde wird auch von *Brun-Otto Bryde*, Verfassungsentwicklung. Stabilität und Dynamik im Verfassungsrecht der Bundesrepublik Deutschland, 1982, Baden-Baden, S. 22, diskutiert, ob der Terminus „Verfassungswandel" nicht vielmehr durch denjenigen der „Verfassungsentwicklung" ersetzt werden sollte, der auch Akzentverschiebungen, die den Grund des Verfassungswandels noch nicht erreicht haben, abdeckt. Allerdings können auch aus einer solchen Umbenennung keine Erkenntnisse für die vordringlichste Frage gewonnen werden, wie eine solche zu begrenzen ist.

[20] *Stern*, Staatsrecht I, § 5 III 2 b α; *Badura*, Staatsrecht, F 60.

[21] *Badura*, Staatsrecht, F 60; *ders.*, in: Isensee/Kirchhof (Hg.), HStR VII, § 160 Rn 15; *Stern*, Staatsrecht I, § 5 III 2 b; *Zippelius/Würtenberger*, Deutsches Staatsrecht, § 7 II 1.

[22] *Hesse*, Grundzüge des Verfassungsrechts, Rn 46.

[23] *Badura*, Staatsrecht, F 60; *ders.*, in: Isensee/Kirchhof (Hg.), HStR VII, § 160 Rn 15.

[24] *Badura*, Staatsrecht, F 60; *ders.*, in: Isensee/Kirchhof (Hg.), HStR VII, § 160 Rn 15.

[25] *Zippelius/Würtenberger*, Deutsches Staatsrecht, § 7 II 2, die darauf verweisen, dass die Methode des juristischen – nicht des politischen – Diskurses sowie die prinzipielle Konsensbereitschaft zur Legitimation dieser Form des Verfassungswandels beitragen.

[26] *Stern*, Staatsrecht I, § 5 III 2 b α.

rung von Verfassungsrechtssätzen durch Normen unterhalb der Verfassungsebene erfolgen.[27]

Ein aufgrund der Verfassungswirklichkeit vorgenommener und an diese angepasster Verfassungswandel erscheint zwar aufgrund der Notwendigkeit, dass eine Verfassung „beweglich" ist und flexibel auf den Wandel der Zeit reagieren kann, als geboten, birgt jedoch auch Gefahren. So kann ein „stiller" Verfassungswandel zu Auflösungs- und Unterwanderungserscheinungen führen, die in Hinblick auf die Verfassung als „spezifische Substanz des Staates"[28] und „höchste Mächtigkeit"[29] an Gefährlichkeit nicht zu unterschätzen sind.[30] Insbesondere aufgrund der fehlenden Publizität, wie sie für eine Verfassungsänderung nach Art. 79 Abs. 1 GG durch das Tatbestandsmerkmal „ausdrücklich" eingefordert wird, scheint eine stillschweigende Aushöhlung der Verfassung und der von ihr beinhalteten Wertentscheidungen denkbar und lässt diese befürchten. In diesem Sinne ist dem Diktum, „[d]ie Problematik des Verfassungswandels beginnt da, wo man auf die Verfassungsänderung verzichtet", beizupflichten.[31]

Darüber hinaus besteht die Gefahr, dass eine Interpretation, die versucht, die normative Verfassung den stets wandelnden Verhältnissen anzupassen, deren Selbstbestand preisgibt und die Verfassung in den Sog der sich ändernden Lagen zieht, die zu lenken und zu begrenzen ihre Aufgabe ist. Damit würde die Kontinuität der Verfassung beseitigt und der „fließende" Verfassungsstaat Wirklichkeit.[32]

Wie weit ein derartiger Wandel der Verfassung zulässig ist, bleibt umstritten.[33] Weitestgehende Einigkeit besteht darin, dass die bloße öffentliche Meinung oder

---

[27] Vgl. hierzu *Peter Lerche*, Stiller Verfassungswandel als ausgewähltes Politikum, in: Ausgewählte Abhandlungen (Schriften zum Öffentlichen Recht Bd. 969), Rupert Scholz u. a. (Hg.), 2004, Berlin, S. 47 ff., der auf S. 49 ausführt, dass durch die Änderung der unterverfassungsrechtlichen Rechtsvorstellungen sich der Verfassungsgehalt automatisch mitändert.

[28] *Rudolf Smend*, Staatsrechtliche Abhandlungen und andere Aufsätze, 3. Aufl. 1994, Berlin, S. 188.

[29] *Dietrich Schindler*, Verfassungsrecht und soziale Struktur, 1932, Zürich, S. 118.

[30] *Walter Leisner*, Von der Verfassungsmäßigkeit der Gesetze zur Gesetzmäßigkeit der Verfassung (Recht und Staat in Geschichte und Gegenwart. Eine Sammlung von Vorträgen und Schriften aus dem Gebiet der gesammelten Staatswissenschaften Bd. 286/287), 1964, Tübingen, insb. S. 26 ff.; *ders.*, Der Staat 8 (1969), S. 273 ff., insb. 285 f., der in erster Linie vor der Unterwanderung der Verfassung durch deren Interpretation nach Gesetz warnt.

[31] *Stern*, Staatsrecht I, § 5 III 2 b β, der sich damit gegen die von *Hesse*, Grundzüge des Verfassungsrechts, Rn 39, getroffene Aussage, „[d]ie Problematik der Verfassungsänderung beginnt dort, wo die Möglichkeiten eines Verfassungswandels enden", wendet.

[32] *Josef Isensee*, Staat und Verfassung, in: ders./Paul Kirchhof (Hg.), HStR II, 3. Aufl. 2004, Heidelberg, § 15 Rn 183; *Wilhelm Henke*, Der Staat 20 (1981), S. 580 ff.

[33] *Schmidt-Bleibtreu/Klein*, GG, Art. 79 Rn 20 mwN.; vgl. allgemein zu den Schranken *Konrad Hesse*, Grenzen der Verfassungswandlung, in: FS für Ulrich Scheuner zum 70. Geburtstag, Horst Ehmke u. a. (Hg.), 1973, Berlin, S. 123 ff.

eine gewisse Praxis allein nicht ausreicht, um einen Wandel zu begründen.[34] Vielmehr muss sich der Verfassungswandel im Bereich des durch den eindeutigen Wortlaut[35] und des durch Sinn und Zweck der Norm Festgelegten bewegen, so dass die Norm zwar konkretisierungsfähig bleibt, nicht aber beliebig „ausdeutbar" ist.[36] Ein darüber hinausgehender Verfassungswandel verlässt die Grenzen gesicherter Interpretation und ist dem Normanwender verwehrt.

Und auch aus Art. 79 GG werden Grenzen abgeleitet. Zwar lässt sich hieraus kein Wandlungsverbot folgern, jedoch ist Art. 79 Abs. 1 Satz 1 GG gegen ungeschriebenen Verfassungswandel gerichtet,[37] so dass schon der Wortlaut der Verfassung eine Grenze darstellt.[38] Und auch Art. 79 Abs. 2 und 3 GG werden als Begrenzungen herangezogen,[39] ebenso wie der generelle Widerspruch zu Normen der Verfassung angeführt wird.[40] „Grund und Leitmaß" der gewandelten Regelung bleibt damit die Verfassung selbst.[41] Insoweit sind der „normativen Kraft des Faktischen" Grenzen gesetzt, weswegen Peter Badura diese Aussage auch als „missverständlich" ansieht, da gerade nicht die Fakten allein über eine rechtsbildende Kraft verfügen.[42]

Eine völlig überzeugende Lösung steht hingegen noch aus[43] und es ist fraglich, ob sie angesichts der pluriformen Aspekte und Problemstellungen überhaupt erwartet werden kann. Brun-Otto Bryde hingegen geht davon aus, dass dieses Problem „dogmatisch bewältigt werden" könne, „wenn [...] die Spannung zwischen Stabilitäts- und Dynamikanforderungen der Verfassung nie vorschnell nach einer Seite aufgelöst wird."[44]

---

[34] *Badura*, Staatsrecht, F 60; *ders.*, in: Isensee/Kirchhof (Hg.), HStR VII, § 160 Rn 15; *Zippelius/Würtenberger*, Deutsches Staatsrecht, § 7 II 2.

[35] *Leibholz*, Strukturprobleme, S. 278, der auf S. 279 ausführt, dass bei einer Norm, die Begriffe beinhaltet, die der Auslegung nicht zugänglich sind, da sie z.B. auf Prinzipien Bezug nehmen, die phänomenologisch oder geistesgeschichtlich eindeutig umrissen sind, ein solcher Wandel ausgeschlossen ist.

[36] *Stern*, Staatsrecht I, § 5 III 2 b α.

[37] *Bryde*, in: v.Münch/Kunig (Hg.), GG, Art. 79 Rn 11; a. A. *Karl E. Hain*, in: Hermann v.Mangoldt/Friedrich Klein/Christian Starck (Hg.), GG, 5. Aufl. 2005, München, Art. 79 Abs. 1 Rn 13.

[38] *Schmidt-Bleibtreu/Klein*, GG, Art. 79 Rn 20; dies gilt nach *Bryde*, in: v.Münch/Kunig (Hg.), GG, Art. 79 Rn 11, v.a. im Bereich des Kompetenz- und Verfahrensrechts, in dem er ein relativ starres Festhalten am einmal festgelegten Verfassungssinn fordert, hingegen im Bereich der Gesellschaftsgestaltung der Verfassungswandel in Grundrechts- und Staatszielbestimmungen neben Art. 79 Abs. 3 GG v.a. die Kontinuität der Verfassungsentwicklung zu wahren hat.

[39] *Stern*, Staatsrecht I, § 5 III 2 b α; *Kirchhof*, in: Isensee/ders. (Hg.), HStR II, § 21 Rn 63; *Schmidt-Bleibtreu/Klein*, GG, Art. 79 Rn 13.

[40] *Hesse*, Grundzüge des Verfassungsrechts, Rn 47.

[41] *Badura*, Staatsrecht, F 60.

[42] *Badura*, Staatsrecht, F 60.

[43] *Isensee*, in: ders./Kirchhof (Hg.), HStR II, § 15 Rn 183.

[44] *Bryde*, Verfassungsentwicklung, S. 457.

Doch bleibt der Grat zwischen zulässigem Verfassungswandel im Wege konkre-
tisierender Interpretation sowie richterlicher Rechtsfortbildung einerseits und unzu-
lässigem Verfassungswandel andererseits ein schmaler, der leicht zu Fehltritten verleitet. Insbesondere aufgrund der überragenden Bedeutung des Verfassungswandels
für die Grundordnung des Gemeinwesens der Bundesrepublik hat er nach Christian
Tomuschat zu einigen „der heikelsten Auseinandersetzungen, welche die Bundesrepublik in ihrer bisherigen Geschichte erlebt hat", geführt.[45] In diesem Zusammenhang
wird auch immer wieder Art. 68 GG genannt,[46] der durch die politische Anwendung
sowie durch die Verfassungsrechtsprechung eine Gestalt erlangt hat, die in der Literatur aber auch der Rechtsprechung immer wieder zu Kontroversen geführt und die
Frage aufgeworfen hat, ob diese noch mit dem Wortlaut sowie der ursprünglichen Intention der Verfassungsgeber vereinbar ist.

Im Folgenden wird daher Sinn und Zweck von Art. 68 GG dargestellt, wie er von
den Vätern des Grundgesetzes gedacht wurde, bevor dessen Ausgestaltung durch die
Verfassungsrechtsprechung aufgrund des politischen Geschehens näher untersucht
wird.

---

[45] *Christian Tomuschat*, Verfassungsgewohnheitsrecht? Eine Untersuchung zum Staatsrecht der Bundesrepublik Deutschland (Heidelberger Rechtswissenschaftliche Abhandlungen
Neue Folge, 27. Abhandlung), 1972, Heidelberg, S. 146.
[46] *Stern*, Staatsrecht I, § 5 III 2 b α.

Kapitel 3

Artikel 68 GG – die Vertrauensfrage

A. Intention und Zielsetzung

Die Vertrauensfrage war in der Weimarer Reichsverfassung in Art. 54 vorgesehen,[1] konnte jedoch nicht zur Auflösung des Parlaments, sondern allein zum Rücktritt des Reichskanzlers und/oder der Reichsminister führen.[2] Da die Wahl eines Ersatzes für den Zurückgetretenen nicht Voraussetzung war, wird in diesem Zusammenhang auch von destruktivem Misstrauensvotum gesprochen.[3]

Das Parlament konnte hingegen allein vom Reichspräsidenten gem. Art. 25 WRV[4] aufgelöst werden, der diesem annähernd unbegrenzte Möglichkeiten hierzu einräum-

---

[1] Art. 54 WRV: *Der Reichskanzler und die Reichsminister bedürfen zu ihrer Amtsführung des Vertrauens des Reichstags. Jeder von ihnen muß zurücktreten, wenn ihm der Reichstag durch ausdrücklichen Beschluß sein Vertrauen entzieht.*

[2] Entgegen dem Wortlaut von Art. 54 WRV nimmt *Gerhard Anschütz*, Die Verfassung des Deutschen Reichs vom 11. August 1919 (Stilkes Rechtsbibliothek Nr. 1), 11. Aufl. 1929, Berlin, S. 277 f., an, dass der Rücktritt nicht zwingend sei, da in der Ablehnung, der Reichsregierung sein Vertrauen auszusprechen, noch kein Misstrauensvotum liege, denn „Ablehnung eines Vertrauensvotums und Erteilung eines Mißtrauensvotums sind nicht dasselbe". Vgl. auch *Wolf-Rüdiger Schenke*, in: Rudolf Dolzer/Klaus Vogel/Karin Graßhof (Hg.), BK, Loseblattsammlung, Stand: Sept. 2006 (124.EL.), Art. 68 Rn 27; allerdings war es Praxis in der Weimarer Zeit, dass eine Regierung, die das von ihr geforderte Vertrauensvotum nicht erhielt, zurücktrat, vgl. *Schmidt-Bleibtreu/Klein*, GG, Art. 68 Rn 2 mwN.

[3] *Hans-Peter Schneider*, in: ders., AKzGG, 3. Aufl., Neuwied, Loseblattsammlung, Stand: Aug. 2002, Art. 68 Rn 1; dies zeigte sich auch in der Auflösungspraxis, vgl. hierzu *Klaus Megerle*, Regierungsperiode relativer Stabilität. Parteien, Wahlen und Koalitionen bis 1928, in: Die Weimarer Republik 2– Der brüchige Frieden 1924–28, Everhard Holtmann (Koordinator), 1994, München, S. 17 ff.; *Gotthard Jasper*, Die große Koalition 1928–1930, in: Die Weimarer Republik 3 – Das Ende der Demokratie 1929–33, Everhard Holtmann (Koordinator), 1995, München, S. 19 ff.; *Jürgen W. Falter*, Die Wahlen des Jahres 1932/33 und der Aufstieg totalitärer Parteien, in: ebenda, S. 271; *Rainer Schaefer*, Parlamentarische Lähmungskrise und Etablierung der Präsidialkabinette, in: ebenda, S. 315 ff.; *Helmut M. Müller*, Schlaglichter der Deutschen Geschichte, Sonderausgabe für die Landeszentrale für politische Bildung, 2. Aufl. 1990, Mannheim, S. 252 f., 255 f.; *Karl Dietrich Erdmann*, Die Weimarer Republik (Handbuch der deutschen Geschichte Bd. 19, Bruno Gebhardt (Hg.)), Herbert Grundmann (Hg.), 11. Aufl. 1993, München, insb. S. 180 ff., 216 ff., 270 ff., 278 ff.

[4] Art. 25 WRV: *Der Reichspräsident kann den Reichstag auflösen, jedoch nur einmal aus dem gleichen Anlaß.*
Die Neuwahl findet spätestens am sechzigsten Tage nach der Auflösung statt.

te.[5] Die immanente Beschränkung durch das Erfordernis eines anderen Anlasses war kaum geeignet, das Recht einzuschränken.[6] Die Auflösung des Reichstags wurde in die Weimarer Reichsverfassung in Anknüpfung an das monarchische Auflösungsrecht der Ära des Konstitutionalismus eingefügt.[7] In letzter galt die Parlamentsauflösung nach liberaler Verfassungstheorie als „Appell an das Volk" seitens der Exekutive, respektive der Regierung, durch Neuwahl dieser die notwendigen Mehrheiten zu verschaffen. *De facto* war es jedoch ein machtpolitisches Instrument der Regierung.[8]

Aber auch in der Weimarer Republik konnte das Volk die ihm zugedachte Aufgabe als Schiedsrichter zwischen Regierung und Parlament mangels klarer Wahlalternativen und dem aufgrund der Anwendung des strikten Verhältniswahlrechts zersplitterten Parlaments nicht erfüllen.[9] So kam es dazu, dass keine Legislaturperiode des Reichstags ohne vorzeitige Auflösung desselben zu Ende ging,[10] was eine Entwicklung einleitete, an deren Ende 1930 die Verbindung der Reichstagsauflösung mit dem Notverordnungsrecht aus Art. 48 WRV[11] sowie die Einsetzung der Präsidialkabinette standen, was die Aushöhlung der parlamentarischen Demokratie nach sich zog.

Unter diesem Eindruck versammelte sich im September 1948 der Parlamentarische Rat mit dem erklärten Ziel, einer solchen Entwicklung vorzubeugen.[12] Zu erreichen gedacht er dieses durch das Primat der Regierungsstabilität, dessen Folge eine

---

[5] Vgl. zum Auflösungsrecht in der Weimarer Reichsverfassung *Dieter C. Umbach*, Parlamentsauflösung in Deutschland. Verfassungsgeschichte und Verfassungsprozeß, 1989, Berlin/New York, S. 260 ff.; *Uwe J. Hochrathner*, Anwendungsbereich und Grenzen des Parlamentsauflösungsrechts nach dem Bonner Grundgesetz (Europäische Hochschulschriften Reihe II Bd. 462), 1985, Frankfurt a.M./Berlin/New York, S. 73 ff.

[6] *Schenke*, in: Dolzer/Vogel/Graßhof (Hg.), BK, Art. 68 Rn 26; *Roman Herzog*, in: Theodor Maunz/Günter Dürig/ders./Rupert Scholz (Hg.), GG, München, Loseblattsammlung, Stand: März 2007 (49.EL.), Art. 68 Rn 5.

[7] *Schenke*, in: Dolzer/Vogel/Graßhof (Hg.), BK, Art. 68 Rn 23; *Ute Mager*, in: Ingo v.Münch/Philip Kunig (Hg.), GG, 5. Aufl. 2001, München, Art. 68 Rn 1.

[8] *Eckart Busch*, ZParl 1973, S. 213 (216 ff.); *Schenke*, in: Dolzer/Vogel/Graßhof (Hg.), BK, Art. 68 Rn 20.

[9] *Busch*, ZParl 1973, S. 213 (220); *Schenke*, in: Dolzer/Vogel/Graßhof (Hg.), BK, Art. 68 Rn 24.

[10] Vgl. die Darstellung bei *Umbach*, Parlamentsauflösung in Deutschland, S. 285 ff.

[11] Art. 48 Abs. 2 WRV: *Der Reichspräsident kann, wenn im Deutschen Reiche die öffentliche Sicherheit und Ordnung erheblich gestört oder gefährdet wird, die zur Wiederherstellung der öffentlichen Sicherheit und Ordnung nötigen Maßnahmen treffen, erforderlichenfalls mit Hilfe der bewaffneten Macht einschreiten. Zu diesem Zwecke darf er vorübergehend die in den Artikeln 114, 115, 117, 118, 123, 124 und 153 festgesetzten Grundrechte ganz oder zum Teil außer Kraft setzen.*

[12] Vgl. zum Herrenchiemseer Verfassungskonvent und zur Arbeit des Parlamentarischen Rats Deutscher Bundestag und Bundesarchiv (Hg.), Der Parlamentarische Rat 1948–1949. Akten und Protokolle, 13 Bde., 1975–2002, München u. a.; *Umbach*, Parlamentsauflösung in Deutschland, S. 439 ff.; 465 ff.; *Hochrathner*, Anwendungsbereich und Grenzen des Parlamentsauflösungsrechts, S. 75 ff.; *Friedrich Karl Fromme*, Von der Weimarer Verfassung zum Bonner Grundgesetz (Tübinger Schriften zum Staats- und Verwaltungsrecht Bd. 50, Wolfgang Graf Vitzthum (Hg.)), 3. Aufl. 1990, Berlin, S. 61 ff.; *Axel Hopfauf*, AöR 108 (1983), S. 391 ff.

stark eingeschränkte Möglichkeit der Parlamentsauflösung durch den Bundespräsidenten sein sollte. Nur noch als *ultima ratio*, als Ausweg aus einer anders nicht zu lösenden Regierungskrise, sollte ein derartiger Vorgang möglich sein.[13] Eine solche Regierungskrise wurde ursprünglich allein in einem mehrheitsunfähigen Parlament gesehen, was zum Entwurf von Art. 88 HChE führte, der ein Auflösungsrecht des Bundespräsidenten für den Fall des Versagens des Bundestags bei der Kanzlerwahl vorsah.[14] Eine Auflösung aus anderen Gründen wurde erst im Allgemeinen Redaktionsausschuss mit dem Entwurf des dem Art. 68 GG weitgehend entsprechenden Art. 90 a HChE[15] erwogen. Als Begründung wurde angeführt, dass zwar ein Auflösungsrecht wie Art. 25 WRV zu weit gehe, jedoch in Anbetracht des „konstruktiven Misstrauensvotums", dessen Voraussetzung eine positive Mehrheit ist, welcher sich der Bundeskanzler gegenübersieht, ebenso der Fall von destruktiven oder obstruktiven Mehrheiten im Bundestag geregelt werden müsse.[16] Zu diesem Zweck sollte der Bundeskanzler das Recht erhalten, sich derartigen heterogenen Mehrheiten zu erwehren, indem er den Bundestag vor die Wahl stellen kann, entweder ihn zu unterstützen oder aufgelöst zu werden.[17] Zur Begründung wurde in der ersten Lesung des Hauptausschusses angeführt, dass auch eine durch die Vorschrift des positiven Misstrauensvotums geschützte Regierung einer arbeitsunfähigen Mehrheitsopposition gegenüber die Waffe der Auflösung haben müsse.[18]

Im Hauptausschuss stellte dann die Fraktion der SPD einen Antrag, nach welchem das Auflösungsrecht rein formal davon abhängen sollte, dass der Bundeskanzler die Vertrauensfrage gestellt hat und diese vom Bundestag verneint wird.[19] Bzgl. der In-

---

[13] *Schneider*, in: ders., AKzGG, Art. 68 Rn 1.

[14] *Peter Bucher*, Der Parlamentarische Rat 1948–1949. Akten und Protokolle 2, Der Verfassungskonvent auf Herrenchiemsee, Deutscher Bundestag und Bundesarchiv (Hg.), 1981, Boppard am Rhein, Dokument 14, S. 505 (597 f.); *Klaus Berto v.Doemming/Rudolf Werner Füsslein/Werner Matz*, JöR n.F. 1 (1951), S. 1 (447); dieser Entwurf fand dann mit Art. 63 Abs. 4 Satz 2 GG Eingang in das Grundgesetz.

[15] Art. 90 a HChE: *(1) Spricht der Bundestag dem Bundeskanzler mit mehr als der Hälfte seiner Mitglieder ohne Neuwahl eines anderen Bundeskanzlers das Mißtrauen aus oder findet ein Antrag des Bundeskanzlers, ihm das Vertrauen auszusprechen, nicht die Zustimmung von mehr als der Hälfte der Mitglieder des Bundestags, so kann der Bundespräsident binnen 21 Tagen den Bundestag auflösen. Das Recht zur Auflösung erlischt, sobald der Bundestag mit mehr als der Hälfte seiner Mitglieder einen anderen Bundeskanzler wählt.*

(2) Zwischen dem Antrag und der Abstimmung müssen 48 Stunden liegen.

Vgl. *Michael Hollmann*, Der Parlamentarische Rat 1948–1949. Akten und Protokolle 7, Entwürfe zum Grundgesetz, Deutscher Bundestag und Bundesarchiv (Hg.), 1995, Boppard am Rhein, Dokument 2, S. 36 (61).

[16] *Doemming/Füsslein/Matz*, JöR n.F. 1 (1951), S. 1 (447).

[17] *Schneider*, in: ders., AKzGG, Art. 68 Rn 1.

[18] *Doemming/Füsslein/Matz*, JöR n.F. 1 (1951), S. 1 (448); *Fromme*, Weimarer Verfassung, S. 101.

[19] Der Antrag der SPD lautete: *(1) Findet ein Antrag des Bundeskanzlers, ihm das Vertrauen auszusprechen, nicht die Zustimmung von mehr als der Hälfte der Mitglieder des Bundestags, so kann der Bundespräsident auf Vorschlag des Bundeskanzlers binnen 21 Tagen den Bundestag*

tention dieser rein formalen Sichtweise wird auf die Äußerungen des SPD-Abgeordneten Rudolf Katz verwiesen, welcher als Sinn der Vertrauensfrage angab, „der Bundesregierung im Falle eines ernsthaften politischen Konflikts oder für den Fall, daß die Bundesregierung den Wunsch hat, eine wichtige politische Frage durch das Volk entscheiden zu lassen, ein Auflösungsrecht zu schaffen".[20] Und weiter führt er in der 2. Lesung am 8. Januar 1949 aus: „Der Sinn des Art. 90 a ist, der Regierung die Chance einer Neuwahl zu geben, wenn sie es für gegeben erachtet."[21]

Die Mehrzahl der Beiträge befasste sich hingegen mit der Frage, wie eine durch schwankende oder schwindende Mehrheiten herbeigeführte Regierungskrise überwunden werden kann.[22] Aus diesem Grunde wird auch der oben angeführte Ausspruch des Abgeordneten Katz zum Teil in diesem Zusammenhang gesehen.[23]

In Anlehnung an den Redaktionsausschuss wurde allerdings ebenso gefordert, auch der Mehrheitsopposition die Möglichkeit des Anstoßes zu einer Auflösung des Bundestags zu geben.[24] Damit hätte ein Selbstauflösungsrecht des Bundestags bestanden.[25]

Nachdem der Allgemeine Redaktionsausschuss an seiner ursprünglichen Fassung festhielt, diese jedoch vom Organisationsausschuss abgelehnt wurde, folgte der Hauptausschuss dieser zwar im Grundgedanken, favorisierte letztlich jedoch den Antrag der SPD-Fraktion, da die Möglichkeit der Auflösung des Parlaments auf Betreiben einer Mehrheitsopposition einen Rückfall in das Misstrauensvotum der Weimarer

---

auflösen. Das Recht zur Auflösung erlischt, sobald der Bundestag mit mehr als der Hälfte seiner Mitglieder einen anderen Bundeskanzler wählt.
(2) Zwischen dem Antrag und der Abstimmung müssen 48 Stunden liegen.
Vgl. Parlamentarischer Rat, HA-Steno, 4. Stzg. v. 17.11.48, S. 44. *Doemming/Füsslein/Matz*, JöR n.F. 1 (1951), S. 1 (448); *Schneider*, in: ders., AKzGG, Art. 68 Rn 1.

[20] Parlamentarischer Rat, HA-Steno, 4. Stzg. v. 17.11.1948, S. 44; *Doemming/Füsslein/Matz*, JöR n.F. 1 (1951), S. 1 (448); *Hochrathner*, Anwendungsbereich und Grenzen des Parlamentsauflösungsrechts, S. 82.

[21] Parlamentarischer Rat, HA-Steno, 33. Stzg. v. 8.1.1949, S. 415.

[22] *Schneider*, in: ders., AKzGG, Art. 68 Rn 1.

[23] *Hochrathner*, Anwendungsbereich und Grenzen des Parlamentsauflösungsrechts, S. 86. Vgl. hierzu vor allem Kap. 4 B. VI. 1. a).

[24] *Doemming/Füsslein/Matz*, JöR n.F. 1 (1951), S. 1 (448); *Hochrathner*, Anwendungsbereich und Grenzen des Parlamentsauflösungsrechts, S. 82. Es wurde weiterhin diskutiert, an Stelle des Bundeskanzlers dem Bundespräsidenten das Recht auf die Vertrauensfrage einzuräumen, was eine Auflösung des Bundestags an der Regierung vorbei ermöglicht hätte. Und auch eine Beteiligung des Bundesrats an dem Auflösungsverfahren war kurzzeitig im Gespräch, wurde aber letztlich ebenfalls verworfen, vgl. Parlamentarischer Rat, HA-Steno, 4. Stzg. v. 17.11.48, S. 41 ff.

[25] Befürworter waren unter anderem Heinrich von Brentano (CDU) und Thomas Dehler (FDP), wobei letzterer ausdrücklich von einem „Selbstauflösungsrecht" sprach, vgl. *Umbach*, Parlamentsauflösung in Deutschland, S. 484.

Zeit darstelle und nicht mit der konstruktiven Regelung des Art. 90 HChE vereinbar sei.[26]

Aus diesen Gründen wurde dann – neben dem ebenfalls in seinem Anwendungsbereich eng begrenzten Art. 63 Abs. 4 Satz 3 GG – als zweite Auflösungsmöglichkeit Art. 68 in das GG aufgenommen.[27]

Der schriftliche Bericht zum Entwurf des Grundgesetzes für das Plenum des Parlamentarischen Rats[28] bezeichnete schließlich die Vertrauensfrage als „die wesentliche Waffe der Regierung gegenüber einer obstruierenden, destruktiven Parlamentsmehrheit".

Im Übrigen entschied sich der Parlamentarische Rat ebenfalls unter dem Gesichtspunkt der Stabilität des parlamentarischen Systems bewusst gegen ein weitergehendes Auflösungsrecht des Bundespräsidenten als auch gegen ein Selbstauflösungsrecht des Bundestags.[29]

B. Die rechtliche Verwirklichung durch Artikel 68 GG

Art. 68 GG erhielt damit folgenden Wortlaut:

(1) *[1]Findet ein Antrag des Bundeskanzlers, ihm das Vertrauen auszusprechen, nicht die Zustimmung der Mehrheit der Mitglieder des Bundestages, so kann der Bundespräsident auf Vorschlag des Bundeskanzlers binnen einundzwanzig Tagen den Bundestag auflösen. [2]Das Recht zur Auflösung erlischt, sobald der Bundestag mit der Mehrheit seiner Mitglieder einen anderen Bundeskanzler wählt.*

(2) *Zwischen dem Antrage und der Abstimmung müssen achtundvierzig Stunden liegen.*

Art. 68 GG ermöglicht also unter bestimmten Umständen die Auflösung des Bundestags in systematischer Ausnahme zur vierjährigen Legislaturperiode des Art. 39 Abs. 1 Satz 1 GG.[30]

Er stellt insgesamt fünf Tatbestandsvoraussetzungen auf, von deren Erfüllung die Auflösung des Bundestags abhängig ist: Der Bundeskanzler muss die Vertrauensfrage stellen, hiernach ist eine Frist von 48 Stunden bis zur Abstimmung einzuhalten, der Antrag des Bundeskanzlers muss die Mehrheit der Mitglieder des Bundestags verfehlen, der Bundeskanzler muss dem Bundespräsidenten daraufhin die Auflösung vor-

---

[26] *Bucher*, Der Parlamentarische Rat, Dokument 14, S. 505 (598); *Doemming/Füsslein/Matz*, JöR n.F. 1 (1951), S. 1 (449).

[27] *Zippelius/Würtenberger*, Deutsches Staatsrecht, § 38 III 1 a.

[28] PR-Drs. 850, 854, S. 19 f.

[29] *Doemming/Füsslein/Matz*, JöR n.F. 1 (1951), S. 1 (447); *Zippelius/Würtenberger*, Deutsches Staatsrecht, § 38 III 1 a.

[30] *Schmidt-Bleibtreu/Klein*, GG, Art. 68 Rn 1.

schlagen und dieser die Auflösung unter Gegenzeichnung des Bundeskanzlers innerhalb 21 Tage anordnen. Prämisse ist jedoch, dass der Bundestag nicht zuvor einen anderen Bundeskanzler gewählt hat, Art. 68 Abs. 1 Satz 2 GG.

Art. 68 GG regelt damit ein vierstufiges Verfahren,[31] an dem mit dem Bundeskanzler, dem Bundestag und dem Bundespräsidenten insgesamt drei Verfassungsorgane
beteiligt sind.

I. Der Antrag des Bundeskanzlers

Eingeleitet wird das Prozedere durch den Antrag des Bundeskanzlers an das Parlament, ihm das Vertrauen auszusprechen.

1. Die Antragsbefugnis

Für die Bitte, förmlich die Unterstützung des Bundeskanzlers zu bekunden,[32] ist
dieser als einziger Antragsbefugter[33] keinerlei Beschränkungen unterworfen, sondern
in seiner Entscheidung, ob und wann er diesen Antrag stellt, absolut frei im Sinne
eines politischen Ermessens.[34] Eine Aufforderung in Form eines schlichten Parlamentsbeschlusses, wie sie der 5. Deutsche Bundestag am 8. November 1966 an Bundeskanzler Erhard (CDU) herantrug, ist bei umstrittener Verfassungsmäßigkeit[35] je-

---

[31] *Schmidt-Bleibtreu/Klein*, GG, Art. 68 Rn 2 a; *Mager*, in: v.Münch/Kunig (Hg.), GG,
Art. 68 Rn 4.

[32] *Stern*, Staatsrecht I, § 22 III 3 b α.

[33] *Herzog*, in: Maunz/Dürig/ders./Scholz (Hg.), GG, Art. 68 Rn 20. Neben dem Bundeskanzler kann nur noch dessen Stellvertreter die Vertrauensfrage stellen, nicht jedoch ein lediglich geschäftsführender Bundeskanzler, vgl. *Mager*, in: v.Münch/Kunig (Hg.), GG,
Art. 68 Rn 7 f.; *Schenke*, in: Dolzer/Vogel/Graßhof (Hg.), BK, Art. 68 Rn 53 ff.; *Stern*,
Staatsrecht I, § 22 III 3 b α.

[34] *Schmidt-Bleibtreu/Klein*, GG, Art. 68 Rn 3; *Mager*, in: v.Münch/Kunig (Hg.), GG,
Art. 68 Rn 5; *Badura*, Staatsrecht, E 111; *Bodo Pieroth*, in: Hans D. Jarass/ders., GG,
6. Aufl. 2002, München, Art. 68 Rn 1; *Schneider*, in: ders., AKzGG, Art. 68 Rn 2 und 8;
Georg Hermes, in: Horst Dreier (Hg.), GG, 2. Aufl. 2006, Tübingen, Art. 68 Rn 17.

[35] Vgl. zur politischen Situation *Edmund Brandt*, Die Bedeutung parlamentarischer Vertrauensregelungen. Dargestellt am Beispiel von Art. 54 WRV und Art. 67, 68 GG (Schriften
zum Öffentlichen Recht Bd. 396), 1981, Berlin, S. 65 ff.; *Herzog*, in: Maunz/Dürig/ders./
Scholz (Hg.), GG, Art. 67 Rn 43; *Mager*, in: v.Münch/Kunig (Hg.), GG, Art. 67 Rn 13, und
Martin Oldiges, in: Michael Sachs (Hg.), GG, 4. Aufl. 2007, München, Art. 67 Rn 29, sprechen
sich gegen die Verfassungsmäßigkeit von Parlamentsbeschlüssen mit derartigem Inhalt aus, da
dem Parlament mit Art. 67 GG ein spezifischeres Mittel an die Hand gegeben sei, seiner
Missbilligung der Regierung zum Ausdruck zu verhelfen, welches die Äußerung in Form eines
schlichten Parlamentsbeschlusses überflüssig mache und damit ausschließe. Die h. M. hingegen dürfte einen solchen als zulässig erachten, vgl. *Volker Epping*, in: Hermann v.Mangoldt/
Friedrich Klein/Christian Starck (Hg.), GG, 5. Aufl. 2005, München, Art. 67 Rn 29 mwN.;
Jörn Ipsen, Staatsrecht I, 17. Aufl. 2005, München. Rn 215, der darauf verweist, dass schlichte
Parlamentsbeschlüsse als Ausdruck der Meinungsäußerung des Bundestags thematisch nicht
begrenzt seien, sofern sie sich im Rahmen der Bundestagskompetenz bewegen und damit auch

denfalls für den Bundeskanzler aufgrund seines unbeschränkten Antragsrechts nicht bindend.[36]

Dieser Antrag ist notwendige Voraussetzung für die Vertrauensfrage. Er kann mündlich oder schriftlich gestellt werden[37] und ist an keinen bestimmten Wortlaut gebunden, sofern deutlich wird, dass die Vertrauensfrage gestellt werden soll.[38] Es ist nicht einmal die Anwesenheit des Bundeskanzlers bei der Stellung erforderlich, obgleich diesem das Recht auf Anhörung nach Art. 43 Abs. 2 Satz 2 GG zukommt.[39]

2. Der Inhalt des Antrags

Inhalt des Antrags ist gem. Art. 68 Abs. 1 Satz 1 GG die Aussprache des Vertrauens.[40]

a) Der isolierte Antrag

Der Antrag, dem Bundeskanzler das Vertrauen auszusprechen, kann gem. Art. 68 Abs. 1 GG grundsätzlich isoliert, d.h. ohne Verbindung mit einem weiteren Antrag, der eine Sach- oder Personalfrage zum Gegenstand hat, gestellt werden.[41]

b) Die Verbindung mit einem Sach- oder Personalantrag

Zur Frage, ob der Antrag, dem Bundeskanzler das Vertrauen auszusprechen, isoliert gestellt werden muss oder auch mit einer Sach- oder Personalfrage verbunden

---

zu Regierungsakten und exekutivischen Entscheidungen ergehen können. Darüber hinaus sei dem Parlament nicht durch Art. 67 GG verwehrt, seine Mehrheitsmeinung auch auf andere, nicht verbindliche Weise kundzutun.

[36] *Ipsen*, Staatsrecht I, Rn 213 ff.; *Hermes*, in: Dreier (Hg.), GG, Art. 67 Rn 19 mwN.

[37] Insbesondere stellt dieser Antrag keine Vorlage i. S. v. §§ 75 Abs. 1 lit. d, 77 Abs. 1 GO BT dar, womit die Schriftform entbehrlich ist, vgl. *Schneider*, in: ders., AKzGG, Art. 68 Rn 8; vgl. dazu auch *Wolfgang Schreiber/Klaus-Dieter Schnapauff*, AöR 109 (1984), S. 369 (381).

[38] *Mager*, in: v.Münch/Kunig (Hg.), GG, Art. 68 Rn 6; *Schneider*, in: ders., AKzGG, Art. 68 Rn 8.

[39] *Mager*, in: v.Münch/Kunig (Hg.), GG, Art. 68 Rn 6.

[40] Zur Frage der Abgrenzung von positiver und sog. unechter bzw. negativer Vertrauensfrage, sowie zu derjenigen, ob letztere ebenfalls von Art. 68 GG gedeckt ist, vgl. Kap. 4 B., insb. V. Ob sich diese Problematik den Vätern des Art. 68 GG auch stellte, oder ob diese ganz automatisch von einem Minderheitenkanzler ausgingen, wird erstmals bei der Vertrauensfrage Brandts, dann wieder bei denen Kohls und Schröders an Bedeutung gewinnen, vgl. dort, insb. B. V.

[41] Stellvertretend für viele *Mager*, in: v.Münch/Kunig (Hg.), GG, Art. 68 Rn 6; *Epping*, in: v.Mangoldt/Klein/Starck (Hg.), GG, Art. 68 Rn 10; *Oldiges*, in: Sachs (Hg.), GG, Art. 68 Rn 29; *Meinhard Schröder*, Bildung, Bestand und parlamentarische Verantwortung der Bundesregierung, in: Josef Isensee/Paul Kirchhof (Hg.), HStR III, 3. Aufl. 2005, Heidelberg, § 65 Rn 42.

werden kann, ist Art. 68 GG nichts zu entnehmen. Dieser geht vielmehr von der iso-
lierten Vertrauensfrage aus, ohne die Verbindung mit einem anderen Antrag zu regeln.

Allerdings können aus Art. 81 GG, welcher den Gesetzgebungsnotstand als Folge
der abgelehnten Vertrauensfrage regelt, Rückschlüsse hierauf gezogen werden, da
dieser in Abs. 1 Satz 2 GG den Abs. 1 Satz 1 in dem Falle für anwendbar erklärt,
wenn „eine Gesetzesvorlage abgelehnt worden ist, obwohl der Bundeskanzler mit
ihr den Antrag des Artikels 68 verbunden hatte."[42] Damit geht Art. 81 Abs. 1 Satz 2
GG ersichtlich von der Möglichkeit der Kombination von Vertrauensfrage und Gesetzesvorlage aus, so dass schon hieraus gefolgert werden kann, dass eine solche Verbindung vom Grundgesetz selbst für zulässig erachtet und daher als absolute Kompetenz
des Bundeskanzlers angesehen wird.[43] Der Antrag ist damit in Verbindung mit jedem
anderen Gegenstand möglich, für den ein Parlamentsbeschluss erforderlich ist.[44] Notwendig hingegen ist eine solche Verbindung jedoch nicht.[45]

II. Die 48-Stundenfrist

Zwischen Antragstellung und Abstimmung müssen gem. Art. 68 Abs. 2 GG 48
Stunden liegen. Dieses Erfordernis begründet sich mit der Bestrebung, übereilten
Entscheidungen und Zufallsmehrheiten vorzubeugen, zur Beruhigung der politischen
Auseinandersetzung beizutragen sowie neue Überlegungen und Verhandlungen zu
ermöglichen.[46] Der Bundeskanzler kann diese Frist nutzen, um, soweit noch nicht
im Vorfeld der Antragstellung geschehen, doch noch eine Mehrheit hinter sich zu ver-

---

[42] Art. 81 GG: *(1) ²Das Gleiche gilt, wenn eine Gesetzesvorlage abgelehnt worden ist,
obwohl der Bundeskanzler mit ihr den Antrag des Artikels 68 verbunden hatte.*

[43] *Herzog*, in: Maunz/Dürig/ders./Scholz (Hg.), GG, Art. 68 Rn 25 ff.; *Schröder*, in:
Isensee/Kirchhof (Hg.), HStR III, § 65 Rn 42; *Mager*, in: v.Münch/Kunig (Hg.), GG,
Art. 68 Rn 6 und 18; *Schneider*, in: ders., AKzGG, Art. 68 Rn 8; *Ipsen*, Staatsrecht I, Rn 438;
Badura, Staatsrecht, E 111; *Stern*, Staatsrecht I, § 22 III 3; *Maurer*, Staatsrecht I, § 14 Rn 42;
Zippelius/Würtenberger, Deutsches Staatsrecht, § 43 III 1 d; *Christoph Degenhart*, Staatsrecht
I, 21. Aufl. 2005, Heidelberg, Rn 683; *Jörg Haass*, BayVBl. 2004, S. 204 ff. Mit diesem Inhalt
wird Art. 68 letztlich dann doch im Sinne des Antrags des Abgeordneten Dehler ausgelegt,
nach dem in Art. 68 Abs. 1 GG die Möglichkeit der Verbindung mit einem Sachantrag ausdrücklich normiert werden sollte mit der Begründung, das Parlament könne seiner Auflösung
trotz der Verweigerung der Gefolgschaft in den Gesetzesvorlagen durch Ausspruch des Vertrauens entgehen, vgl. *Umbach*, Parlamentsauflösung in Deutschland, S. 497 f. A. A. *Christoph
Schönberger*, JZ 2002, S. 211 ff., der vertritt, dass Art. 81 GG allein von der Verbindung mit
Gesetzesvorlagen ausgeht, vgl. dazu ausführlicher unter Kap. 4 A. IV. 2.

[44] Die Verbindung führt zur Antragseinheit, vgl. *Ipsen*, Staatsrecht I, Rn 439. Zu der hieraus
resultierenden Problematik der nötigen Quoren vgl. *Herzog*, in: Maunz/Dürig/ders./Scholz
(Hg.), GG, Art. 68 Rn 39 f.; *Mager*, in: v.Münch/Kunig (Hg.), GG, Art. 68 Rn 18.

[45] *Ipsen*, Staatsrecht I, Rn 438; a. A. *Epping*, in: v.Mangoldt/Klein/Starck (Hg.), GG,
Art. 68 Rn 11.

[46] *Schneider*, in: ders., AKzGG, Art. 67 Rn 6; *Mager*, in: v.Münch/Kunig (Hg.), GG,
Art. 68 Rn 22, Art. 67 Rn 7; *Wolfgang Zeh*, Parlamentarisches Verfahren, in: Josef Isensee/
Paul Kirchhof (Hg.), HStR III, 3. Aufl. 2005, Heidelberg, § 53 Rn 25.

einigen.[47] Da die Frist verfassungsrechtlich vorgeschrieben ist, kann sie auch nicht im Einverständnis aller Beteiligten abgekürzt werden. Sie beginnt mit Antragsstellung.[48]

III. Das Scheitern der Vertrauensfrage

Die Vertrauensfrage gilt nach Art. 68 Abs. 1 Satz 1 GG als gescheitert, wenn sie nicht die Zustimmung der Mehrheit der Mitglieder des Bundestags findet. Gem. Art. 121 GG ist dabei auf die Mehrheit der gesetzlichen Mitgliederzahl des Bundestags abzustellen, welche sich gem. § 1 Abs. 1 BWG nach der Anzahl der Abgeordneten richtet.[49] Die Abstimmung erfolgt nach § 48 GO BT durch Handzeichen oder Aufstehen und Sitzenbleiben, mithin nicht geheim.[50] Wegen der erforderlichen sog. Kanzlermehrheit,[51] also der absoluten Mehrheit, wirken sich Enthaltungen, ungültige Stimmabgaben und Nichtteilnahmen an der Abstimmung wie Neinstimmen aus.[52]

Entscheidet der Bundestag nicht in angemessener Frist[53] über den Antrag, obgleich ihm dies möglich und zumutbar scheint, und ist auch erkennbar, dass er nicht entscheiden will, dann gilt die Vertrauensfrage ebenfalls als verloren, da die Abgeordneten dann dem Bundeskanzler das Vertrauen nicht, wie von Art. 68 GG gefor-

---

[47] *Mager*, in: v.Münch/Kunig (Hg.), GG, Art. 68 Rn 22, Art. 67 Rn 7; *Herzog*, in: Maunz/Dürig/ders./Scholz (Hg.), GG, Art. 68 Rn 2; *Schneider*, in: ders., AKzGG, Art. 67 Rn 6; Art. 68 Rn 9.

[48] *Schneider*, in: ders., AKzGG, Art. 67 Rn 6; *Mager*, in: v.Münch/Kunig (Hg.), GG, Art. 68 Rn 22, Art. 67 Rn 8. Wird der Antrag schriftlich gestellt, beginnt die Frist gem. § 123 Abs. 1 GO BT mit abgeschlossener Verteilung der BT-Drs. und zählt zwei volle Tage. Bei mündlicher Antragstellung ist die Frist in Stunden zu berechnen und beginnt mit Ende der Antragstellung, vgl. *Schreiber/Schnapauff*, AöR 109 (1984), S. 369 (381 ff.). Zur Berechnung in Stunden auch bei schriftlicher Antragstellung *Mager*, in: v.Münch/Kunig (Hg.), GG, Art. 68 Rn 22, Art. 67 Rn 8.

[49] *Ipsen*, Staatsrecht I, Rn 441; *Degenhart*, Staatsrecht I, Rn 683; *Hesse*, Grundzüge des Verfassungsrechts, Rn 587; diese wurde im Laufe der Jahre immer wieder erhöht und beträgt zur Zeit 598 zzgl. der vom Gesetz angeordneten Abweichungen, wie sie sich z. B. aus Überhangmandaten ergeben können, vgl. §§ 1 Abs. 1, 6 Abs. 5 BWG.

[50] *Mager*, in: v.Münch/Kunig (Hg.), GG, Art. 68 Rn 21; *Ipsen*, Staatsrecht I, Rn 438, der auf die gängige Staatspraxis verweist.

[51] *Degenhart*, Staatsrecht I, Rn 683.

[52] *Mager*, in: v.Münch/Kunig (Hg.), GG, Art. 68 Rn 17.

[53] Zwar wird von Art. 68 GG keine Entscheidungsfrist normiert, allerdings wird unter Verweis auf Art. 81 Abs. 2 Satz 2 GG eine solche auch für Art. 68 GG angenommen, vgl. *Pieroth*, in: Jarass/ders., GG, Art. 68 Rn 2; *Schneider*, in: ders., AKzGG, Art. 68 Rn 9, der eine Frist von zehn Tagen als angemessen ansieht. *Heinhard Steiger*, Organisatorische Grundlagen des parlamentarischen Regierungssystems (Schriften zum Öffentlichen Recht Bd. 207), 1973, Berlin, S. 271, erachtet einen Zeitraum von ca. acht Tagen für sinnvoll.

dert, ausdrücklich ausgesprochen haben.[54] Dies ist anders, wenn dem Bundestag die Beschlussfähigkeit fehlt. Dann soll nach einer in der Literatur vordringlich vertretenen Ansicht der Antrag des Bundeskanzlers „weiter in der Schwebe" bleiben.[55]

IV. Handlungsalternativen des Bundeskanzlers beim Scheitern der Vertrauensfrage

Erreicht der Antrag diese absolute Mehrheit, so ist er erfolgreich und der Bundeskanzler kann einen Prestigegewinn verzeichnen, der jedoch nicht von langer Dauer sein muss.[56]

Verfehlt der Antrag diese hingegen, so zeitigt dies grundsätzlich noch keine zwingenden rechtlichen Folgen und auch keine Rechtspflicht des Bundeskanzlers zum Handeln.[57] Vielmehr erschöpft sich der Aussagegehalt des Votums darin, dass die Regierung des Bundeskanzlers nicht mehr von einer ausreichenden Mehrheit im Parlament gestützt wird. Der weitere Geschehensablauf liegt dann wieder in der Hand des Bundeskanzlers. Vor die Wahl gestellt, kann er sich neben der regelmäßig nicht vielversprechenden Möglichkeit, die Vertrauensfrage nochmals zu stellen,[58] für ein Fortführen der bisherigen Regierung als Minderheitenkanzler entscheiden.[59] Da jedoch

---

[54] Zum Teil wird dieses Ergebnis mit einer Analogie zu Art. 81 Abs. 2 Satz 2 GG begründet, vgl. *Schneider*, in: ders., AKzGG, Art. 68 Rn 9; *Pieroth*, in: Jarass/ders., GG, Art. 68 Rn 2; *Steiger*, Organisatorische Grundlagen, S. 271; *Schmidt-Bleibtreu/Klein*, GG, Art. 68 Rn 3 a. Gegen eine solche wird der Wortlaut des Art. 68 Abs. 1 Satz 1 GG angeführt, nach dem das Vertrauen ausgesprochen werden müsse, da durch die Stellung des Vertrauensantrags die bis dato gültige Fiktion des Vertrauens nicht mehr aufrecht erhalten werden könne, vielmehr eine ausdrückliche Bestätigung desselben erforderlich sei. Erfolgt diese nicht, so sei der Vertrauensantrag abgelehnt. Damit regele schon Art. 68 GG den Fall der unterbliebenen Abstimmung, womit aufgrund des Fehlens einer für die Analogie notwendigen Regelungslücke für diese kein Bedarf bestehe, vgl. *Mager*, in: v.Münch/Kunig (Hg.), GG, Art. 68 Rn 23; *Schenke*, in: Dolzer/Vogel/Graßhof (Hg.), BK, Art. 68, Rn 190 f.; *Herzog*, in: Maunz/Dürig/ ders./Scholz (Hg.), GG, Art. 68 Rn 33.

[55] *Steiger*, Organisatorische Grundlagen, S. 271; *Schmidt-Bleibtreu/Klein*, GG, Art. 68 Rn 3 a; *Mager*, in: v.Münch/Kunig (Hg.), GG, Art. 68 Rn 17; *Schneider*, in: ders., AKzGG, Art. 68 Rn 9; *Schenke*, in: Dolzer/Vogel/Graßhof (Hg.), BK, Art. 68 Rn 220 f. A. A. hierzu *Hans Trossmann*, Parlamentsrecht und Praxis des Deutschen Bundestages, 1967, Bonn, § 103 Rn 9 (a. F.).

[56] *Schneider*, in: ders., AKzGG, Art. 68 Rn 9 f.; *Zippelius/Würtenberger*, Deutsches Staatsrecht, § 42 III 1 d; vgl. hierzu Kap. 4 A. III. 1.

[57] *Schneider*, in: ders., AKzGG, Art. 68 Rn 10.

[58] *Schneider*, in: ders., AKzGG, Art. 68 Rn 10.

[59] *Herzog*, in: Maunz/Dürig/ders./Scholz (Hg.), GG, Art. 68 Rn 50; *Mager*, in: v.Münch/ Kunig (Hg.), GG, Art. 68 Rn 24; *Schneider*, in: ders., AKzGG, Art. 68 Rn 10. Das Weiterregieren als Minderheitenkanzler ist nach dem Grundgesetz trotz der Entscheidung für eine sog. Kanzlerdemokratie durchaus möglich, da das Grundgesetz gerade nicht davon ausgeht, dass der mit qualifizierter Mehrheit gewählte Kanzler diese die gesamte Legislaturperiode über auf sich vereinen kann bzw. diese konstant bleibt, vgl. *Schmidt-Bleibtreu/Klein*, GG, Art. 68 Rn 6;

seine parlamentarische Mehrheit nicht mehr besteht, wären Gesetzesvorhaben gefährdet, weswegen das Grundgesetz diesem Minderheitenkanzler auch den Weg über die Antragstellung auf die Erklärung des Gesetzgebungsnotstands durch den Bundespräsidenten nach Art. 81 GG eröffnet.[60] Allerdings birgt das Regieren mit wechselnden Mehrheiten ebenfalls wie die Erklärung des Gesetzgebungsnotstands derartige Schwierigkeiten, dass diesen Alternativen eher untergeordnete Bedeutung zukommt.

Als weitere Option kommt für den Bundeskanzler ein Rücktritt in Betracht.[61] Hiernach würde gem. Art. 69 Abs. 3 GG die Regierung geschäftsführend im Amt bleiben, bis die Wahl eines neuen Bundeskanzlers nach Art. 63 GG erfolgt.[62]

Als vierte Möglichkeit jedoch kann der Bundeskanzler dem Bundespräsidenten den Vorschlag unterbreiten, den Bundestag aufzulösen und Neuwahlen anzusetzen, Art. 68 Abs. 1 Satz 1 GG a.E.[63]

V. Der Antrag auf Auflösung des Bundestags

Dieser Antrag ist Voraussetzung, ohne den der Bundespräsident nicht befugt ist, tätig zu werden.[64] Er bedarf diesmal der Schriftform.[65] Hierbei ist zu beachten, dass die Frist von 21 Tagen, wie sie von Art. 68 Abs. 1 Satz 1 GG normiert wird, mit dem Ende der Abstimmung im Bundestag über die Vertrauensfrage zu laufen beginnt.[66] Danach ist keine Auflösung mehr zulässig.[67]

Herzog, in: Maunz/Dürig/ders./Scholz (Hg.), GG, Art. 63 Rn 53 f. Unter besagter Kanzlerdemokratie wird verstanden, dass das Regierungssystem auf den mit Mehrheit gewählten Bundeskanzler beruht, der seinerseits wiederum nur durch einen mit qualifizierter Mehrheit gewählten Bundeskanzler abgelöst werden kann. Dieser Kanzler trägt in dreifacher Hinsicht die Alleinverantwortung, da er für die Richtlinien der Politik nach Art. 65 GG, die personelle Zusammensetzung der Bundesregierung, Art. 64 Abs. 1 GG, und für die gesamte Regierungstätigkeit gegenüber dem Parlament gem. Art. 67, 68, 69 Abs. 2 GG verantwortlich ist. Vgl. zur Kanzlerdemokratie *Schmidt-Bleibtreu/Klein*, GG, Art. 68 Rn 6; *Schneider*, in: ders., AKzGG, Art. 62 Rn 12.

[60] *Mager*, in: v.Münch/Kunig (Hg.), GG, Art. 68 Rn 24; *Schneider*, in: ders., AKzGG, Art. 68 Rn 10; *Hermes*, in: Dreier (Hg.), GG, Art. 68 Rn 21. Vgl. zu Art. 81 *Rupert Stettner*, in: Horst Dreier (Hg.), GG, 2. Aufl. 2006, Tübingen, Art. 81.

[61] *Herzog*, in: Maunz/Dürig/ders./Scholz (Hg.), GG, Art. 68 Rn 48; *Steiger*, Organisatorische Grundlagen, S. 272; *Schneider*, in: ders., AKzGG, Art. 68 Rn 10, gibt als Grundlage für den Rücktritt Art. 69 Abs. 2 GG an.

[62] *Mager*, in: v.Münch/Kunig (Hg.), GG, Art. 68 Rn 24.

[63] *Herzog*, in: Maunz/Dürig/ders./Scholz (Hg.), GG, Art. 68 Rn 43 ff.; *Schmidt-Bleibtreu/Klein*, GG, Art. 68 Rn 4; *Mager*, in: v.Münch/Kunig (Hg.), GG, Art. 68 Rn 24.

[64] *Schneider*, in: ders., AKzGG, Art. 68 Rn 12; *Dieter Hesselberger*, GG (Schriftenreihe der Bundeszentrale für politische Bildung Bd. 409), 13. Aufl. 2003, Bonn, Art. 68 Rn 2.

[65] *Schneider*, in: ders., AKzGG, Art. 68 Rn 11.

[66] *Mager*, in: v.Münch/Kunig (Hg.), GG, Art. 68 Rn 24.

VI. Die Funktion des Bundespräsidenten

Das Auflösungsrecht kommt gem. Art. 68 Abs. 1 Satz 1 GG dem Staatsoberhaupt zu.

Der Wortlaut „kann" schließt jedoch eine Pflicht des Bundespräsidenten zur Auflösung aus.[68] Diesem steht nach Prüfung der Voraussetzungen auf Tatbestandsebene[69] vielmehr ein Ermessen mit einer Einschätzungsprärogative in der Frage offen, ob er von seinem Recht, den Bundestag aufzulösen, Gebrauch macht oder nicht.[70] Es liegt damit in seinem politischen Verantwortungsbereich nach Prüfung der politischen Lage zu entscheiden, ob die Fortdauer einer Kanzlerschaft ohne Vertrauen oder Neuwahlen dem politischen Geschehen besser entsprechen.[71] Dabei bezieht er in seine Ermessensentscheidung mit ein, ob der Bundeskanzler in absehbarer Zeit eine tragfähige Mehrheit wieder hinter sich vereinigen kann oder wie die Erfolgsaussichten für eine Behauptung auf dem Wege der Notstandsgesetzgebung sind. Auch die Frage, ob das Parlament im Begriff ist, einen Nachfolger für das Amt des Bundeskanzlers zu wählen oder den amtierenden in seinem Amt zu bestätigen, findet Eingang in die Entscheidung des Bundespräsidenten.[72] Dieser hält damit nach dem Willen der Verfassungsgeber die Fäden des politischen Handelns und die Weichenstellung auf dem Weg zu Neuwahlen in Händen. Die Krise des parlamentarischen Systems aktiviert so bei Unfähigkeit des Parlaments, diese aus eigener Kraft zu lösen, die Reservefunktion des Bundespräsidenten, der letztlich die Entscheidung für Neuwahlen trifft.[73]

---

[67] *Schneider*, in: ders., AKzGG, Art. 68 Rn 12.

[68] So die h. M., vgl. stellvertretend *Klaus Stern*, Das Staatsrecht der Bundesrepublik Deutschland II, 1980, München, § 30 III 5 d; *Michael Nierhaus*, Entscheidung, Präsidialakt und Gegenzeichnung. Ein Beitrag zur verfassungsrechtlichen Stellung des Bundespräsidenten im System des Grundgesetzes (Studien zum öffentlichen Recht und zur Verwaltungslehre Bd. 11), 1973, München, S. 51; *Mager*, in: v.Münch/Kunig (Hg.), GG, Art. 68 Rn 27; *Schneider*, in: ders., AKzGG, Art. 68 Rn 13; *Schmidt-Bleibtreu/Klein*, GG, Art. 68 Rn 5; *Schröder*, in: Isensee/Kirchhof (Hg.), HStR III, § 51 Rn 40; a. A. *Ernst Friesenhahn*, VVDStRL 16 (1958), S. 9 (63, 69, 151); *Ludwig Bergsträsser*, Die Entwicklung des Parlamentarismus in Deutschland (Geschichte und Politik Heft 13), 1954, Laupheim, S. 25; *Werner Kaltefleiter*, Die Funktionen des Staatsoberhauptes in der parlamentarischen Demokratie (Demokratie und Frieden Bd. 9, Ferdinand A. Hermens (Hg.)), 1970, Köln-Opladen, S. 244 ff. Zu den Argumenten gegen diese Meinung vgl. *Mager*, in: v.Münch/Kunig (Hg.), GG, Art. 68 Rn 27.

[69] Zur Ausgestaltung des Umfangs dieses Prüfungsrechts vgl. die Ausführungen zur Rechtsprechung des Bundesverfassungsgerichts unter Kap. 4 B. VI.

[70] *Stern*, Staatsrecht II, § 30 III 5 d; *Schneider*, in: ders., AKzGG, Art. 68 Rn 13.

[71] *Klaus Schlaich*, Die Funktionen des Bundespräsidenten im Verfassungsgefüge, in: Josef Isensee/Paul Kirchhof (Hg.), HStR II, 1987, Heidelberg, § 49 Rn 17 *Martin Nettesheim*, Die Aufgaben des Bundespräsidenten, in: Josef Isensee/Paul Kirchhof (Hg.), HStR III, 3. Aufl. 2005, Heidelberg, § 62 Rn 9 ff.; *Stern*, Staatsrecht II, § 30 III 5 d; vgl. auch *Schneider*, in: ders., AKzGG, Art. 63 Rn 11, zu einer ähnlichen Problematik.

[72] *Stern*, Staatsrecht II, § 30 III 5 d. Vgl. hierzu auch B. VIII.

[73] *Schlaich*, in: Isensee/Kirchhof (Hg.), HStR II, § 49 Rn 17; *Herzog*, in: Maunz/Dürig/ders./Scholz (Hg.), GG, Art. 68 Rn 60. Die Stellung und die rechtlichen Pflichten des Bun-

VII. Die Auflösungsanordnung

Entscheidet sich der Bundespräsident dafür, dem Antrag des Bundeskanzlers zu entsprechen, erfolgt die Auflösung des Parlaments und die Festsetzung von Neuwahlen innerhalb der vorgeschriebenen 21-Tagesfrist mittels einer Anordnung. Nach Ablauf dieser Frist ist eine Auflösung nicht mehr zulässig.[74] Die Auflösungsanordnung wird als empfangsbedürftige Willenserklärung angesehen, die in schriftlicher oder mündlicher Form erfolgen kann und mit Zugang beim Bundestag, vertreten durch den Präsidenten des Bundestags, unwiderruflich wirksam wird.[75] Als Anordnung i. S. v. Art. 58 Satz 1 GG bedarf sie der Gegenzeichnung des Bundeskanzlers.[76] Eine Begründung ist nicht erforderlich ebenso wenig wie eine Publizierung im Bundesgesetzblatt.[77] Letztere entspricht jedoch schon seit der Weimarer Zeit der Staatspraxis und wird auch in der Bundesrepublik Deutschland fortgesetzt.[78]

Erfolgte ursprünglich die vorzeitige Beendigung der Wahlperiode des aufgelösten Bundestags noch im Zeitpunkt der Auflösungsentscheidung des Bundespräsidenten,[79] wird seit der Neuregelung durch das 33. Gesetz zur Änderung des Grundgesetzes vom 23. August 1976[80] die Auflösung des Bundestags erst in dem Zeitpunkt wirksam, in welchem der nachfolgend gewählte zusammentritt.[81] Diese Wahl hat innerhalb von 60 Tagen nach der Auflösungsentscheidung zu erfolgen, Art. 39 Abs. 1 Satz 4 GG. Zu diesem Zweck wird mit der Auflösungsverfügung der Wahltermin festgesetzt, der als Annexentscheidung demselben rechtlichen Schicksal verhaftet ist wie die Auflösungsanordnung.[82]

---

despräsidenten werden im Laufe der Zeit durch die Verfassungsrechtsprechung konkretisiert werden, vgl. hierzu Kap. 4 B. VI.

[74] *Schneider*, in: ders., AKzGG, Art. 68 Rn 12.

[75] *Mager*, in: v.Münch/Kunig (Hg.), GG, Art. 68 Rn 31.

[76] *Stern*, Staatsrecht II, § 30 III 5 d; *Herzog*, in: Maunz/Dürig/ders./Scholz (Hg.), GG, Art. 68 Rn 55; *Mager*, in: v.Münch/Kunig (Hg.), GG, Art. 68 Rn 31, was jedoch die Schriftform denknotwendig voraussetzt.

[77] *Herzog*, in: Maunz/Dürig/ders./Scholz (Hg.), GG, Art. 68 Rn 53 ff.; *Schenke*, in: Dolzer/Vogel/Graßhof (Hg.), BK, Art. 68 Rn 236 ff.

[78] *Mager*, in: v.Münch/Kunig (Hg.), GG, Art. 68 Rn 31; vgl. hierzu auch die Ausführungen zu den Bekanntmachungen der Auflösungen des Bundestags durch die Bundespräsidenten Heinemann, Carstens und Köhler in Kap. 4 B. III.

[79] Vgl. hierzu und zur parlamentarischen Zeit Kap. 4 Anm. 280 und 368.

[80] BGBl. I S. 2381.

[81] *Schneider*, in: ders., AKzGG, Art. 68 Rn 13, 16; *Schmidt-Bleibtreu/Klein*, GG, Art. 39 Rn 3, welche die Bezeichnung als „Auflösung" für missverständlich erachten, vgl. ebenda, Art. 39 Rn 15.

[82] *Mager*, in: v.Münch/Kunig (Hg.), GG, Art. 68 Rn 32. Zum Teil wird die Festsetzung auch als staatsorganisatorischer Akt mit Verfassungsrang bezeichnet, vgl. *Schneider*, in: ders., AKzGG, Art. 68 Rn 17, unter Verweis auf BayVerfGH, BayVBl. 1974, S. 584 f.

VIII. Möglichkeiten des Parlaments, der Auflösung zu entgehen

Die Auflösung kann jedoch durch den Bundestag verhindert werden, indem er gem. § 98 Abs. 2 GO BT auf Antrag eines Viertels seiner Mitglieder innerhalb von 21 Tagen einen anderen oder entgegen dem Wortlaut von Art. 68 Abs. 1 Satz 2 GG auch denselben Bundeskanzler wählt.[83] Eines Ausspruchs des Misstrauens gem. Art. 67 GG bedarf es dabei ebenso wenig wie der Einhaltung einer Frist bis zur Wahl, wie sie z. B. in Art. 67 Abs. 2 GG vorgesehen ist.[84] Durch die Wahl desselben Bundeskanzlers wird das ausgesprochene Misstrauen revidiert.[85]

Darüber hinaus kann der Bundestag auch im Wege des konstruktiven Misstrauens-votums gem. Art. 68 GG die Wahl eines neuen Bundeskanzlers betreiben.

Dabei wird vertreten, dass in beiden Fällen die Wahl jedoch nur so lange erfolgen kann, als der Bundespräsident die Auflösung noch nicht erklärt hat.[86] Umgekehrt er-lischt das Recht des Bundespräsidenten zur Auflösung mit Abschluss des Wahlgangs des Bundestags und der Wahl eines Bundeskanzlers.[87] Der sich hieraus unter Umstän-den ergebende Wettlauf der Verfassungsorgane wird dadurch zu unterbinden ver-sucht, dass dem Bundespräsidenten die ungeschriebene Pflicht auferlegt wird, den Ausgang der Wahl abzuwarten, sobald das Parlament in eine solche eingetreten ist oder Bemühungen hierzu anstellt. Begründet wird dies mit dem Argument, dass der parlamentarischen Krisenlösung vom Grundgesetz vor allen anderen Möglichkei-ten der Vorrang eingeräumt wurde, wie sich aus den Art. 63, 67 Abs. 1 und 68 Abs. 1 GG ergibt,[88] und der Bundespräsident an diese Wertentscheidung aufgrund des Grundsatzes der Verfassungstreue gebunden ist.[89] Dem Parlament soll von außen

---

[83] *Schmidt-Bleibtreu/Klein*, GG, Art. 68 Rn 5 a; *Hesselberger*, GG, Art. 68 Rn 3; *Mager*, in: v.Münch/Kunig (Hg.), GG, Art. 68 Rn 28, die von einer Analogie zu Art. 68 Abs. 1 Satz 2 GG ausgeht. Das Verfahren richtet sich in diesem Falle dann nach § 97 Abs. 2 GO BT.

[84] *Schmidt-Bleibtreu/Klein*, GG, Art. 68 Rn 5 a.

[85] *Schmidt-Bleibtreu/Klein*, GG, Art. 68 Rn 5 a.

[86] *Schmidt-Bleibtreu/Klein*, GG, Art. 68 Rn 5 a; *Schneider*, in: ders., AKzGG, Art. 39 Rn 15. A. A. *Ipsen*, Staatsrecht I, Rn 282, der auch nach erfolgter Auflösung dem Parlament die vollen Kompetenzen zubilligt, da diese erst im Zeitpunkt des Auseinandertretens des Parlaments enden würden.

[87] *Mager*, in: v.Münch/Kunig (Hg.), GG, Art. 68 Rn 29.

[88] *Schreiber/Schnapauff*, AöR 109 (1984), S. 369 (393); *Ipsen*, Staatsrecht I, Rn 445. Aus diesem Grunde ist bei einem Zusammentreffen von Vertrauensfrage nach Art. 68 GG und Misstrauensvotum nach Art. 67 GG dem letzteren Verfahren grundsätzlich der Vorrang ein-zuräumen, so fern die Auflösung des Bundestags noch nicht erfolgt ist. Durch die Kanzlerwahl im Rahmen des Art. 67 GG erledigt sich also die Vertrauensfrage nach Art. 68 GG, vgl. *Schneider*, in: ders., AKzGG, Art. 68 Rn 9. Zum Verhältnis der Institute nach erfolgter Auf-lösungsentscheidung vgl. schon Anm. 86.

[89] *Mager*, in: v.Münch/Kunig (Hg.), GG, Art. 68 Rn 29; *Schenke*, in: Dolzer/Vogel/Graß-hof (Hg.), BK, Art. 68 Rn 225 f. Nach a. A. obliege dem Bundespräsidenten das Abwarten als *nobile officium*, das er aus politischer Klugheit beachten müsse. Art. 68 Abs. 1 Satz 2 GG sei daher auch nur deklaratorischer Natur, vgl. *Schneider*, in: ders., AKzGG, Art. 68 Rn 12, 14.

weder eine Regierung noch eine Auflösung aufgezwungen werden.[90] Aus diesem Grunde wird auch die aufschiebend bedingte Wirksamkeit einer Auflösungsverfügung des Bundespräsidenten bis zum endgültigen Scheitern des Wahlgangs konstatiert.[91] Folglich wird ebenso davon gesprochen, dass der Bundestag auch in Regierungskrisen mit Art. 67 GG das erste und mit Art. 68 Abs. 1 und 2 GG das letzte Wort habe.[92]

Aber auch bei Zustimmung des Bundestags zu einer erneuten Vertrauensfrage erlischt das Recht des Bundespräsidenten auf Auflösung.[93]

C. Die Stellung des Artikels 68 im Gefüge des Grundgesetzes

Das parlamentarisch ausgestaltete Regierungssystem des Grundgesetzes gilt insbesondere im Vergleich mit der Weimarer Republik und Frankreich als eines der stabilsten.[94]

Als Maßstab für Stabilität gelten die dem echten Parlamentarismus eigentümlichen Kontrollbefugnisse und Kontrollmöglichkeiten der Machtträger Regierung und Parlament,[95] wobei heute eher der Dualismus Regierungsmehrheit und Opposition im Vordergrund steht.[96] Idealtypisch wäre in diesem Sinne ein System sich symmetrisch genau entsprechender Möglichkeiten zur Kontrolle und Beschränkung des jeweils anderen Machtträgers, damit keiner über den anderen eine Vormachtstellung gewinnt.[97] Dieser Ausgleich ist zwar seit 1789 immer wieder versucht worden,[98] jedoch bislang noch nicht gelungen und gibt daher zur Vermutung Anlass, diese Asymmetrie als der konstitutionellen Regierung immanent anzusehen.[99]

Diesbezüglich wird der Möglichkeit, die Regierung zur politischen Verantwortlichkeit zu ziehen und diese als *ultima ratio* durch ein Misstrauensvotum der Parlamentsmehrheit abzusetzen, die Bedeutung als wirksamstes Instrument des Parla-

---

[90] *Schneider*, in: ders., AKzGG, Art. 68 Rn 14.

[91] *Mager*, in: v.Münch/Kunig (Hg.), GG, Art. 67 Rn 29; *Herzog*, in: Maunz/Dürig/ders./Scholz (Hg.), GG, Art. 68 Rn 68.

[92] *Schneider*, in: ders., AKzGG, Art. 68 Rn 14.

[93] *Schneider*, in: ders., AKzGG, Art. 68 Rn 10.

[94] *Karl Loewenstein*, Verfassungslehre, 2. Aufl. 1969, Tübingen, S. 92.

[95] *Loewenstein*, Verfassungslehre, S. 85.

[96] *Zippelius/Würtenberger*, Deutsches Staatsrecht, § 10 III 3.

[97] *Loewenstein*, Verfassungslehre, S. 83.

[98] Vgl. hierzu *Ernst Rudolf Huber*, Deutsche Verfassungsgeschichte seit 1789 VI, 1981, Stuttgart u. a.

[99] *Loewenstein*, Verfassungslehre, S. 83.

ments beigemessen.[100] Denn das Vertrauen des Parlaments in die Regierung und die Verantwortlichkeit der Regierung gegenüber dem Parlament beruhen auf Gegenseitigkeit und ergänzen einander.[101] Nach Karl Loewenstein sind sie die „Vorder- und Rückseite derselben Medaille".[102]

Gelangt hingegen der Regierungschef zu der Auffassung, dass er zwar die Mehrheit im Parlament verloren hat, jedoch die Wählerschaft seine Person oder das von ihm vertretene Programm unterstützt, dann kann er der Drohung seiner Absetzung diejenige der Auflösung des Parlaments und der Initiierung von Neuwahlen entgegensetzen, so dass dem Wähler die Rolle eines Schiedsrichters zwischen der Regierung und den Oppositionsparteien zugedacht wird.[103] Dabei genügt in den parlamentarischen Staaten die Drohung mit der Auflösung, um disziplinierende Wirkung zu entfalten, so dass eine Auflösung nur selten erfolgt.[104] Aus diesem Grunde stellen die Institution des Auflösungsrechts den „Kern der Machtdynamik" dar, dessen alleinige Existenz zur Stabilisierung der Regierung beiträgt.[105] Und so wird das Auflösungsrecht aus dem Blickwinkel der Verfassungstheorie auch als „Schlußstein des demokratischen Machtgebäudes" bezeichnet, da es Entscheidungen an den Wähler als höchsten Machtinhaber heranträgt und dadurch Konflikte zwischen Regierung und Parlament löst.[106]

Diese beiden Instrumente entfalten eine potentielle Wechselwirkung und generieren eine Dynamik im politischen Prozess im Sinne eines gegenseitigen Antreibens von Parlament und Regierung. Karl Loewenstein prägt zum Ausdruck dieses Zusammenspiels die Metaphern von der Zusammengehörigkeit der Instrumente als Gegen-

---

[100] *Hesse*, Grundzüge des Verfassungsrechts, Rn 591; *Stern*, Staatsrecht I, § 22 II 2; *Loewenstein*, Verfassungslehre, S. 85, 200. Weitere Kontrollmöglichkeiten sind das Interpellationsrecht, das Zitierungsrecht, die Fragestunde und der Untersuchungsausschuss, die jedoch allesamt der Wirksamkeit des konstruktiven Misstrauensvotums entbehren, vgl. hierzu *Badura*, Staatsrecht, E 17; *Zeh*, in: Isensee/Kirchhof, HStR III, § 43 Rn 49 ff., 78 ff.; *Frank Pilz/Heike Ortwein*, Das politische System Deutschlands, 3. Aufl. 2000, München/Wien, S. 241 ff.; *Hesse*, Grundzüge des Verfassungsrechts, Rn 591. Neben all diesen Möglichkeiten beiben die Wahlen am Ende der Legislaturperiode die „wirksamste Abrechnung", *Zippelius/Würtenberger*, Deutsches Staatsrecht, § 10 III 3. *Schneider*, in: ders., AKzGG, Art. 67 Rn 11, und *Friedrich Glum*, Kritische Bemerkungen zu Art. 63, 67, 68 und 81 des Bonner Grundgesetzes, in: FG Erich Kaufmann, 1950, Stuttgart/Köln, S. 47 (55), sprechen hingegen Art. 67 GG seine stabilisierende Wirkung ab, da er eine zumeist aufgrund eines Koalitionszerfalls entstehende Regierungskrise nicht zu verhindern vermag, sondern diese lediglich verstärken bzw. verzögern würde.

[101] *Badura*, Staatsrecht, E 16; *Stern*, Staatsrecht I, § 22 II 2.

[102] *Loewenstein*, Verfassungslehre, S. 200.

[103] *Heinhard Steiger*, in: FS Erwin Stein, Hermann Avenarius u. a. (Hg.), 1983, Bad Homburg, S. 349 ff.; *Loewenstein*, Verfassungslehre, S. 85, 200, 217. Dabei ist diese Funktion des Volks aufgrund der restriktiven Regelung in Art. 68 GG im Vergleich zu Art. 25 WRV sehr stark eingeschränkt, vgl. *Stern*, Staatsrecht I, § 22 III 2 a α.

[104] *Loewenstein*, Verfassungslehre, S. 218.

[105] *Loewenstein*, Verfassungslehre, S. 218.

[106] *Loewenstein*, Verfassungslehre, S. 221.

stücke wie „Kolben und Zylinder einer Maschine"[107] bzw. wie „Hand und Handschuh".[108] Hieraus ergibt sich auch, dass, sollte eines der Instrumente stärker ausgeprägt sein, dies zu Lasten desjenigen Machtträgers geht, dem das schwächere als Mittel gebührt. So würde das Regime bei Unzulänglichkeit des Auflösungsrechts zum Supremat des Parlaments und damit zur Schwächung der Regierung neigen, hingegen eine Beschränkung der Möglichkeit des Misstrauensvotums eine Vorrangstellung der Regierung konstatieren.[109]

In letzterem Sinne ist das im Grundgesetz angelegte Gewaltverhältnis ausgestaltet. In dieses hat zum einen das Misstrauensvotum Einzug erhalten, und zum anderen sollte auch mit Art. 68 GG eine weitere Norm[110] zur Verfolgung des Ziels der Regierungsstabilität geschaffen werden.[111] Die Stellung der Vertrauensfrage sollte stabilisierend auf das Regierungssystem wirken, indem dem Bundeskanzler bei wichtigen oder umstrittenen Gesetzen und labilen Mehrheiten dadurch, dass er sich selbst zur Disposition stellt, die Möglichkeit der Wiedergewinnung oder Stabilisierung der Mehrheit eingeräumt wird, um dadurch Regierungskrisen zu bewältigen.[112] Darüber hinaus gibt es als „gouvernementale[s] Gegenstück" zu Art. 67 GG dem Bundeskanzler eine „Abwehrwaffe" an die Hand, gegen ein augenscheinlich zur Unterstützung nicht mehr bereites oder fähiges Parlament vorzugehen.[113]

Beide Instrumente sind jedoch nicht völlig gleichberechtigt, da bei einem Zusammentreffen von konstruktivem Misstrauensvotum und Vertrauensantrag Ersteres Letzterem vorgeht.[114]

---

[107] *Loewenstein*, Verfassungslehre, S. 85.

[108] *Loewenstein*, Verfassungslehre, S. 217. In diesem Sinne auch *Schneider*, in: ders., AKzGG, Art. 68 Rn 2.

[109] *Loewenstein*, Verfassungslehre, S. 86.

[110] Neben Art. 63, 65 und 69 Abs. 2 GG a. E.

[111] *Schröder*, in: Isensee/Kirchhof (Hg.), HStR III, § 51 Rn 33.

[112] *Schmidt-Bleibtreu/Klein*, GG, Art. 68 Rn 1; *Mager*, in: v.Münch/Kunig (Hg.), GG, Art. 68 Rn 2; *Schröder*, in: Isensee/Kirchhof (Hg.), HStR III, § 51 Rn 38 f.; *Schneider*, in: ders., AKzGG, Art. 68 Rn 1 und 3; *Hartmut Maurer*, DÖV 1982, S. 1001 (1004).

[113] *Schneider*, in: ders., AKzGG, Art. 68 Rn 2; *Schröder*, in: Isensee/Kirchhof (Hg.), HStR III, § 51 Rn 38; *Herzog*, in: Maunz/Dürig/ders./Scholz (Hg.), GG, Art. 68 Rn 7; *Fromme*, Weimarer Verfassung, S. 101; *Hermes*, in: Dreier (Hg.), GG, Art. 68 Rn 7. So wird Art. 67 GG als Mittel des mehrheitsfähigen Parlaments gesehen, einer Krise mit der Regierung vorzubeugen, Art. 68 GG als eines des Bundeskanzlers, gegen ein obstruierendes Parlament vorzugehen, vgl. *Mager*, in: v.Münch/Kunig (Hg.), GG, Art. 68 Rn 2; *Schenke*, in: Dolzer/Vogel/Graßhof (Hg.), BK, Art. 68 Rn 35 f., 43; *Schneider*, in: ders., AKzGG, Art. 68 Rn 1; *Epping*, in: v.Mangoldt/Klein/Starck (Hg.), GG, Art. 68 Rn 1; *Stern*, Staatsrecht I, § 22 III 3 b; *Schröder*, in: Isensee/Kirchhof (Hg.), HStR III, § 51 Rn 38. Aber auch die Wirksamkeit beider Instrumente wird seit deren Einführung bestritten, vgl. dazu die Übersicht über die Literaturmeinungen bei *Brandt*, Die Bedeutung parlamentarischer Vertrauensregelungen, S. 59 ff.

[114] *Herzog*, in: Maunz/Dürig/ders./Scholz (Hg.), GG, Art. 68 Rn 9.

Allerdings ist die Möglichkeit des Misstrauensvotums durch das Erfordernis der Konstruktivität erschwert worden.[115] Zwar ist auch das Auflösungsrecht sehr restriktiv ausgeprägt, dennoch schwächen die bloße Existenz desselben die Möglichkeiten des Parlaments zur Kontrolle der Regierung deutlich ab.[116] Deshalb wird das Regime auch als „demoautoritär" bezeichnet, womit die Tatsache, dass die Regierung zwar auf demokratische Weise ins Amt gelangt ist, danach aber die politische Führung autoritär und ohne jede Begrenzung durch das Parlament oder die Wählerschaft ausübt, beschrieben wird.[117]

Dagegen wird die Stellung des Bundeskanzlers durch Art. 68 GG in den Mittelpunkt gerückt[118] und diejenige des Bundespräsidenten gegenüber derjenigen des Reichspräsidenten weiter geschwächt, da jener nun nicht mehr allein die Auflösung bewerkstelligen kann.[119] Herr des Kabinetts ist der die politischen Grundentscheidungen selbst treffende Kanzler, welcher – von den Wahlen im vierjährigen Turnus einmal abgesehen – keiner wirksamen politischen Kontrolle unterliegt.[120]

Als Schutz vor Missbrauch werden Mechanismen von Inter- und Intraorgankontrollen eingeführt, um die Waffe der Parlamentsauflösung in den Händen der Regierung weiter zu entschärfen.[121] Mit Bundeskanzler, Bundestag und Bundespräsident sind drei Verfassungsorgane an dem Verfahren nach Art. 68 GG beteiligt, womit einer allzu leichten Auflösung des Parlaments ein Riegel vorgeschoben zu sein

---

[115] *Schröder*, in: Isensee/Kirchhof (Hg.), HStR III, § 51 Rn 34; *Loewenstein*, Verfassungslehre, S. 92, der dieses auf S. 201 als die radikalste aller Maßnahmen zur Stabilisierung des Kabinetts bezeichnet. Vgl. hierzu auch die Übersicht über bereits gestellte Missbilligungs- und Tadelsanträge gegen Bundeskanzler und –minister bei *Brandt*, Die Bedeutung parlamentarischer Vertrauensregelungen, S. 63, 71 f. Zu Art. 67 GG allgemein vgl. *Mager*, in: v.Münch/Kunig (Hg.), GG, Art. 67; *Schneider*, in: ders., AKzGG, Art. 67; *Schmidt-Bleibtreu/Klein*, GG, Art. 67; *Zeh*, in: Isensee/Kirchhof (Hg.), HStR III, § 43 Rn 25; *Schröder*, in: Isensee/Kirchhof (Hg.), HStR III, § 51 Rn 34 ff., 56; *Stern*, Staatsrecht I, § 22 III 3 a; *Maurer*, Staatsrecht I, § 14 Rn 37 ff.; *Zippelius/Würtenberger*, Deutsches Staatsrecht, § 42 III 1 d; *Hesse*, Grundzüge des Verfassungsrechts, Rn 634 f.; *Badura*, Staatsrecht, E 17, 110; *Degenhart*, Staatsrecht I, Rn 681.

[116] *Loewenstein*, Verfassungslehre, S. 218.

[117] *Loewenstein*, Verfassungslehre, S. 94.

[118] Im Gegensatz zur Weimarer Reichsverfassung kann nach dem Grundgesetz nur dem Bundeskanzler das Vertrauen verweigert werden, nicht auch den übrigen Regierungsmitgliedern, was ebenfalls für eine Zentralisierung auf den Bundeskanzler spricht, vgl. *Zippelius/Würtenberger*, Deutsches Staatsrecht, § 42 III 1 d.

[119] *Zippelius/Würtenberger*, Deutsches Staatsrecht, § 42 III 1 d. Darüber hinaus wird hierdurch das exekutive Auflösungsrecht der Weimarer Zeit parlamentarisiert, *Schenke*, in: Dolzer/Vogel/Graßhof (Hg.), BK, Art. 68 Rn 28, und in seiner Funktion geändert. Das Volk wird weitgehend seiner Stellung als Schiedsrichter beraubt, das Parlament soll vielmehr seine Konflikte eigenständig lösen, *Stern*, Staatsrecht I, § 22 III 2. Eine weitere Neuerung stellt die Verknüpfung zwischen Vertrauensfrage und Parlamentsauflösung dar, so *Mager*, in: v.Münch/Kunig (Hg.), GG, Art. 68 Rn 1 f.

[120] *Loewenstein*, Verfassungslehre, S. 94.

[121] *Loewenstein*, Verfassungslehre, S. 220.

scheint.[122] Insbesondere durch die eigenständigen Beurteilungsspielräume des Bundeskanzlers und des Bundestags sowie der Eröffnung des Ermessens für den Bundespräsidenten dachte man die Gefahr des Missbrauchs durch das Erfordernis hoher politischer Übereinstimmung gebannt zu haben.[123]

Ob jedoch diese Schranken tatsächlich geeignet sind, einem Missbrauch vorzubeugen, und welche Ausgestaltung diese im Laufe der Zeit erfahren haben, wird maßgeblicher Aspekt der nachstehenden Untersuchungen der politischen Anwendung des Art. 68 GG sein.

---

[122] *Mager*, in: v.Münch/Kunig (Hg.), GG, Art. 68 Rn 11; *Schneider*, in: ders., AKzGG, Art. 68 Rn 13.

[123] *Mager*, in: v.Münch/Kunig (Hg.), GG, Art. 68 Rn 11; *Hans-Peter Schneider*, JZ 1973, S. 652 (655).

Kapitel 4

Die politische Anwendung des Artikels 68 GG
und deren Folgen

In der Bundesrepublik Deutschland wurde seit 1949 insgesamt fünf Mal die Vertrauensfrage gestellt, davon in zwei Fällen dem amtierenden Bundeskanzler das Vertrauen ausgesprochen, es ihm hingegen in drei Fällen versagt.[1] Bemerkenswerter Weise folgte der Ausspruch des Vertrauens immer auf eine sog. positive Vertrauensfrage, wohingegen den Versagungen immer eine sog. negative Vertrauensfrage vorausging. Letztere führten in allen Fällen zur Auflösung des Bundestags und zogen nicht nur eine Diskussion um die sog. unechte, negative oder auflösungsgerichtete Vertrauensfrage nach sich, sondern auch eine um die Einführung eines Selbstauflösungsrechts des Bundestags. In zwei Fällen gipfelte sie in den Entscheidungen des Bundesverfassungsgerichts, die jedoch ebenfalls zu heftigen Kontroversen im Schrifttum führten.

Aber auch die Anwendungen der positiven Vertrauensfrage warf insbesondere in Anbetracht der weiteren politischen Geschehnisse die Frage auf, ob Art. 68 GG den ihm zugedachten Zweck der Stabilisierung der Regierung zu erfüllen vermag. Denn der Ausspruch des Vertrauens führte zumindest in einem Falle nicht dazu, dass sich der antragende Bundeskanzler im Amt halten konnte.

Im Folgenden werden daher die Konstellationen und die Folgen der einzelnen Vertrauensfragen sowie deren Auswirkungen auf Art. 68 GG näher beleuchtet.

A. Die positiven Vertrauensfragen

Die positive Vertrauensfrage wurde einmal von Bundeskanzler Helmut Schmidt 1982 und von Bundeskanzler Gerhard Schröder 2001 gestellt.

---

[1] Von bislang sieben Bundeskanzlern sahen sich im Laufe der Zeit über die Hälfte genötigt, Art. 68 GG – zum Teil sogar zwei Mal – anzuwenden und die Vertrauensfrage zu stellen, jedoch nicht immer mit dem Ziel, diese auch positiv beantwortet zu bekommen.

I. Die Ausgangslagen

1. Der Koalitionsstreit und die Spannungen in der SPD 1982

Aus der Wahl zum 9. Deutschen Bundestag am 5. Oktober 1980 war die SPD mit 42,9 % als stärkste Partei hervorgegangen, gefolgt von der CDU mit 34,2 %, der FDP mit 10,6 % und der CSU, die 10,3 % erringen konnte.[2] Damit erreichte die Regierungskoalition aus SPD und FDP zusammen 53,5 % und stand einer Opposition aus CDU/CSU mit 44,5 % gegenüber.[3] Hieraus ergab sich eine Zusammensetzung des Bundestags, nach welcher die SPD 218 und zehn Berliner Sitze erhielt,[4] die CDU/CSU 226 und 11 Berliner, die FDP 53 und einen Berliner Abgeordneten entsenden konnten.[5] Die Sitzverteilung führte dazu, dass 226 CDU/CSU-Abgeordnete 271 Mandatsträgern der SPD und FDP gegenüberstanden, so dass sich hieraus eine deutliche Mehrheit der SPD-FDP-Koalition von 45 Sitzen ergab. Der Bundestag trat am 4. November 1980 zu seiner konstituierenden Sitzung zusammen.

Durch dieses Wahlergebnis sah sich die Regierungskoalition darin bestärkt, die Zusammenarbeit zwischen SPD und FDP fortzusetzen. Gestützt hierauf wurde am 5. November 1980 in der zweiten Sitzung des 9. Bundestags Helmut Schmidt mit 266 von 491 abgegebenen Stimmen[6] erneut zum Bundeskanzler gewählt. Es gab 222 Gegenstimmen, zwei Stimmenthaltungen und eine ungültige Stimmabgabe.[7] Damit konnte er 266 von 271 möglichen Koalitionsstimmen auf sich vereinen.

Dennoch kommt es während der Regierungszeit zu ernsthaften Spannungen in der Koalition, die 1982 ihren vorläufigen Höhepunkt erreicht zu haben scheinen. Als Hauptstreitpunkt gilt dabei die Haushaltsfrage sowie die hiermit verbundenen Bereiche der Sozial- und Wirtschaftspolitik.[8] Ausgelöst durch die Ölkrise sowie den Zusammenbruch der internationalen Währungsordnung infolge der Schwächung des US-Dollars aufgrund der inflatorischen Finanzierung des Vietnamkriegs im Jahr 1973, kommt es neben den anderen westlichen Industrienationen auch in Deutschland wegen der explosionsartigen Verteuerung des Erdöls nicht nur zum Abzug von Kapital, sondern auch zu einer Wirtschaftskrise, bei der vor allem die Inlandsnachfrage und die Beschäftigung stagniert, während die Inflation anhält, sog. „Stagflation".[9]

---

[2] *Peter Schindler*, Datenhandbuch zur Geschichte des Deutschen Bundestages 1949 bis 1999 I, 1999, Baden-Baden, S. 155.

[3] Zu den Gewinnen und Verlusten vgl. *Schindler*, Datenhandbuch I, S. 157.

[4] Im Laufe der Legislaturperiode treten die Abgeordneten Manfred Coppic, Karl-Heinz Hansen und Karl Hofmann (Kronach) aus der SPD aus, so dass sich die Mandatsanzahl auf 215 verringert.

[5] *Schindler*, Datenhandbuch I, S. 169.

[6] Sechs Abgeordnete der CDU/CSU-Fraktion fehlten entschuldigt, so dass die volle Stimmzahl des Bundestags von 497 Stimmen nicht erreicht wurde.

[7] *Schindler*, Datenhandbuch I, S. 1023.

[8] *Hochrathner*, Anwendungsbereich und Grenzen des Parlamentsauflösungsrechts, S. 23.

[9] *Müller*, Schlaglichter der Deutschen Geschichte, S. 418.

Die deutsche Wirtschaft gerät weiter unter Druck, als japanische Konkurrenz in den Bereichen der Elektronik- und Autoindustrie sowie Billigprodukte der Dritten Welt auf den Markt drängen. Verschärft wird die Lage noch durch strukturelle Schwächen der deutschen Wirtschaft, die in einem Süd-Nord-Gefälle zum Ausdruck kommen, als auch dem seit Jahren erfolgten Aufbau von Überkapazitäten in den „alten" Industrien Kohle, Stahl und Schiffsbau.[10] Und so steigt die Arbeitslosigkeit bis 1977 auf über eine Million und mit ihr die sozialen Ausgaben. Auf der anderen Seite sinken gleichzeitig die Einnahmen des Staats in gleicher Weise.

Zur Bekämpfung dieser Wirtschafts- und Sozialprobleme sowie zur Abfederung des sozialen Risikos baut die Regierung die soziale Absicherung weiter aus und legt unter anderem beschäftigungswirksame Programme auf, die zur kurzzeitigen Entspannung des Arbeitsmarkts beitragen. So sinkt die Arbeitslosenzahl 1978 unter die Millionengrenze und von 1979 bis 1980 weiter auf 900 000. Die Finanzierung erfolgt u. a. durch höhere Verschuldung des Bundeshaushalts, weswegen der Bundestag dann auch die Neuverschuldung des Bunds für 1981 um 7 Mrd. DM auf insgesamt 34 Mrd. beschließt,[11] was die Inflation befördert.[12] Erzeugt dieses Vorgehen zunächst interne Spannungen in der Koalition, treten diese bei der Verabschiedung des Bundeshaushalts für das Jahr 1982 offen zu Tage, geht dieser doch das sog. „Sommertheater" voraus, bei dem sich Politiker der Koalition mit einander widersprechenden Vorschlägen zu profilieren suchen.[13]

In den Jahren 1981 und 1982 verringert sich das Bruttosozialprodukt weiter und erreicht 1982 real nur die Größe des Jahres 1979. Gleichzeitig steigt die Arbeitslosigkeit 1981 auf 1,3 Millionen, 1982 sogar auf 1,8 Millionen an.

Wollen Teile der SPD angesichts der sozialen Lage den weiteren schulden- bzw. steuerfinanzierten Ausbau des Sozialsystems,[14] drängt die FDP auf eine Verringerung der staatlichen Verschuldung und lehnt weitere Beschäftigungsprogramme ab. Darüber hinaus verlangt sie starke Einschnitte im Sozialbereich. So lässt der FDP-Vorsitzende und Bundesaußenminister Hans-Dietrich Genscher in seinem Brief vom 20. August 1981 an die Mitglieder der Führungsgremien und an die Mandatsträger der FDP keinen Zweifel daran, dass die FDP einen derartigen Kurs der SPD nicht mittragen werde. Vielmehr wird die Konsolidierung des Bundeshaushalts, die Förderung von Investitionen und die Schaffung von Arbeitsplätzen für nötig befunden.[15] Hierbei wird auch die Begrenzung der Gesamtbelastung von Arbeitern, Angestellten sowie der Wirtschaft gefordert und eine Erweiterung etwa durch Steuererhöhungen abge-

---

[10] *Müller*, Schlaglichter der Deutschen Geschichte, S. 419.

[11] *Joseph Bücker/Helmut Schlimbach*, Die Wende in Bonn. Deutsche Politik auf dem Prüfstand (Motive – Texte – Materialien Bd. 22), 1983, Heidelberg, S. 2.

[12] *Müller*, Schlaglichter der Deutschen Geschichte, S. 419.

[13] *Müller*, Schlaglichter der Deutschen Geschichte, S. 422.

[14] Insbesondere wurden in der SPD eine Erhöhung der Verbrauchssteuer als auch eine Ergänzungsabgabe für höhere Einkommen diskutiert.

[15] Brief vom 20. August 1981, zit. nach *Bücker/Schlimbach*, Die Wende in Bonn, S. 14 ff.

lehnt.[16] Die Ausgabenverminderung sei der bessere Weg als die Einnahmenerhöhung, weswegen „Eingriffe in Leistungsgesetze [...] unvermeidbar" erscheinen und es gelte, „eine Anspruchsmentalität zu brechen", da „manches Gesetz geradezu zur ‚Inanspruchnahme' auffordert, um nicht zu sagen ‚verleitet'. Eine Wende ist notwendig."[17]

Die inhaltliche Diskrepanz zur SPD wird neben dem Zeitpunkt der Veröffentlichung auch noch durch die fast pathetisch anmutende Wahl der Worte unterstrichen und zugespitzt, welche die Position der FDP als grundsätzlich erscheinen lassen. So spricht Genscher von einem „Scheideweg", vor dem das Land stehe, und dass „wir gesellschaftspolitisch [...] in einer Bewährungsprobe der Marktwirtschaft" stünden, die „nur mit marktwirtschaftlichen Mitteln bestanden werden" könne.[18] Aus der „Bewährungsprobe der Marktwirtschaft" wird dann kurz darauf die „Bewährungsprobe unserer freiheitlichen Ordnung, weil soziale Stabilität die unverzichtbare Voraussetzung politischer Stabilität" sei.[19] Und so wird der Brief auch als Warnung der FDP an die SPD vor wachsenden Haushaltsdefiziten interpretiert, bei der Genscher den Sozialdemokraten nicht nur einen weiteren Sparkurs bzgl. der Haushaltsfrage aufzwingen, sondern auch einen Zugriff auf das Arbeitslosengeld, die Lohnfortzahlung im Krankheitsfall, Lockerungen des Kündigungsschutzes sowie des Mietrechts erreichen will.[20] Weiterer Nachdruck in diese Forderungen wird seitens der FDP dadurch gelegt, dass diese vernehmen lässt, selbst bei einem Wechsel zur Oppositionspartei CDU/CSU nicht um ihre politische Existenz fürchten zu müssen.[21]

In Folge dieser Verlautbarungen wächst in wesentlichen Teilen der SPD der Unmut über den Koalitionspartner und gesellt sich zu der Unzufriedenheit mit der Sparpolitik der Regierung Schmidt, in der man sozialdemokratisches Profil nicht wiederzuerkennen vermag.[22]

Aber auch in Fragen der Außenpolitik steht die SPD nicht geschlossen hinter Schmidt. Dies wird insbesondere beim sog. NATO-Doppelbeschluss vom 12. Dezember 1979 deutlich, der unter anderem eine als „Nachrüstung" bezeichnete Stationierung amerikanischer bodengestützter atomarer Mittelstreckenraketen vom Typ Pershing II und Marschflugkörper vom Typ Cruise Missile[23] in Europa bis Ende

---

[16] Brief vom 20. August 1981, zit. nach *Bücker/Schlimbach*, Die Wende in Bonn, S. 15.

[17] Brief vom 20. August 1981, zit. nach *Bücker/Schlimbach*, Die Wende in Bonn, S. 15.

[18] Brief vom 20. August 1981, zit. nach *Bücker/Schlimbach*, Die Wende in Bonn, S. 14.

[19] Brief vom 20. August 1981, zit. nach *Bücker/Schlimbach*, Die Wende in Bonn, S. 15.

[20] *Fritz Ullrich Fack* in der FAZ vom 27. August 1981; *Robert Schmelzer*, in der Frankfurter Neuen Presse vom 21. August 1981, beide zit. nach *Bücker/Schlimbach*, Die Wende in Bonn, S. 20.

[21] Vgl. *Günter Zehm* in den Badischen Neuesten Nachrichten vom 24. August 1981, zit. nach *Bücker/Schlimbach*, Die Wende in Bonn, S. 19.

[22] *Müller*, Schlaglichter der Deutschen Geschichte, S. 422.

[23] Es sollten insgesamt 108 Pershing II und 464 Cruise Missiles auf europäischem und auch deutschem Boden stationiert werden.

1983 vorsieht, um dem perzipiert verschobenen strategischen Gleichgewicht durch die Stationierung sowjetischer SS-20 Raketen entgegenzuwirken. Dieser Beschluss stößt auch innerhalb der SPD auf zum Teil heftigen Widerstand und wird kontrovers diskutiert.[24]

Aufgrund dieser Unstimmigkeiten zwischen den Koalitionspartnern als auch denen innerhalb der SPD und FDP sieht Bundeskanzler Schmidt keine verlässliche Basis mehr für seine Innen- und Außenpolitik.

2. Deutsche Truppen in Afghanistan 2001

Im 14. Deutschen Bundestag ist die SPD mit 40,9 % und 294 Sitzen die stärkste Fraktion, gefolgt von der CDU/CSU mit 35,1 % und 245 Mandaten,[25] dem Bündnis 90/Die Grünen mit 6,7 % und 47, der FDP mit 6,2 % und 43 sowie der PDS mit 5,1 % und 37 Sitzen.[26] Hieraus ergibt sich eine Mehrheit aus SPD und Bündnis 90/Die Grünen von 340 zu 325 Sitzen der Oppositionsparteien. Die Regierungskoalition wählt am 27. Oktober 1998 mit 351 Jastimmen gegen 287 Neinstimmen, 27 Enthaltungen und einer ungültigen Stimmabgabe Gerhard Schröder zum 7. Bundeskanzler der Bundesrepublik Deutschland.[27]

Nachdem schon die Bundeswehreinsätze in Bosnien, dem Kosovo und in Mazedonien zu erheblichen Spannungen in der Koalition geführt haben, steht diese mit der Entscheidung über die Entsendung deutscher Truppen nach Afghanistan vor einer weiteren Zerreißprobe.[28]

In Folge der Anschläge des 11. September 2001 beginnen im Oktober 2001 die von den USA angeführten Angriffe auf das Taliban-Regime in Afghanistan, bislang jedoch noch ohne deutsche Beteiligung.[29] Wird von Schröder den USA „uneingeschränkte Solidarität" zugesichert,[30] werden vor allem beim grünen Koalitionspartner Stimmen laut, die Militäraktionen einzustellen.[31]

---

[24] Der NATO-Doppelbeschluss wird dann am 22. November 1983 nach zweitägiger Debatte mit der Mehrheit von CDU/CSU und FDP vom Bundestag angenommen, vgl. *Müller*, Schlaglichter der Deutschen Geschichte, S. 426.

[25] Davon entfielen 198 auf die CDU und 45 auf die CSU.

[26] *Michael Feldkamp/Birgit Ströbel*, Datenhandbuch zur Geschichte des Deutschen Bundestages 1994 bis 2003, 2005, Baden-Baden, S. 16.

[27] *Schindler*, Datenhandbuch I, S. 277.

[28] *Matthias Geyer/Dirk Kurbjuweit/Cordt Schnibben*, Operation rot-grün. Geschichte eines Abenteuers, 2005, München, S. 155.

[29] *Geyer/Kurbjuweit/Schnibben*, Operation rot-grün, S. 157. Das Bombardement von Kabul beginnt am 7. Oktober 2001 um 20.57 Uhr Ortszeit.

[30] *Geyer/Kurbjuweit/Schnibben*, Operation rot-grün, S. 154.

[31] Früh positionieren sich Annelie Buntenbach und Hans-Christian Ströbele gegen den Krieg, vgl. *Reinhard Urschel*, Gerhard Schröder. Eine Biografie, 2002, Stuttgart/München, S. 367 ff. Dagegen droht Bundesaußenminister Joseph Fischer seiner Partei immer wieder mit

Die USA erbeten sich jedoch auch deutsche Unterstützung für den Kampf gegen den Terrorismus, die durch geheime Verhandlungen seit dem 11. September 2001 präzisiert wird und die zu verweigern Schröder nach seiner Solidaritätsbekundung kaum möglich erscheint. So übermittelt er am 7. November 2001, einen Tag nach der Bekanntgabe seines Entschlusses, Teile der Bundeswehr nach Afghanistan zu entsenden, in der Bundespressekonferenz dem Deutschen Bundestag den Antrag der Bundesregierung mit dem Inhalt: „Einsatz bewaffneter deutscher Streitkräfte bei der Untersuchung der gemeinsamen Reaktion auf terroristische Angriffe gegen die USA auf Grundlage des Art. 51 der Satzung der Vereinten Nationen und des Art. 5 des Nordatlantikvertrags sowie der Resolution 1368 (2001) und 1373 (2001) des Sicherheitsrats der Vereinten Nationen".[32] Dieser beinhaltet die Bereitstellung und Entsendung von bis zu 3900 Soldaten sowie diversem technischen Gerät[33] der Bundeswehr für den Krieg in Afghanistan, wobei lediglich die Angehörigen des Kommandos Spezialkräfte (KSK) mit einem Kampfauftrag ausgestattet werden sollen.

Die PDS legt hierauf am selben Tag einen Entschließungsantrag zum Antrag der Bundesregierung vor, nach welchem sie den Bundestag auffordert, für ein „sofortiges Ende des Krieges in Afghanistan" einzutreten.[34]

Nachdem am 8. November 2001 Schröder eine Regierungserklärung zu seinem Antrag abgibt und darauf eine einstündige Aussprache erfolgt,[35] wird dieser an den federführenden Auswärtigen Ausschuss, den Rechtsausschuss, den Verteidigungsausschuss, den Ausschuss für Menschenrechte und humanitäre Hilfe, den Ausschuss für wirtschaftliche Zusammenarbeit und Entwicklung sowie mitberatend und gem. § 96 GO BT an den Haushaltsausschuss überwiesen, ehe am 9. November 2001 der Fraktionsvorsitzende von Bündnis 90/Die Grünen, Rezzo Schlauch, dem Vorsitzenden der SPD-Fraktion, Peter Struck, mitteilt, dass es in der Fraktion des kleinen Koalitionspartners zu abweichendem Stimmverhalten kommen wird.[36] Eine Stütze findet diese Einschätzung durch ein „Positionspapier", welches acht Abgeordnete[37] von Bündnis 90/Die Grünen am 11. November 2001 veröffentlichen und in dem sie ihre Ablehnung des Regierungsantrags begründen.[38] Hingegen wird der Antrag von

---

Rücktritt, sollte diese sich dem Kurs der Bundesregierung verweigern, *Geyer/Kurbjuweit/ Schnibben*, Operation rot-grün, S. 155, 159, 161.

[32] BT-Drs. 14/7296, S. 1.

[33] Neben ca. 800 Soldaten der ABC-Abwehrkräfte sollen ca. 250 der Sanitätskräfte, ca. 100 der Spezialkräfte, ca. 500 der Lufttransportkräfte, ca. 1800 der See- einschließlich der Seeluftstreitkräfte und ca. 450 für erforderliche Unterstützungskräfte bereitgestellt werden, vgl. BT-Drs. 14/7296, S. 3 f.

[34] BT-Drs. 14/7333.

[35] Vgl. Deutscher Bundestag, Sten.B., 14. Wp., 198. Stzg. v. 8.11.2001, S. 19283 C ff.

[36] *Michael Feldkamp*, ZParl 2002, S. 5 (6).

[37] Es sind dies Annelie Buntenbach, Steffi Lemke, Christian Simmert, Monika Knoche, Irmingard Schewe-Gerigk, Hans-Christian Ströbele, Sylvia Voß und Winfried Hermann.

[38] *Geyer/Kurbjuweit/Schnibben*, Operation rot-grün, S. 164; *Feldkamp*, ZParl 2002, S. 5 (6).

der Opposition unterstützt, wie die Bundesvorsitzende der CDU Angela Merkel verlauten lässt. Allerdings fordert Friedrich Merz, Vorsitzender der CDU/CSU-Fraktion,
als auch am 12. November 2001 die CDU/CSU-Fraktion selbst Schröder auf, die Vertrauensfrage zu stellen, sollte er eine eigene Mehrheit für diesen Antrag verfehlen.[39]

Alarmiert durch Zeitungsberichte, dass in der SPD vier Abgeordnete gegen den
Antrag stimmen würden[40] und sich darüber hinaus ein Reihe von Parlamentariern
noch nicht festgelegt hätten, gibt Schröder in der Sondersitzung des SPD-Parteiprä-
sidiums sowie der des SPD-Parteivorstands bekannt, dass eine größere Anzahl von
Gegenstimmen für ihn „nicht akzeptabel" sei.[41] Der SPD-Generalsekretär Franz
Müntefering sieht sich zu einer Ermahnung des Koalitionspartners zu mehr Geschlossenheit veranlasst. Trotzdem ist dem Regierungssprecher Uwe-Karsten Heye nach
die Stellung der Vertrauensfrage nicht beabsichtigt, obgleich das Ziel, eine eigene
Mehrheit für den Antrag zu erhalten, weiter verfolgt wird.[42]

Dies stößt allerdings auf Schwierigkeiten, da der Parteirat von Bündnis 90/Die
Grünen zwar der Fraktion mit zehn zu zwei Stimmen empfiehlt, zuzustimmen, allerdings erst dann, wenn die Bedingung der „Präzisierungen und Klarstellungen", wie
z. B. der Begrenzung des Auftrags auf Einsätze ausschließlich gegen die Organisation
des Terroristen Osama bin Laden, Al Qaida und deren Unterstützer sowie der Begrenzung der KSK auf „quasi polizeilich-militärische Aufgaben" erfüllt ist.[43]

Um den Druck auf den Koalitionspartner zu erhöhen, bittet Schröder den FDP-Par-
teivorsitzenden Guido Westerwelle zu einer Unterredung und nährt so Spekulationen
über einen möglichen Koalitionswechsel.[44]

In dieser Situation ist Schröder die Zustimmung zu seinem Antrag lediglich bei
den Oppositionsparteien sicher, nicht jedoch in den eigenen Reihen und schon gar
nicht beim Koalitionspartner, der sich immer noch als Friedenspartei sieht.

---

[39] *Feldkamp*, ZParl 2002, S. 5 (6).

[40] In dem Artikel Angst vor dem Freundschaftsschwur, Süddeutsche Zeitung 260/2001,
S. 6, werden Gudrun Roos, Uwe Jens, Konrad Gilges und Konrad Kunick genannt. Nach
anderen Angaben seien es lediglich zwei „Abweichler", vgl. *Geyer/Kurbjuweit/Schnibben*,
Operation rot-grün, S. 164.

[41] *Feldkamp*, ZParl 2002, S. 5 (6).

[42] *Feldkamp*, ZParl 2002, S. 5 (6).

[43] *Geyer/Kurbjuweit/Schnibben*, Operation rot-grün, S. 165; *Feldkamp*, ZParl 2002,
S. 5 (7).

[44] *Geyer/Kurbjuweit/Schnibben*, Operation rot-grün, S. 165.

II. Die Vertrauensfragen

1. Die Vertrauensfrage unter Schmidt

Aufgrund der oben dargestellten Spannungen innerhalb der Regierungskoalition bezüglich der Arbeitsmarkt-, der Haushalts- und der Außenpolitik sieht sich Bundeskanzler Schmidt am 3. Februar 1982 dazu veranlasst, die Vertrauensfrage zu stellen. Hierzu informiert Schmidt gegen 14.30 Uhr fernmündlich den Bundestagspräsidenten Richard Stücklen, dass er den Antrag nach Art. 68 GG stellen werde, woraufhin diesem unmittelbar der Antrag zugeleitet wird.

Aus Absatz 2 des Schreibens ist jedoch zu entnehmen, dass man im Bundeskanzleramt davon ausgeht, die Frist des Art. 68 Abs. 2 GG beginne mit Übermittlung des Antrags an den Bundestagspräsidenten. Da jedoch im Präsidium die einhellige Auffassung vorherrscht, dass für das Ingangsetzen der Frist nicht die Kenntnis des Bundestagspräsidenten, sondern die der Abgeordneten entscheidend sei, wird diese Rechtsauffassung dem Bundeskanzler übermittelt, welcher einen neuen Antrag stellt, der diesmal des zweiten Absatzes entbehrt. Der Antrag enthält nun lediglich noch den Wortlaut: „Gemäß Art. 68 GG stelle ich den Antrag, mir das Vertrauen auszusprechen."[45]

Trotzdem bereitet die Fristberechnung weiter Schwierigkeiten. Die Verteilung des Antrags als BT-Drs. 9/1312 am 3. Februar 1982 an die Bundestagsmitglieder war um 17.02 Uhr abgeschlossen, so dass eine Abstimmung hierüber gem. § 78 Abs. 5 GO BT, der die Beratung frühestens am dritten Tage nach der Verteilung gem. § 123 GO BT zulässt, erst am Samstag, den 6. Februar 1982, ab 0.00 Uhr erfolgen könnte.[46] Legt man hingegen der Fristberechnung das Grundgesetz zu Grunde, so enthält Art. 68 Abs. 2 GG keinerlei Berechnungsmodalitäten, so dass eine Abstimmung schon am Freitag, den 5. Februar 1982, ab 17.03 Uhr möglich wäre.[47]

Um diese Unstimmigkeiten zu beseitigen, beschließen die Fraktionen vorsorglich am 4. Februar 1982 gem. § 126 GO BT, von der Fristenregelung des § 123 Abs. 1 GO BT abzuweichen und den Fristbeginn mit Verteilung der BT-Drs. erfolgen zu lassen. Gleichzeitig wird der Antrag auf die Tagesordnung der Sitzung vom 5. Februar 1982 gesetzt.[48]

---

[45] BT-Drs. 9/1312.

[46] Fristbeginn wäre gem. § 123 GO BT am 4. Februar 1982, 0.00 Uhr, sog. Ereignisfrist, die gem. Art. 68 Abs. 2 GG nach 48 Stunden, mithin am 5. Februar 1982, 24.00 Uhr, enden würde.

[47] Denn in diesem Falle würde die Frist unmittelbar nach dem Abschluss der Verteilung beginnen, so dass Fristbeginn am 3. Februar 1982 um 17.03 Uhr wäre, und das Fristende damit auf den 5. Februar, 17.02 Uhr, fallen würde, womit ab 17.03 Uhr eine Abstimmung erfolgen könnte.

[48] Der Beschluss muss aufgrund der Kritik der CDU/CSU-Abgeordneten im Ältestenrat wegen fehlender vorheriger Information, der Abstimmungsweise sowie fehlender Konkretisierung der Abweichungen von der Geschäftsordnung wiederholt werden, findet jedoch auch bei dieser Wiederholung zu Beginn der Mittagssitzung des 4. Februars 1982 nach der Frage-

So festgelegt, wird am Freitag, dem 5. Februar 1982, um 15.00 Uhr mit der Beratung über den Antrag begonnen. Schmidt begründet seinen Antrag damit, dass es bei der jetzt gestellten Vertrauensfrage „um etwas ganz anderes" gehe als zu Brandts Zeit.[49] Es handele sich nicht um die Erzielung von Neuwahlen, die durch den Fraktionswechsel einiger Abgeordneter und der hierdurch erfolgten Veränderung der Mehrheitsverhältnisse 1972 für nötig befunden wurden, sondern vielmehr darum, den „Bürgerinnen und Bürgern unseres Landes [...] und der internationalen Öffentlichkeit ein Signal der Klarheit zu geben."[50] So müssten die Bürger Gewissheit darüber erhalten, ob „die Regierung ihr für vier Jahre erteiltes Mandat auch tatsächlich ausüben wird, gestützt auf eine solide parlamentarische Mehrheit der beiden Parteien SPD und FDP. Auch unsere Verbündeten im Westen müssen Klarheit darüber haben, woran sie mit der Bundesrepublik sind. Auch die Staaten im Osten, mit denen sie Ausgleich und Versöhnung sucht, müssen wissen, woran sie sind. Unsere Partner der Dritten Welt sollten keinen Zweifel daran haben, daß unsere Politik des fairen Interessenausgleichs fortgesetzt wird."[51] Diese Klarheit, die Schmidt durch die Vertrauensfrage herstellen wolle, war „in den zurückliegenden Tagen, Wochen und Monaten nicht immer hinreichend vorhanden",[52] und er verweist auf die historisch bedingten Differenzen in der Bündnispolitik, in der Ostpolitik, in der Sicherheits- und Friedenspolitik sowie auch der Wirtschafts- und Sozialpolitik, ohne jedoch zu versäumen, die bisherigen Erfolge herauszustellen, die durch ein Entgegenkommen beider Lager möglich wurden.[53] Zum Schluss appelliert er an die Geschlossenheit, die jedermann den gemeinsamen Weg der sozialliberalen Koalition vor Augen führen soll.[54]

Dem entgegnet dann der CDU/CSU-Fraktionsvorsitzende Helmut Kohl, dass selbst bei gewonnener Vertrauensfrage Schmidt keine eigene Mehrheit mehr für seine Politik hinter sich vereinen könne, da sowohl in der Außen- und Sicherheitspolitik als auch in der Wirtschafts-, Finanz- und Sozialpolitik keine Einigkeit in der Regierungskoalition bestünde.[55] Am Beispiel des NATO-Doppelbeschlusses verdeutlicht er, wie zerteilt die SPD sei, da diese zuvor auf dem Hamburger Landesparteitag ein Moratorium für eine atomwaffenfreie Zone in Europa verabschiedete, die Umsetzung des Doppelbeschlusses hingegen „im Kern von der CDU/CSU und nicht von Ihrer (Helmut Schmidts, T.H.) Fraktion gebildet" werde.[56] „Der Umweg über die heutige Abstimmung bringt Ihnen gar nichts! Herr Bundeskanzler, er täuscht ein Vertrau-

---

stunde ein 2/3 Quorum, bei zwei Gegenstimmen und „einer Reihe von Enthaltungen", vgl. Bundestagsvizepräsident Windelen, zit. nach *Bücker/Schlimbach*, Die Wende in Bonn, S. 30.

[49] Deutscher Bundestag, Sten.B., 9. Wp., 84. Stzg. v. 5.2.1982, S. 5050 B.
[50] Deutscher Bundestag, Sten.B., 9. Wp., 84. Stzg. v. 5.2.1982, S. 5050 B.
[51] Deutscher Bundestag, Sten.B., 9. Wp., 84. Stzg. v. 5.2.1982, S. 5050 B, C.
[52] Deutscher Bundestag, Sten.B., 9. Wp., 84. Stzg. v. 5.2.1982, S. 5050 C.
[53] Deutscher Bundestag, Sten.B., 9. Wp., 84. Stzg. v. 5.2.1982, S. 5050 A ff.
[54] Deutscher Bundestag, Sten.B., 9. Wp., 84. Stzg. v. 5.2.1982, S. 5055 B.
[55] Deutscher Bundestag, Sten.B., 9. Wp., 84. Stzg. v. 5.2.1982, S. 5055 D.
[56] Deutscher Bundestag, Sten.B., 9. Wp., 84. Stzg. v. 5.2.1982, S. 5056 B.

en vor, das sie für den konkreten Inhalt Ihrer Politik in Ihrer eigenen Fraktion und Partei längst nicht mehr besitzen."[57]

Für die SPD stellt Willy Brandt fest, dass „[d]iesmal [...] die Vertrauensfrage offenkundig dem Ziel [dient], die volle Handlungsfähigkeit der Regierung vor der deutschen, europäischen und internationalen Öffentlichkeit unter Beweis zu stellen",[58] und versichert, dass der Bundeskanzler das Vertrauen der Sozialdemokratie habe und diese von dem Wunsch beseelt sei, „daß der Bundeskanzler seine verdienstvolle und aufopfernde Arbeit an der Spitze der Bundesregierung im Interesse der breiten Schichten unseres Volkes noch lange fortsetzen möge".[59]

Und der FDP-Vorsitzende Wolfgang Mischnick beteuert, dass die „Freien Demokraten zur Regierung Schmidt/Genscher und zur Regierungserklärung vom 24. November 1980 stehen" und deshalb dem gestellten Vertrauensantrag zustimmen.[60]

Um kurz nach 17.00 Uhr wird mit der Abstimmung begonnen, an der 493 der 497 Abgeordneten teilnehmen.[61] Der Präsident verkündet das Ergebnis, nach dem 269 Mandatsträger mit Ja, 224 mit Nein gestimmt haben, womit die erforderliche Mehrheit von 249 Stimmen erreicht und der Antrag des Bundeskanzlers auf Ausspruch des Vertrauens angenommen war.[62]

Dieses eindeutige Ergebnis veranlasst Bundeskanzler Schmidt, insbesondere auch auf Grund der Tatsache, dass er nicht sicher war, wie die Abstimmung ausgehen würde, dazu, es als „großartig" zu bezeichnen und noch einmal die Notwendigkeit herauszustellen, hierdurch einen Schlussstrich unter die von ihm als gefährlich für die Koalition eingeschätzte Diskussion der vorangegangenen Wochen und Monate zu ziehen.

Er hatte sich jedoch geirrt.

2. Die Vertrauensfrage unter Schröder 2001

Aufgrund der unsicheren Abstimmungssituation bezüglich der Entsendung von Bundeswehreinheiten nach Afghanistan und wohl auch dem außenpolitischen Druck, die Abstimmung für diesen Antrag zu entscheiden, entschließt sich Schröder in Absprache mit dem Vorsitzenden der SPD-Fraktion Struck in der Nacht zum 13. November 2001, den Antrag auf Entsendung von Bundeswehrsoldaten mit der Vertrauensfrage zu verbinden.[63]

---

[57] Deutscher Bundestag, Sten.B., 9. Wp., 84. Stzg. v. 5.2.1982, S. 5062 A.

[58] Deutscher Bundestag, Sten.B., 9. Wp., 84. Stzg. v. 5.2.1982, S. 5063 A.

[59] Deutscher Bundestag, Sten.B., 9. Wp., 84. Stzg. v. 5.2.1982, S. 5063 A.

[60] Deutscher Bundestag, Sten.B., 9. Wp., 84. Stzg. v. 5.2.1982, S. 5065 C.

[61] Deutscher Bundestag, Sten.B., 9. Wp., 84. Stzg. v. 5.2.1982, S. 5071 A.

[62] Deutscher Bundestag, Sten.B., 9. Wp., 84. Stzg. v. 5.2.1982, S. 5071 A.

[63] *Feldkamp*, ZParl 2002, S. 5 (7); *Geyer/Kurbjuweit/Schnibben*, Operation rot-grün, S. 166.

Zu diesem Zweck richtet Schröder am 13. November 2001 an Bundestagspräsident Wolfgang Thierse (SPD) ein Schreiben, in dem er die Verbindung des Antrags mit der Vertrauensfrage ankündigt.[64] Struck teilt diesen Entschluss kurz darauf der Presse mit und führt als Begründung die Ankündigung abweichenden Stimmverhaltens der acht Abgeordneten des Koalitionspartners an. Die SPD stünde hingegen geschlossen hinter Schröder.[65]

Hans-Peter Repnik, Geschäftsführer der CDU/CSU-Fraktion, teilt ebenso wie der Fraktionsvorsitzende der CDU/CSU Merz mit, dass die Union entgegen ihres ursprünglichen Willens gegen den Einsatz der Bundeswehr stimmen werde, wenn dieser mit der Vertrauensfrage verbunden wird. Die FDP-Fraktion legt den Antrag „Präventive außenpolitische Konzepte gegen den Terrorismus" vor,[66] bevor der Fraktionsvorsitzende der FDP, Wolfgang Gerhardt, die Bereitschaft der FDP-Fraktion signalisiert, den Bundeswehreinsatz mitzutragen, jedoch eine Ablehnung für den Fall der Verbindung mit der Vertrauensfrage ankündigt.[67]

Nachdem Schröder versucht, in der Fraktionssitzung des Koalitionspartners für seinen Antrag zu werben, bekräftigt der Abgeordnete von Bündnis 90/Die Grünen, Winfried Hermann, sein ablehnendes Votum. Um „Widerständlern" die Zustimmung zu erleichtern, einigen sich die Regierungsfraktionen auf einen ergänzenden Antrag,[68] und Schlauch bekräftigt, dass die Fraktionsspitze von Bündnis 90/Die Grünen weiterhin bemüht sei, durch Zugeständnisse und Entschließungsanträge abweichendes Stimmverhalten zu vermeiden.[69]

Nachdem am 14. November 2001 der Haushaltsausschuss und der Auswärtige Ausschuss seine zustimmenden Beschlussempfehlungen zum Antrag der Bundesregierung vorgelegt[70] und letzterer diesem selbst gegen die Stimmen der PDS zugestimmt hat, wird der Entschließungsantrag der PDS am 15. November 2001 mit den Stimmen der SPD, CDU/CSU, Bündnis 90/Die Grünen und der FDP abgelehnt.[71] Christa Lörcher, die ihr Nein zum Antrag der Bundesregierung erklärt hat, tritt aus der SPD-Fraktion aus und ist ab sofort fraktionslos.[72]

---

[64] BT-Drs. 14/7440 lautet: „In Verbindung mit der Abstimmung über den Antrag der Bundesregierung „Einsatz bewaffneter deutscher Streitkräfte bei der Untersuchung der gemeinsamen Reaktion auf terroristische Angriffe gegen die USA auf Grundlage des Artikels 51 der Satzung der Vereinten Nationen und des Artikels 5 des Nordatlantikvertrags sowie der Resolutionen 1368 (2001) und 1373 (2001) des Sicherheitsrats der Vereinten Nationen stelle ich den Antrag nach Artikel 68 Abs. 1 des Grundgesetzes. Berlin, den 13. November 2001, Gerhard Schröder."

[65] *Feldkamp*, ZParl 2002, S. 5 (7).

[66] BT-Drs. 14/7445.

[67] *Feldkamp*, ZParl 2002, S. 5 (7).

[68] *Feldkamp*, ZParl 2002, S. 5 (7).

[69] *Feldkamp*, ZParl 2002, S. 5 (8).

[70] BT-Drs. 14/7480 und 14/7447.

[71] *Feldkamp*, ZParl 2002, S. 5 (8).

[72] *Feldkamp*, ZParl 2002, S. 5 (9).

In einer Probeabstimmung am 16. November 2001 stimmen alle SPD-Abgeordneten für den Antrag, bei den Grünen stimmen die Abgeordneten Hans-Christian Ströbele, Annelie Buntenbach, Winfried Hermann und Christian Simmert dagegen.[73]

Nachdem die FDP schon am 14. November 2001 einen eigenen Entschließungsantrag zur Bereitstellung von Bundeswehrsoldaten für den Anti-Terror-Einsatz eingebracht hat,[74] legt am 16. November 2001 auch die CDU/CSU-Fraktion ihren vor,[75] um die Zustimmung zu diesem zu dokumentieren, da sie den Regierungsantrag aufgrund der Verbindung mit dem Vertrauensantrag ablehnen wird.[76] Hiernach wird in die Beratung der Anträge eingetreten. Dabei führt Schröder aus, dass es aufgrund der Besonderheit der Lage, die aus der erstmaligen Bereitstellung von Bundeswehreinheiten für den Kriegseinsatz resultiert, notwendig sei, „dass sich der Bundeskanzler und die Bundesregierung auf eine Mehrheit in der sie tragenden Koalition stützen können."[77] Aus diesem Grunde stelle er die Vertrauensfrage, bei der er darauf hinweist, dass „die Verbindung der Vertrauensfrage mit der Abstimmung über eine Sachfrage" ein „verfassungsrechtlich und übrigens auch verfahrenstechnisch eindeutig geregelter Vorgang" sei.[78] Dabei betont er, dass „kein Widerspruch zwischen einer Abstimmung nach Art. 68 des Grundgesetzes und der ebenso verbürgten und ebenso wichtigen Gewissensfreiheit besteht."[79]

Die Abgeordnete von Bündnis 90/Die Grünen, Steffi Lemke, moniert, dass die Kombination von Vertrauensfrage und Sachfrage „die Zustimmung von Abgeordneten [erzwingt], die Einwände in der Sachfrage haben, und [...] dem Parlament die Freiheit [nimmt], unabhängig von der Sache über das Mandat zu entscheiden. Eine getrennte Abstimmung hätte die positive Beantwortung der Vertrauensfrage und somit die Aussprache des Vertrauens durch alle 47 Abgeordneten der grünen Bundestagsfraktion – also einstimmig – ermöglicht."[80]

Die Redner der Opposition sehen die Notwendigkeit der Vertrauensfrage unter Verweis auf Helmut Schmidt als „Anfang vom Ende der Regierung Gerhard Schröder"[81] und attestieren ihm, „politisch am Ende" zu sein.[82] Dabei wird ebenso die Tren-

---

[73] *Feldkamp*, ZParl 2002, S. 5 (9).

[74] BT-Drs. 14/7503.

[75] BT-Drs. 14/7512.

[76] *Feldkamp*, ZParl 2002, S. 5 (9).

[77] Deutscher Bundestag, Sten.B., 14. Wp., 202. Stzg. v. 16.11.2001, S. 19857 C.

[78] Deutscher Bundestag, Sten.B., 14. Wp., 202. Stzg. v. 16.11.2001, S. 19858 B.

[79] Deutscher Bundestag, Sten.B., 14. Wp., 202. Stzg. v. 16.11.2001, S. 19858 D.

[80] Deutscher Bundestag, Sten.B., 14. Wp., 202. Stzg. v. 16.11.2001, S. 19887 D, 19888 A.

[81] So *Friedrich Merz*, Deutscher Bundestag, Sten.B., 14. Wp., 202. Stzg. v. 16.11.2001, S. 19859 A.

[82] So Wolfgang Gerhardt, Deutscher Bundestag, Sten.B., 14. Wp., 202. Stzg. v. 16.11. 2001, S. 19866 D. Auch Guido Westerwelle pflichtet dem bei, vgl. Deutscher Bundestag, Sten.B., 14. Wp., 202. Stzg. v. 16.11.2001, S. 19880 B.

nung der Anträge gefordert, um eine breite parlamentarische Mehrheit zu erringen, die für den Einsatz wünschenswert sei.[83]

Zum Schluss verliest noch Rüdiger Veit (SPD) stellvertretend für 15 Abgeordnete eine Erklärung, nach der diese „eine Gewissensfrage dahingehend zu entscheiden [hatten], ob man dem Bundeswehreinsatz nicht zustimmt und der Bundesregierung zugleich das Misstrauen ausspricht. Das wollten wir nicht. Wir wollten der Regierung grundsätzlich das Vertrauen aussprechen."[84] Aus diesem Grunde würden sie dem Antrag zustimmen.[85]

Hiernach ruft Bundestagspräsident Thierse die Abgeordneten auf, in namentlicher Abstimmung über die Beschlussempfehlung des Auswärtigen Ausschusses zu dem Antrag der Bundesregierung zum Einsatz bewaffneter deutscher Streitkräfte in Afghanistan, mit dem der Bundeskanzler den Antrag nach Art. 68 Abs. 1 GG verbunden hat, abzustimmen.[86]

Nach Auszählung des Stimmergebnisses wird dieses von Thierse verkündet. Von 662 abgegebenen Stimmen votierten 336 mit Ja und 326 mit Nein. So verkündet er am Ende der Sitzung, dass die Beschlussempfehlung des Auswärtigen Ausschusses und damit der Antrag der Bundesregierung zum Einsatz bewaffneter deutscher Streitkräfte angenommen sind. Er stellt weiterhin fest, „dass der Antrag des Bundeskanzlers gemäß Art. 68 Abs. 1 des Grundgesetzes die dort vorgesehene Mehrheit gefunden hat. Der Antrag des Bundeskanzlers, ihm das Vertrauen auszusprechen, ist damit angenommen."[87] Ebenfalls wurde hierdurch der Entschließungsantrag der Fraktionen der SPD und Bündnis 90/Die Grünen angenommen, alle anderen Entschließungsanträge wurden abgelehnt.[88]

III. Die Folgen der Vertrauensfragen – Stabilisierung der politischen Lage?

1. Das konstruktive Misstrauensvotum gegen Schmidt

Zwar ist die Vertrauensfrage gewonnen, die unterschiedlichen Positionen innerhalb der Koalition bestehen jedoch fort. Und so sieht sich Schmidt schon am 8. Februar 1983 erneut dazu veranlasst, die Koalition zur Geschlossenheit aufzufordern,[89]

---

[83] Deutscher Bundestag, Sten.B., 14. Wp., 202. Stzg. v. 16.11.2001, S. 19860 D, 19866 C.

[84] Deutscher Bundestag, Sten.B., 14. Wp., 202. Stzg. v. 16.11.2001, S. 19892 A.

[85] Deutscher Bundestag, Sten.B., 14. Wp., 202. Stzg. v. 16.11.2001, S. 19891 B.

[86] Deutscher Bundestag, Sten.B., 14. Wp., 202. Stzg. v. 16.11.2001, S. 19890 B.

[87] Deutscher Bundestag, Sten.B., 14. Wp., 202. Stzg. v. 16.11.2001, S. 19895 B, D.

[88] *Feldkamp*, ZParl 2002, S. 5 (9).

[89] *Bücker/Schlimbach*, Die Wende in Bonn, S. 37.

bevor dann Genscher eine Woche später diese mehrmals in Frage stellt.[90] Der Streit spitzt sich dann durch dessen Zweites Rundschreiben an die Mitglieder der Führungsgremien und an die Mandatsträger der FDP zu, in welchem er sozial ausgewogene Sparmaßnahmen sowie eine Selbstbeteiligung im sozialen Bereich mit dem Ziel einfordert, den Standpunkt der FDP deutlich zu machen.[91] Eskalierend wirkt jedoch vor allem das die Position Genschers stützende Wirtschafts- und Sparkonzept von Bundeswirtschaftsminister Otto Graf Lambsdorff (FDP), welches dieser am 3. September 1982 dem FDP-Bundesvorstand in Wiesbaden vorträgt, am 7. September 1982 der FDP-Bundestagsfraktion zur Kenntnis gibt sowie hiernach am 13. September 1982 durch das FDP-Präsidium erörtert und gebilligt wird.[92] Auf Verlangen des Bundeskanzlers wird ihm am 9. September 1982 das Konzept übersandt. In diesem fordert der Wirtschaftsminister in Abweichung vom bisherigen Koalitionskurs härteste Eingriffe in den Sozialstaat,[93] was Schmidt und Brandt dazu veranlasst, Lambsdorff indirekt zum Rücktritt aufzufordern und Schmidt offen bekunden lässt, dass er an die Entlassung des Bundesministers denke, da er die Vorschläge Lambsdorffs als „unvollständig […] und […] unausgegoren" bewertet und personelle Konsequenzen nicht ausschließt.[94]

Der Streit der Koalition zieht nun auch in den Bundestag ein, in dem die Differenzen am 9. September 1982 erstmals angesprochen werden und Schmidt Kohl auffordert, einen Antrag auf ein konstruktives Misstrauensvotum einzubringen sowie diesem sogleich nahe legt, Neuwahlen anzustreben, um über die gesetzliche Legalität hinaus auch die Legitimität durch das Wählervotum einzuholen.[95]

Unter dem Eindruck dieser Spannungen wird am 15. und 16. September 1982 die ergebnislos verlaufende Debatte über den Haushaltsplan 1983 geführt, bei der die Differenzen in vollem Umfang zu Tage treten. Am Freitag, den 17. September 1982, kommt es dann zum endgültigen Bruch der Koalition. Aufgrund der unüberbrückbaren Positionen, wie sie tags zuvor während der Beratung über den Bundeshaushalt offenkundig wurden, als auch der Überlegung Schmidts, Lambsdorff als Bundeswirtschaftsminister zu entlassen, treten die vier FDP- Minister von ihren Äm-

---

[90] Die Spekulationen über die Motive Genschers reichen von einem zweiten Teil der Antwort auf die Vertrauensfrage, die im Bundestag klar mit Ja beantwortet wurde, bis hin zu der Vermutung, dass es lediglich um die Profilierung der FDP nach einem Jahr des Dauerwahlkampfs gegangen sei.

[91] Als Grund für dieses erneute Rundschreiben wird zum Teil angeführt, dass Genscher der Auffassung gewesen sei, die nächste Bundestagswahl nicht mehr mit der SPD gewinnen zu können, was ihn zu einer Stärkung des eigenen Profils gegen diese veranlasst habe, vgl. *Müller*, Schlaglichter der Deutschen Geschichte, S. 422.

[92] *Bücker/Schlimbach*, Die Wende in Bonn, S. 60.

[93] Vgl. zum genauen Inhalt *Bücker/Schlimbach*, Die Wende in Bonn, S. 60 ff.

[94] Brandt fordert Lambsdorff zum Rücktritt auf. Schmidt kündigt Konsequenzen an, Süddeutsche Zeitung 212/1982, S. 1.

[95] Deutscher Bundestag, Sten.B., 9. Wp., 111. Stzg. v. 9.9.1982, S. 6755 D, 6756 C.

tern zurück.[96] Und Genscher erklärt nach einer Sitzungsunterbrechung des Bundestags, dass „wir mit Ihnen und Herrn Kollegen Brandt der Auffassung [sind]: die Koalition aus SPD und FDP ist beendet."[97] Da Schmidt, Herbert Wehner und Brandt Neuwahlen als den besten Weg ansehen, beinhaltet die von Schmidt abgegebene Regierungserklärung auch Aussagen darüber, wie dieses Ziel erreicht werden sollte: mittels Vertrauensfrage, die Schmidt auf Grundlage einer Vereinbarung mit der Mehrheit des Parlaments sowie der Bitte an seine Freunde, sich der Abstimmung zu enthalten, verlieren will. Inhalt der Vereinbarung müsse jedoch auch sein, dass die Opposition die Möglichkeit des konstruktiven Misstrauensvotums nicht ergreife. Diese lehnt jedoch den Vorschlag als mit der Verfassung nicht vereinbar ab. Sie fordert Schmidt zur Stellung des Antrags nach Art. 68 GG auf und kündigt an, so bald wie möglich eine handlungsfähige Regierung zu bilden.[98]

In den folgenden Tagen treten CDU/CSU und FDP in Koalitionsverhandlungen ein, deren Ergebnis, Bundeskanzler Schmidt durch konstruktives Misstrauensvotum abzulösen und Kohl zu dessen Nachfolger zu wählen, von der CDU einstimmig, von der FDP am 28. September 1982 dann immerhin mit 34 gegen 18 Stimmen bei zwei Enthaltungen angenommen wird, obgleich durch den Rücktritt der FDP-Minister auch innerhalb der FDP Auseinandersetzungen um den Kurs der Partei ausgebrochen sind.

Noch am selben Abend bringen die Fraktionen der CDU/CSU sowie der FDP den Antrag nach Art. 67 GG ein.[99]

Die Abstimmung über den Antrag, Bundeskanzler Schmidt das Misstrauen auszusprechen und Kohl zu dessen Nachfolger zu wählen, wird um 13.52 Uhr durch Bundestagspräsident Stücklen eröffnet und dauert bis 14.38 Uhr. Hiernach wird die Sitzung bis 15.10 Uhr zur Auszählung der Stimmen in einem Nebenraum unterbrochen, bevor sie dann wiedereröffnet wird und der Bundestagspräsident das Abstimmungsergebnis bekannt gibt: Bei 495 abgegebenen Stimmen, die allesamt gültig waren, wurde bei vier Enthaltungen 256 Mal mit Ja, 235 Mal mit Nein gestimmt.[100] Unter den 21 abgegebenen Stimmen der Berliner Abgeordneten sind 11 Ja- und zehn Neinstimmen.[101] Damit ist der Antrag der Fraktionen von CDU/CSU und FDP nach Art. 67 GG mit der erforderlichen absoluten Mehrheit des Bundestags angenommen und Helmut Kohl zum Bundeskanzler gewählt. Kohl nimmt diese Wahl an, bevor dann um

---

[96] *Müller*, Schlaglichter der Deutschen Geschichte, S. 422.

[97] Deutscher Bundestag, Sten.B., 9. Wp., 115. Stzg. v. 17.9.1982, S. 7080 D.

[98] Deutscher Bundestag, Sten.B., 9. Wp., 115. Stzg. v. 17.9.1982, S. 7077 D, 7078 A.

[99] Dessen Diskussion im Bundestag vor allem im Rahmen der Vertrauensfrage, gestellt von Kohl, noch stärkeres Interesse finden wird, vgl. hierzu Kap. 4 B. I. 2.

[100] Bei keiner ungültigen Stimmabgabe, vgl. Deutscher Bundestag, Sten.B., 9. Wp., 118. Stzg. v. 1.10.1982, S. 7201 B, C.

[101] Bei keiner Enthaltung oder ungültigen Stimmabgabe, vgl. Deutscher Bundestag, Sten.B., 9. Wp., 118. Stzg. v. 1.10.1982, S. 7201 C.

15.14 Uhr die Sitzung geschlossen wird.[102] Ausgehend von der Fraktionsstärke der CDU/CSU und der FDP von insgesamt 279 Stimmen lehnen damit 23 Abgeordnete den Misstrauensantrag ab.[103]

Am 1. Oktober 1982 wird Bundeskanzler Schmidt mit seinen Regierungsmitgliedern von Bundespräsident Karl Carstens entlassen, bevor am selben Tag Kohl zum Bundeskanzler[104] und am 4. Oktober 1982 dann die Mitglieder der neuen Bundesregierung ernannt und vereidigt werden.[105]

2. Die Ära Schröder

Gerhard Schröder hatte sich durchgesetzt und regiert die volle Legislaturperiode weiter. Erst in seiner zweiten Amtsperiode werden die Schwierigkeiten derart überwältigend, dass er sich 2005 um die Auflösung des Bundestags bemüht. Diese erfolgt jedoch – wie noch zu zeigen sein wird – aus anderen Gründen.

IV. Die vereinzelten Diskussionen in der Literatur

1. Diskussion in Folge der Vertrauensfrage von Schmidt

Die Literatur sah sich kaum veranlasst, diesem Vorgang besondere Aufmerksamkeit zu widmen, wurde doch Art. 68 GG das erste Mal in der Geschichte seines Bestehens in dem ihm zugedachten Sinne angewandt und schien auch sein Ziel, die Stabilisierung der Mehrheitsverhältnisse im Parlament, erreicht zu sein. Dass sich Schmidt kaum noch mehr als ein halbes Jahr im Amt würde halten können, gab erst in der retrospektiven Betrachtung Anlass, an der Wirksamkeit von Art. 68 GG Zweifel aufkommen zu lassen. Und so wird zum Teil in der Literatur vertreten, Art. 68 GG wäre an der politischen Realität vorbei konstruiert und würde seinem Zweck, der Stabilisierung der Regierung durch die Möglichkeit der Zwangsausübung auf das Parlament und der Überwindung von Regierungskrisen,[106] nicht oder nur höchst unzureichend gerecht.[107] Eine Festigung der Mehrheitsverhältnisse wäre durch die Stellung der Vertrauensfrage, wenn überhaupt, nur sehr kurzfristig und oberflächlich erfolgt und hätte den schleichenden Koalitionsverfall nicht aufhalten

---

[102] Deutscher Bundestag, Sten.B., 9. Wp., 118. Stzg. v. 1.10.1982, S. 7201 C, D.

[103] *Bücker/Schlimbach*, Die Wende in Bonn, S. 140.

[104] Kohl leistet seinen Amtseid gem. Art. 64 Abs. 2, 56 GG in der Bundestagssitzung am 1. Oktober 1982.

[105] Deutscher Bundestag, Sten.B., 9. Wp., 120. Stzg. v. 4.10.1982.

[106] *Schlaich*, in: Isensee/Kirchhof (Hg.), HStR II, § 49 Rn 38.

[107] *Schneider*, in: ders., AKzGG, Art. 68 Rn 15; *Helmuth Liesegang*, NJW 1983, S. 147 (148); *Heinrich Oberreuter*, Vertrauensfrage, in: Handwörterbuch des politischen Systems, Uwe Anderson/Wichard Woyke (Hg.), 5. Aufl. 2003, Bonn, S. 661.

können.[108] Denn die Diskrepanzen zwischen Bundeskanzler und der ihn tragenden parlamentarischen Mehrheit, welche letztlich zur Anwendung von Art. 68 GG führen, werden durch diesen nicht beseitigt.[109] Im Gegenteil würde durch Art. 68 GG der Verfall der Mehrheit sogar an die Öffentlichkeit getragen und dadurch beschleunigt.[110] Grundlage der Stabilisierung der Regierung sei vielmehr allein eine sichere Parlamentsmehrheit, die, so man hierauf überhaupt durch das Verfassungsrecht einwirken kann, Folge der Ausgestaltung des Wahlrechts sei.[111] Der Gebrauch von Art. 68 GG sei hingegen ein Beleg für politische Schwäche.[112]

2. Diskussion in Folge der Vertrauensfrage von Schröder 2001

Auch bei dieser halten sich die Beiträge in Grenzen. Allein Christoph Schönberger versucht zu begründen, weshalb eine wie von Schröder vorgenommene Verbindung der Vertrauensfrage mit einem Sachantrag verfassungswidrig sei. Hierbei stellt er darauf ab, dass ein solches Recht nicht aus Art. 81 GG folge, da dieser nicht die Voraussetzungen der Verbindung regle, sondern allein das Scheitern der Vertrauensfrage voraussetze.[113] Nur eine Bundesregierung, die das Vertrauen verloren habe, würde nach Art. 81 GG ermächtigt, einzelne Gesetze im Wege des Gesetzgebungsnotstands zu erlassen. Und so sei unter dem Wort „Verbindung" vielmehr traditionell allein die gemeinsame Beratung zweier Vorlagen zu verstehen, nicht jedoch eine einheitliche Abstimmung über diese.[114] Eine andere Auslegung würde gegen die Verfahrensautonomie des Bundestags verstoßen, deren Kern es sei, dass die Abgeordneten das Recht hätten, über Vorlagen zu beraten.[115] Und auch die Frage des Quorums spräche gegen eine solche Verbindung, müsste doch für jeden Antrag ein anderes Abstimmungsergebnis erzielt werden, was nicht nachzuvollziehen sei.[116] Da auch die Gesamtanlage des parlamentarischen Regierungssystems nicht diese Verbindung verlange, sei eine Abstimmung gegen den Willen einzelner oder vieler Abgeordneter ein tiefgreifender

---

[108] *Liesegang*, NJW 1983, S. 147 (148); *Oberreuter*, Vertrauensfrage, S. 661; *Schneider*, in: ders., AKzGG, Art. 68 Rn 15, der auch von der „Ambivalenz" des Art. 68 GG spricht, da der Bundeskanzler, der die Mehrheit hinter sich weiß, dieses Instruments nicht bedarf, andererseits einen Zerfall eben auch nicht verhindern könne.

[109] *Stern*, Staatsrecht I, § 22 III 3 b β, der dazu ausführt, dass alle Diskrepanzen um die Einführung des Artikels bei seiner Anwendung wiederkehrten.

[110] *Schlaich*, in: Isensee/Kirchhof (Hg.), HStR II, § 49 Rn 39.

[111] *Hesse*, Grundzüge des Verfassungsrechts, Rn 635.

[112] *Schneider*, in: ders., AKzGG, Art. 68 Rn 3.

[113] *Schönberger*, JZ 2002, S. 211 (215). So auch schon *Joachim Henkel*, DÖV 1973, S. 73 ff. Vgl. hierzu auch die Gegenargumente bei *Brandt*, Die Bedeutung parlamentarischer Vertrauensregelungen, S. 88.

[114] *Schönberger*, JZ 2002, S. 211 (214).

[115] *Schönberger*, JZ 2002, S. 211 (216).

[116] *Schönberger*, JZ 2002, S. 211 (216).

Eingriff in das übliche parlamentarische Verfahren und daher allein durch den Bundestag selbst anzusetzen.[117]

Dies widerspricht jedoch der ganz h. M., welche die Verbindung der Vertrauensfrage mit einem Sachantrag als von Art. 68 und 81 GG gedeckt ansieht.[118]

Weiterhin wird vor dem Hintergrund des Zerbrechens der Sozialliberalen Koalition 1983 trotz gewonnener Vertrauensfrage dieser stabilisierende Wirkung vor allem in Verbindung mit einem Sachantrag zuerkannt, wobei sich die Funktionslogik des Systems darin offenbare, dass trotz abweichender Positionen in der Sache bei der Mehrheit das Vertrauen intakt blieb, während bei der Opposition das Vertrauen trotz Zustimmung in der Sache verweigert wurde.[119]

In Folge des Zerbrechens der Regierungskoalition unter Schmidt wird der Schluss gezogen, dass allein die Zielrichtung von Art. 68 GG, die Auflösung des Bundestags zu ermöglichen, effektiv würde, da der Gesetzgebungsnotstand gem. Art. 81 GG für die Gesetzgebungstätigkeit der Bundesregierung starke Restriktionen bereithält.[120] Mit diesem Ziel wurde Art. 68 GG insgesamt drei Mal in der Geschichte der Bundesrepublik angewandt, jedoch nicht ohne heftige Diskussionen in der Literatur. Letztlich wurde sogar zwei Mal das Bundesverfassungsgericht angerufen.

B. Die sog. negativen bzw. auflösungsgerichteten Vertrauensfragen

Ein Problem, das erst im Laufe der Zeit, initiiert durch die Verfassungswirklichkeit, ins Bewusstsein drang, war, dass die von Art. 68 GG aufgestellten Voraussetzungen keinerlei materiellen Gehalt, sondern nur rein formale Gesichtspunkte beinhalten,[121] deren alleinige Einhaltung zur Auflösung führen kann.

So müssten diese formellen Anforderungen auch in der Situation als erfüllt angesehen werden, in welcher die Stellung der Vertrauensfrage durch den Bundeskanzler sowie auch die Versagung des Vertrauens im Parlament aus taktischen Gründen mit dem Ziel erfolgt, die Auflösung des Parlaments herbeizuführen. Ob von Art. 68 GG jedoch auch diese sog. negative oder unechte bzw. auflösungsgerichtete Vertrauensfrage umfasst ist, wird zum Streitpunkt in Literatur und Rechtsprechung.[122] Sie gerät das erste Mal mit der Vertrauensfrage Brandts 1972 in den Fokus der Literatur und wird wegen derjenigen Kohls 1982 und Schröders 2005 nicht an Aktualität verlieren,

---

[117] *Schönberger*, JZ 2002, S. 211 (219).

[118] Vgl. hierzu schon die Ausführungen zu Kap. 3 B. I. 2. b), dort insb. Anm. 43.

[119] *Oberreuter*, Vertrauensfrage, S. 661.

[120] *Stern*, Staatsrecht I, § 5 III 2 b β.

[121] *Stern*, Staatsrecht I, § 22 III 3 γ.

[122] Vgl. hierzu *Ipsen*, Staatsrecht I, Rn 499 f.

sondern sogar die Verfassungsgerichtsbarkeit beschäftigen, die mit ihren Urteilen weitere Kontroversen im Schrifttum hervorrufen wird.

I. Die Ausgangslagen

1. Die Patt-Situation 1972

Als erster Bundeskanzler in der Geschichte der Bundesrepublik Deutschland stellt Brandt am 20. September 1972 den Antrag nach Art. 68 GG, um die Auflösung des Bundestags zu erreichen.[123] Diese Erklärung kommt nicht überraschend, da seit ca. einem halben Jahr Neuwahlen verstärkt ins Gespräch gekommen waren. Bei der Vertrauensfrage, deren erklärtes Ziel Neuwahlen und damit der Verlust der Frage ist, erscheinen dann 13 Minister gar nicht zur Abstimmung, ein 14. ist zwar anwesend, enthält sich jedoch der Stimme.[124] Ob der Schritt in dieser Form notwendig ist, wie er in der Literatur aufgenommen wurde und welche Auswirkungen er auf Art. 68 GG zeitigt, soll vor dem Hintergrund der hierzu führenden Konstellationen im Folgenden erörtert werden.

Durch die Wahlen zum 6. Deutschen Bundestag erringt die SPD leichte Zugewinne von 22 Sitzen und erhält mit 42,7 % der Zweitstimmen 224 Sitze im Bundestag, die FDP hingegen hat mit insgesamt 5,8 % und 30 Sitzen ebenso wie die CDU/CSU-Fraktion mit 46,1 % und 242 Sitzen leichte Verluste hinzunehmen.[125] So ergibt sich eine Regierungskoalition aus SPD und FDP, die mit 254 Stimmen gegenüber der CDU/CSU-Fraktion mit 242 Stimmen eine deutliche, wenn auch nicht komfortable Mehrheit von 12 Sitzen inne hat.[126]

Jedoch sollte sich deren Brüchigkeit schon bei der Wahl Brandts zum Bundeskanzler am 21. Oktober 1969 zeigen, bei der er lediglich 251 Stimmen auf sich vereinen kann.[127] Mit Siegfried Zoglmann, Heinz Starke und Erich Mende enthalten sich drei Abgeordnete der FDP, welche am 8./9. November 1970 dann ihre Partei ganz verlas-

---

[123] Zuvor war es noch nie zu einer vorzeitigen Beendigung der Legislaturperiode gekommen. Allein in Niedersachsen wurde 1970 das Parlament aufgelöst, vgl. hierzu *Inge Wettig-Danielmeier*, ZParl 1970, S. 269 ff. Vgl. allgemein zum Selbstauflösungsrecht in den Landesverfassungen *Wolfram Höfling*, DÖV 1982, S. 889 ff.; *Thomas Tosse*, Parlamentsauflösung – Funktionen und Formen in der Bundesrepublik Deutschland, Diss., 1988, München, S. 135 ff.

[124] *Busch*, ZParl 1973, S. 213.

[125] Die FDP verlor 19, die CDU/CSU-Fraktion drei Sitze; die Westberliner Sitzanzahl betrug für die CDU-Fraktion acht, für die SPD 13 und die FDP erhielt einen Sitz, vgl. *Schindler*, Datenhandbuch I, S. 167; *Werner Blischke*, Der Staat 12 (1973), S. 65 f.

[126] *Schindler*, Datenhandbuch I, S. 167; *Hochrathner*, Anwendungsbereich und Grenzen des Parlamentsauflösungsrechts, S. 20; *Rolf Lange/Gerhard Richter*, ZParl 1973, S. 38 f.

[127] 235 Abgeordnete stimmten gegen Brandt, fünf enthielten sich der Stimme und vier Stimmen waren ungültig abgegeben worden, vgl. *Schindler*, Datenhandbuch I, S. 1021.

sen und unter Beibehaltung ihres Mandats zur Fraktion der CDU/CSU wechseln.[128] Hat die Koalition weiterhin eine Mehrheit von 251 Stimmen, so schmilzt dieser Vorsprung weiter durch den Übertritt der Abgeordneten Klaus-Peter Schulz und Herbert Hupka, beide SPD, zur CDU.[129] Als nun am 23. April 1972 auch noch Wilhelm Helms aus der FDP austritt,[130] kann die Regierungskoalition nur noch 249, die Opposition hingegen 246 Stimmen verzeichnen.[131] Dieser hauchdünne Vorsprung gilt jedoch schon allein wegen der Androhung Günther Müllers vom 15. März 1972,[132] aus der SPD auszutreten, als nicht verlässlich.[133]

Insbesondere in Hinblick auf die bevorstehende Ratifizierung der heftig umstrittenen Ostverträge verstärkt sich die Diskussion um eine vorzeitige Auflösung des Bundestags. Allerdings findet diese Möglichkeit noch keine Zustimmung der Parteien. Die Mehrheit im CDU-Präsidium spricht sich am 10. März 1972 gegen Neuwahlen aus, wie auch die Freien Demokraten, deren Meinung sich jedoch mit dem überraschenden Abschneiden bei der Landtagswahl in Baden-Württemberg ändern sollte. In der SPD hingegen gehen die Meinungen auseinander. Favorisiert Wehner – die Partei und deren Wahlchancen im Blick – Neuwahlen zur Verbesserung der Koalitionsbasis, gedenkt Brandt sein Lebenswerk, die Aussöhnung mit dem Osten, notfalls auch mit einer labilen Koalitionsmehrheit zu erreichen.[134]

Angeregt durch das positive Abschneiden bei der Landtagswahl in Baden-Württemberg, bei der die CDU 53 % erringen kann, sieht diese auch im Bund ihre Zeit gekommen und stellt am 24. April 1972 einen Antrag nach Art. 67 GG, dem bisherigen Bundeskanzler Brandt das Misstrauen auszusprechen und an seiner Statt Rainer Barzel zum Bundeskanzler zu wählen. Nach Einhaltung der in Art. 67 Abs. 2 GG vorgeschriebenen 48-Stundenfrist kommt es am 27. April 1972 zur Abstimmung über den Antrag im Bundestag mit dem von Bundestagspräsident Kai Uwe von Hassel um 13.22 Uhr verkündeten Ergebnis, dass von 260 abgegebenen Stimmen bei drei Enthaltungen 247 Abgeordnete mit Ja und zehn mit Nein gestimmt hatten, womit der Antrag abgelehnt wurde.[135]

---

[128] *Hochrathner*, Anwendungsbereich und Grenzen des Parlamentsauflösungsrechts, S. 20; *Lange/Richter*, ZParl 1973, S. 38; *Wolfgang Zeh*, Kalendarium der Ereignisse auf dem Weg zur Auflösung des Bundestages vom 22. September 1972, in: Klemens Kremer (Hg.), Parlamentsauflösung. Praxis – Theorie – Ausblick, 1974, Köln u. a., S. 151 (152).

[129] *Lange/Richter*, ZParl 1973, S. 38.

[130] *Zeh*, Kalendarium, S. 153.

[131] Helms war bislang fraktionslos geblieben, vgl. *Zeh*, Kalendarium, S. 153.

[132] Vgl. hierzu *Martin Müller*, ZParl 1972, S. 275 ff.

[133] Vgl. allgemein zu den Übertritten *Heino Kaack*, ZParl 1972, S. 131 ff.; *Zeh*, Kalendarium, S. 151 ff.

[134] *Lange/Richter*, ZParl 1973, S. 38 (39).

[135] Vgl. Deutscher Bundestag, Sten.B., 6. Wp., 183. Stzg. v. 27.4.1972, S. 10714. Es fehlten damit nur zwei Stimmen zum Erfolg, vgl. hierzu die Dokumentation von *Müller*, ZParl 1972, S. 275 ff.

Die Opposition war trotz der knappen Sitzverteilung nicht in der Lage, selbst einen Kanzler zu stellen und damit die Regierung zu übernehmen. Und so werden ab diesem Zeitpunkt Neuwahlen als der „logische Weg aus der Krise" und als „saubere demokratische Lösung" propagiert, die jedoch durch die restriktiven Bestimmungen des Grundgesetzes verwehrt scheint.[136] Aber auch durch das herrschende Misstrauen, insbesondere das der Koalition, die Opposition würde das Verfahren von Art. 68 GG durch einen weiteren Misstrauensantrag zu umgehen versuchen, als auch der bevorstehenden Sommerferien und der Olympischen Spiele wird der Weg über Art. 68 GG vorerst als nicht gangbar erachtet.[137]

Ebenso scheint nun Barzel Neuwahlen nicht mehr ablehnend gegenüber zu stehen, wie sich aus seiner Aufforderung an Brandt, den Weg hierzu frei zu machen, ergibt.[138] Letzterer hatte der Opposition jedoch einen Vorschlag zu Gesprächen unterbreitet, „etwas mehr gemeinsames Terrain zu gewinnen", und dadurch zu erkennen gegeben, dass er Neuwahlen nicht ins Auge fasst, sondern vielmehr mit einer auch noch so knappen Mehrheit regieren wolle.[139]

Dieses Bestreben Brandts sollte jedoch schon bald bitterer Ernüchterung weichen. Denn am selben Tag, dem 28. April 1972, wird der Haushaltsplan des Kanzleramts in zweiter Lesung mit dem Stimmergebnis von 247 zu 247 abgelehnt und auch die Gespräche am Abend zwischen Koalitionsspitzen und Oppositionspolitikern im Kanzleramt zwecks Gewinnung breiterer Übereinstimmungen in Teilbereichen sind nicht von Erfolg gekrönt.[140] Weiterhin gewinnt die Koalition am 10. Mai 1972 die Abstimmung über den Antrag, die Ostverträge von der Tagesordnung abzusetzen, ebenfalls mit einem Stimmengleichgewicht von 259 zu 259.[141]

Dieses „Gleichgewicht der Ohnmacht"[142] wird zu Lasten der SPD durch die Tatsache verschoben, dass der bislang fraktionslose Abgeordnete Helms am 5. Mai 1972 Hospitant der CDU/CSU-Fraktion wird,[143] sowie durch den Ausschluss des Abgeordneten Müller am 16. Mai 1972, der sich weigert, die von ihm gegründete Bewegung

---

[136] *Lange/Richter*, ZParl 1973, S. 38 (41).

[137] *Lange/Richter*, ZParl 1973, S. 38 (44).

[138] Vgl. Deutscher Bundestag, Sten.B., 6. Wp., 184. Stzg. v. 28.4.1972, S. 10760 C, D. Zur gleichen Zeit wird jedoch gemutmaßt, dass die Opposition Neuwahlen in den nächsten Wochen meiden würde, da sie ihre eigene Position aufgrund eines Plebiszits über die Ostverträge, einem Wahltermin in der Sommerpause oder einem Wahlgang unmittelbar nach den von der Bundesregierung dominierten Olympischen Spielen als geschwächt ansehen würde, vgl. Die Ernennungsurkunde für 15 Uhr bestellt, Der Spiegel 19/1972, S. 21 ff.

[139] *Lange/Richter*, ZParl 1973, S. 38 (42).

[140] *Hochrathner*, Anwendungsbereich und Grenzen des Parlamentsauflösungsrechts, S. 21; *Blischke*, Der Staat 12 (1973), S. 65 (74).

[141] *Zeh*, Kalendarium, S. 154. Die Berliner Abgeordneten sind bei Geschäftsanträgen voll stimmberechtigt, vgl. *Trossmann*, Parlamentsrecht und Praxis, Stichwort: Berliner Abgeordnete.

[142] Der Spiegel 21/1972, S. 26, zit. nach *Lange/Richter*, ZParl 1973, S. 38 (44).

[143] *Zeh*, Kalendarium, S. 154.

„Soziale Demokraten 72" zu verlassen. Damit verfügt die Koalition nur noch über 248 Mandate und verliert die absolute Mehrheit.[144] Es hat sich die Sitzverteilung dahingehend verändert, dass die Koalition nur mehr 248 Sitze und 12 Berliner Abgeordnete zählt, die Opposition hingegen ebenfalls 248 Sitze und zehn Berliner Abgeordnete.[145] Zwar vermag die Koalition am 17. Mai 1972 mit der einfachen Mehrheit von 248 Stimmen die Ostverträge zu ratifizieren,[146] jedoch verringert sich das Stimmverhältnis aufgrund der Abwesenheit des früheren Wirtschafts- und Finanzministers Karl Schiller bei den Abstimmungen weiter auf 247 und 12 Berliner Abgeordnete für die Koalition, womit die Opposition mit 248 und zehn Berliner Sitzen sogar die Mehrheit im Gesetzgebungsverfahren stellt.[147] Allein bei Abstimmungen über Geschäftsordnungsfragen verfügt die Koalition rein rechnerisch über eine Mehrheit von 259 zu 258 Stimmen.[148]

Und so sieht nun auch Brandt ein, dass „zu klaren Mehrheitsverhältnissen zu kommen […] nur auf dem Weg über Neuwahlen erreicht werden [kann], […] da die Opposition über keine Mehrheit verfügt, um einen neuen Kanzler zu wählen und selber eine Regierung zu bilden".[149] Die Opposition hingegen betont, sie wolle die Regierung zuerst noch zu einem „Offenbarungseid" zwingen und fordert den Rücktritt des Bundeskanzlers.[150] Eine Grundgesetzänderung im Sinne der Etablierung eines Selbstauflösungsrechts des Bundestags wird sowohl seitens der Koalition als auch der Opposition als nicht geboten bzw. staatspolitisch nicht der richtige Weg abgelehnt.[151]

Bevorzugen nach einer Umfrage des Wickert-Instituts vom Mai 1972 jetzt 74 % der Bundesbürger Neuwahlen, scheint sich nun auch bei den Parteien dieser Wunsch durchgesetzt zu haben. Insbesondere erklärt Brandt am 5. Juni 1972 in Boston, die Vertrauensfrage auch ohne vorherige Vereinbarung der Parteien über das Unterlassen eines Misstrauensvotums durchführen zu wollen, ebenso wie der Schatzmeister der Union, Walther Leisler Kiep, der sich am 8. Juni 1972 gegen vertragliche Abmachun-

---

[144] *Lange/Richter*, ZParl 1973, S. 38 (45).

[145] *Zeh*, Kalendarium, S. 156. Das Stimmverhalten der Berliner Abgeordneten wird zwar ermittelt, hat jedoch auf die Abstimmung selbst keinen Einfluss.

[146] Dem Vertrag mit der Sowjetunion wird mit 248 Jastimmen gegen zehn Neinstimmen bei 238 Enthaltungen (Berliner Abgeordnete: 12 Jastimmen, zehn Enthaltungen), dem mit Polen mit 248 Jastimmen gegen 17 Neinstimmen bei 231 Enthaltungen (Berliner Abgeordnete: 12 Jastimmen, zehn Enthaltungen) zugestimmt, vgl. *Zeh*, Kalendarium, S. 155. Die überwiegende Zahl der Enthaltungen stammt aus dem Lager der Opposition, vgl. *Hochrathner*, Anwendungsbereich und Grenzen des Parlamentsauflösungsrechts, S. 21. Dies widerspreche der Annahme von Handlungsunfähigkeit nicht, da diese Verträge den „Rahmen des normalen politischen Agierens" sprengten, so *Brandt*, Die Bedeutung parlamentarischer Vertrauensregelungen, S. 69.

[147] *Hochrathner*, Anwendungsbereich und Grenzen des Parlamentsauflösungsrechts, S. 22.

[148] *Zeh*, Kalendarium, S. 157.

[149] *Lange/Richter*, ZParl 1973, S. 38 (47 f.).

[150] *Hochrathner*, Anwendungsbereich und Grenzen des Parlamentsauflösungsrechts, S. 22.

[151] *Lange/Richter*, ZParl 1973, S. 38 (48 f.).

gen ausspricht.[152] Und auch Barzel wird nicht müde zu betonen, dass die Opposition nicht auf dieses ihr von der Verfassung gegebene Recht verzichten werde,[153] Brandt sich vielmehr zwischen „Siechtum und Rücktritt" entscheiden müsse.[154]

Beginnt nun langsam der Diskussionsprozess bei den Gelehrten, wie ein Wunsch nach Neuwahlen zu realisieren sei,[155] rückt in der politischen Landschaft die Frage nach dem Zeitpunkt in den Vordergrund der Diskussion. Spricht sich Barzel für einen Termin am 26. November 1972 aus, bevorzugt Brandt zuerst Neuwahlen noch vor der Sommerpause, ehe sich eine breite Zustimmung für einen Termin im Herbst 1972 findet. Konkretisiert wird dieser dann von Brandt[156] sowie Vizekanzler und Außenminister Walter Scheel am 24./25. Juli 1972 auf November, was bedeutet, dass die Vertrauensfrage bereits im September gestellt werden müsste.[157] Letzterer bringt jedoch am 9. Juli 1972 dann wieder den 3. Dezember 1972 als „wünschenswerten" Termin ins Gespräch und unterhält am 8. August 1972 dann von Brandt hierbei Unterstützung,[158] während Wehner, motiviert durch die Befürchtung, die CDU werde in den kommenden Sitzungen versuchen, „den Bundeskanzler zu demütigen", einen nächstmöglichen Termin fordert.[159]

Zur gleichen Zeit entfacht die Debatte über die Durchführung der Vertrauensfrage. So wird vom Fraktionsvorsitzenden der SPD, Hans Apel, vorgeschlagen, dass sich die Abgeordneten beider Parteien (SPD und FDP) der Stimme enthalten sollen, während der FDP-Fraktionsvorsitzende Wolfgang Mischnick in Hinblick darauf, dass es für Brandt eine bessere Ausgangsposition für den kommenden Wahlkampf sei, wenn

---

[152] Derartige vertragliche Absprachen, bei denen sich ein Teil dazu verpflichtet, auf einen Misstrauensantrag zu verzichten, wären verfassungsrechtlich ohnehin nicht bindend, vgl. *Burkhard Tiemann*, JZ 1972, S. 510 ff. Bemerkenswert erscheint auch die Äußerung Kohls, der sich gegen eine Vereinbarung über Neuwahlen ausspricht, da man sich nicht um die Verfassung „herummogeln" solle, vgl. Die Chancen für Neuwahlen wachsen, Süddeutsche Zeitung 131/1972, S. 1, die vor allem im Zusammenhang mit den Ereignissen und seinem Verhalten im Herbst 1982 seltsam berühren.

[153] *Zeh*, Kalendarium, S. 155.

[154] *Lange/Richter*, ZParl 1973, S. 38 (54).

[155] Vgl. die Beiträge von *Theodor Eschenburg*, Übergangskabinett als Eselsbrücke, und *Hans Schueler*, Die Stunde des Präsidenten, beide in: Die Zeit 21/1972, S. 3.

[156] Brandt machte zuvor deutlich, dass „die Opposition [...] gesagt [hat], sie möchte keine Unterhaltung zu diesem Thema führen und keine Vereinbarungen treffen. Das ist ihr gutes Recht. Aber damit begibt sie sich der Möglichkeit auf den tatsächlichen Ablauf Einfluß zu nehmen", womit er auf die starre Haltung Barzels anspielt, der zunächst über die Art des „Offenbarungseides" verhandeln wollte, bevor er in konkrete Gespräche um Neuwahlen mit der Koalition eintritt, vgl. *Lange/Richter*, ZParl 1973, S. 38 (48).

[157] *Lange/Richter*, ZParl 1973, S. 38 (56).

[158] Zur Erklärung Brandts vor den Parteivorstandsmitgliedern *Lange/Richter*, ZParl 1973, S. 38 (58).

[159] *Reinhard Appel*, Wehner: Voraussetzungen für Neuwahlen so schnell wie möglich schaffen, Süddeutsche Zeitung 208/1972, S. 1.

er mit einem „demonstrativen Vertrauen" in diesen entlassen würde, das Fernbleiben einiger Koalitionsabgeordneter für sinnvoller erachtet.[160]

Nachdem am 13. September 1972 der frühere SPD-Abgeordnete und Gründer der Bewegung „Soziale Demokraten 72" Müller der CSU beitritt und so die SPD auch die einfache Mehrheit verliert, erklärt Barzel noch tags darauf, er wolle darauf dringen, dass noch vor der Auflösung des Bundestags das Rentenreformprogramm verabschiedet werde.

2. Das Streben nach Legitimität und das Versprechen von Neuwahlen 1982

Schon in der Debatte zur Lage der Nation am 9. September 1982 forderte der damalige Bundeskanzler Schmidt Kohl dazu auf, von Art. 67 GG Gebrauch zu machen und danach Neuwahlen zu erzwingen. Als Grund, weswegen Kohl Neuwahlen anstreben müsse, führte er an, dass „ein Bundeskanzler nicht nur grundgesetzliche Legalität braucht, sondern auch [...] die geschichtliche Legitimität, die nur der Wähler Ihnen geben kann".[161] Hierauf erwiderte Kohl, dass er davon ausgehe, dass er und Schmidt „wenigstens noch in dem Punkt übereinstimmen, daß auch zukünftige Abgeordnete des Deutschen Bundestags in voller Legitimität handeln werden."[162] Trotzdem stand der Vorwurf der fehlenden Legitimität im Raum und kehrt immer wieder. Selbst Bundesinnenminister Gerhart Baum (FDP) äußert sich in diesem Sinne in der dem Misstrauensantrag gegen Schmidt vorangehenden Debatte am 1. Oktober 1982, in der er bekräftigt, dass für die neue Koalition auch die politische Legitimation fehle. Zwar sei die verfassungsrechtliche und juristische Legitimation unbestritten, jedoch durch die Abkehr vom ursprünglichen Wählerauftrag die politische abhanden gekommen, weshalb „Neuwahlen nach der Regierungsbildung die einzige Chance für einen neuen Anfang" seien.[163]

Dieser nun immer wiederkehrende Vorwurf der bei bestehender Legalität fehlenden Legitimität könnte auch Anlass zu der Äußerung gewesen sein, durch die Kohl in Zurückweisung des Vorschlags von Schmidt Neuwahlen verspricht. Schmidt hatte in seiner Regierungserklärung vom 17. September 1982 das Angebot unterbreitet, Neuwahlen mittels Art. 68 GG anzustreben, allerdings nur unter der Voraussetzung, dass sich die Opposition des konstruktiven Misstrauensvotums nach Art. 67 GG enthält. Kohl lehnt diese Option jedoch ab mit der Begründung, dass die CDU und CSU den von der Verfassung vorgesehenen Weg gehen und versuchen würden, „so rasch wie möglich eine handlungsfähige Regierung zu bilden, und uns dann der Wahlentscheidung unserer Mitbürger zu stellen."[164] Und Genscher fügt seiner Rede hinzu,

---

[160] *Lange/Richter*, ZParl 1973, S. 38 (56).

[161] Deutscher Bundestag, Sten.B., 9. Wp., 111. Stzg. v. 9.9.1982, S. 6765 C.

[162] Deutscher Bundestag, Sten.B., 9. Wp., 111. Stzg. v. 9.9.1982, S. 6762 C.

[163] Deutscher Bundestag, Sten.B., 9. Wp., 118. Stzg. v. 1.10.1982, S. 7194 B, C.

[164] Deutscher Bundestag, Sten.B., 9. Wp., 115. Stzg. v. 17.9.1982, S. 7078 A.

„[s]ollte die Bildung einer solchen Regierung aus diesem Bundestag heraus nicht möglich sein, so muß es zu Neuwahlen kommen."[165]

Hiermit gibt Kohl in der Öffentlichkeit ein Versprechen von Neuwahlen ab,[166] das im Laufe der Zeit des Öfteren wiederholt werden sollte. So wird in dem im Anschluss an die Koalitionsverhandlungen der CDU/CSU und FDP verfassten Kommuniqué vom 21. September 1982 bekannt gegeben, dass am ersten Sonntag im März 1983 Neuwahlen zum Deutschen Bundestag stattfinden sollen.[167] Und auch Barzel bekräftigt in der dem Misstrauensantrag gegen Schmidt vorangehenden Debatte am 1. Oktober 1982, dass gewählt werden wird.[168]

In Folge dessen sieht sich Kohl, wohl genötigt durch die erhobenen Zweifel an der Legitimität seiner Kanzlerschaft sowie der eigenen, unter Umständen vorschnellen Festlegung auf Neuwahlen am 6. März 1983, dazu veranlasst, das gegebene Versprechen in seiner am 13. Oktober 1982 verlesenen Regierungserklärung zu bekräftigen. Hierzu führt er aus, dass „[d]ie Koalitionsparteien FDP, CSU und CDU […] vereinbart [haben], sich am 6. März 1983 dem Urteil der Wähler zu stellen. Dies ist auch die Meinung der Bundesregierung. Ich weiß, daß es verfassungsrechtlich nicht einfach ist, diese Absicht zu verwirklichen. […] Wir wollen jetzt wählen. Am 6. März werden wir wählen."[169]

Ebenso erklärt der Vorsitzende der CDU/CSU-Fraktion Alfred Dregger in seiner Stellungnahme zur Regierungserklärung, es sei, um den Schaden, den die vorherige Koalition angerichtet habe, wieder in Ordnung zu bringen, „mindestens eine ganze Legislaturperiode notwendig, die es ohne Neuwahlen nicht geben wird."[170] Und Genscher erklärt, dass „[w]ir am 6. März des nächsten Jahres Neuwahlen durchführen und uns dem Urteil der Wähler stellen",[171] bevor Horst Ehmke (SPD) den Bundeskanzler ermahnt, er dürfe nichts von seiner Zusage der Neuwahlen am 6. März zurücknehmen.[172]

Die Hindernisse insbesondere verfassungsrechtlicher Art hatte Kohl ja auch schon in seiner Regierungserklärung erwähnt. Die dort angesprochene verfassungsrechtliche Problematik besteht – wie auch schon 1972 – darin, dass nach dem Grundgesetz lediglich zwei Wege zur Auflösung des Bundestags in Betracht kommen: Derjenige über Art. 63 GG, der mit einem Rücktritt des Kanzlers verbunden ist und das dreimalige Scheitern der Wahl eines Nachfolgers voraussetzt, was für den frisch ins Amt ge-

---

[165] Deutscher Bundestag, Sten.B., 9. Wp., 115. Stzg. v. 17.9.1982, S. 7082 C.

[166] *Hochrathner*, Anwendungsbereich und Grenzen des Parlamentsauflösungsrechts, S. 25.

[167] *Hochrathner*, Anwendungsbereich und Grenzen des Parlamentsauflösungsrechts, S. 25 Anm. 2.

[168] Deutscher Bundestag, Sten.B., 9. Wp., 118. Stzg. v. 1.10.1982, S. 7168 D.

[169] Deutscher Bundestag, Sten.B., 9. Wp., 121. Stzg. v. 13.10.1982, S. 7215 B, C.

[170] Deutscher Bundestag, Sten.B., 9. Wp., 121. Stzg. v. 13.10.1982, S. 7251 A, B.

[171] Deutscher Bundestag, Sten.B., 9. Wp., 121. Stzg. v. 13.10.1982, S. 7254 D.

[172] Deutscher Bundestag, Sten.B., 9. Wp., 121. Stzg. v. 13.10.1982, S. 7234 B, C.

ratenen und mit eindeutiger Mehrheit gewählten Kohl nicht in Frage kommt. Oder aber der über Art. 68 GG.

Eine Verfassungsänderung mit dem Ziel der Einführung eines Selbstauflösungs-rechts des Bundestags wurde als dritter Weg schon 1972 diskutiert und gerät auch jetzt wieder in die Diskussion.[173]

Kohl selbst gibt lange keine Entscheidung bekannt, welchen Weg er nun einschla-gen wird.

3. Die umstrittene Reformpolitik 2005

Die seit 1998 regierende Koalition aus SPD und Bündnis 90/Die Grünen wurde am 22. September 2002, wenn auch mit Stimmeinbußen, durch die Wahl zum 15. Deut-schen Bundestag bestätigt. Bei dieser erhielten die SPD 38,5 % und Bündnis 90/Die Grünen 8,6 % der Zweitstimmen; für die CDU betrug der Stimmanteil 29,5 %, für die CSU 9,0 % und für die FDP 7,4 %.[174] Unter Berücksichtigung von insgesamt fünf Überhangmandaten[175] entfielen danach auf die SPD 251 und auf Bündnis 90/Die Grü-nen 55 Sitze, während CDU und CSU zusammen 248 und die FDP 47 Sitze erhielten; die PDS errang zwei Direktmandate.[176] Am 22. Oktober 2002 wählte die Koalitions-mehrheit im Deutschen Bundestag erneut Gerhard Schröder zum Bundeskanzler.[177] Durch Tod oder Mandatsverzicht sank die Anzahl der Sitze der SPD auf 249, so dass sich ein Stärkenverhältnis im Bundestag von 304 zu 297 Sitzen einstellte.[178]

Mit dieser knappen Mehrheit setzt die Koalition ihre Reformpolitik fort. Diese be-steht aus den in der Agenda 2010 zusammengefassten Vorhaben, die eine Struktur-veränderung auf nahezu allen Gebieten der Wirtschafts-, Arbeitsmarkt-, Steuer- und Sozialpolitik beinhaltet. Erklärtes Ziel dieser Reformen ist die Kürzung von Leis-tungen des Staats einhergehend mit der Förderung von mehr Eigenverantwortung. Kern der Reformpolitik ist neben der Konsolidierung des Staatshaushalts die Senkung der Lohnnebenkosten und der Unternehmenssteuern, der Umbau des Gesundheitswe-sens und des Sozialstaats sowie eine Reform des Arbeitsmarkts unter anderem durch die Zusammenlegung von Arbeits- und Sozialhilfe, sog. Hartz-IV-Gesetze.[179] Da diese Reformen zumeist mit Einschnitten in das soziale System und mit Mehrbelas-tungen der Bevölkerung verbunden sind, führen sie zu Spannungen nicht nur inner-halb der Koalition, sondern auch und insbesondere innerhalb der SPD, was dann unter

---

[173] Vgl. hierzu Kap. 4 B. V. 1.

[174] *Feldkamp/Ströbel*, Datenhandbuch, S. 17.

[175] *Feldkamp/Ströbel*, Datenhandbuch, S. 62.

[176] *Feldkamp/Ströbel*, Datenhandbuch, S. 17.

[177] *Feldkamp/Ströbel*, Datenhandbuch, S. 277.

[178] *Feldkamp/Ströbel*, Datenhandbuch, S. 123.

[179] Vgl. zur Agenda 2010 *Frank Pilz*, Der Sozialstaat. Ausbau – Kontroversen – Umbau, 2004, Bonn, S. 203 ff.

anderem die Abspaltung der WASG bewirkt und Schröder im März 2004 dazu veranlasst, den Parteivorsitz an Müntefering abzugeben.

Aber auch in der Bevölkerung werden die Reformen kontrovers diskutiert, was zu einem Popularitätsverlust v. a. der SPD führt. Dieser wird besonders bei den während der Legislaturperiode abgehaltenen Landtagswahlen deutlich. Besitzen die SPD-regierten Länder zu Beginn der Legislaturperiode noch eine Mehrheit im Bundesrat, kippt diese im Laufe der Zeit und führt zu einem eindeutigen Übergewicht der CDU/CSU-regierten Bundesländer, die letztlich 42 der insgesamt 69 Sitze besetzen.[180] Nachdem der SPD nun auch noch die Regierungsbeteiligung in Nordrhein-Westfalen, einem traditionell SPD-regierten Land, nach 39 Jahren aufgrund Stimmeinbußen von 5,7 % auf nur noch 37,1 % durch die Wahlen am 22. Mai 2005 verlustig geht,[181] kündigt der SPD-Partei- und Fraktionsvorsitzende Müntefering am Wahlabend um 18.28 Uhr an, dass er und Bundeskanzler Schröder „beschlossen" hätten, im Herbst Neuwahlen auf Bundesebene zu veranlassen. „Wir suchen die Entscheidung. Es ist Zeit, dass in Deutschland die Verhältnisse geklärt werden [...]. Die Menschen sollen das strukturelle Patt zwischen Bundestag und Bundesrat beantworten. Sie sollen sagen, von wem sie regiert werden wollen in diesem Land."[182] Ähnlich lässt sich Schröder in seiner Presseerklärung im Bundeskanzleramt vernehmen. „Mit dem bitteren Wahlergebnis für meine Partei in Nordrhein-Westfalen ist die politische Grundlage für die Fortsetzung unserer Arbeit in Frage gestellt. Für die aus meiner Sicht notwendige Fortführung der Reformen halte ich eine klare Unterstützung durch eine Mehrheit der Deutschen gerade jetzt für erforderlich." Hierauf hinzuwirken sei seine „Pflicht und Verantwortung".[183] Diese wohl in kleinstem Kreise getroffene Entscheidung stellt einen Paukenschlag dar, welcher sogar dem bislang gefeierten Sieger in Nordrhein-Westfalen, Jürgen Rüttgers, die Schau stiehlt.

Tags darauf wird von Regierungssprecher Béla Anda mitgeteilt, dass die Neuwahlentscheidung über das Institut der Vertrauensfrage herbeigeführt werden solle, und Schröder unterrichtet sowohl den Bundespräsidenten sowie die Fraktionsvorsitzenden der CDU/CSU-Fraktion Merkel, der FDP-Fraktion Gerhardt und den stellvertretenden Vorsitzenden der CDU/CSU-Fraktion und Vorsitzenden der CSU-Landesgruppe Michael Glos. Die Vertrauensfrage soll aus Gründen der Fristen am 1. Juli 2005 gestellt werden.[184]

Das SPD-Präsidium als auch der Parteivorstand, letzterer mit zwei Gegenstimmen[185] und einer Enthaltung, stellen sich hinter den Vorschlag zu Neuwahlen, ehe die SPD-Bundestagsfraktion über diesen am 25. Mai 2006 um 11.00 Uhr berät. Ob-

---

[180] *Michael Feldkamp*, ZParl 2006, S. 19 (20). Bei der Landtagswahl in Schleswig-Holstein am 20. Februar 2005 verlor die SPD 4,4 % der Stimmanteile.

[181] Dieses Ergebnis ist das bislang schlechteste eines Landesverbands der SPD seit 1958.

[182] *Feldkamp*, ZParl 2006, S. 19 (20).

[183] *Feldkamp*, ZParl 2006, S. 19 (20).

[184] *Feldkamp*, ZParl 2006, S. 19 (21).

[185] Diese stammen von Ulla Burchardt und Christoph Zöpel.

gleich sich schon abzeichnet, dass der Antrag nicht mit einem Sachantrag verbunden werden soll, kommen vor allem beim Koalitionspartner Bündnis 90/Die Grünen Spekulationen auf, deren Gegenstand die Befürchtung ist, dass durch eine Verbindung mit der umstrittenen Unternehmenssteuerreform die Zustimmung der Grünen verhindert werden soll, womit diesen dann bei dem „alberne[n] Schwarze-Peter-Spiel" dieser zugesteckt werden sollte.[186] Aber auch bei der SPD werden Zweifel an der Richtigkeit des angegebenen Weges über Art. 68 GG laut. Insbesondere die 60 Abgeordneten der Nordrhein-Westfälischen Landesgruppe sehen die Notwendigkeit der Vertrauensverweigerung nicht.[187]

Nachdem nun Anda am 30. Mai 2005 ankündigt, Schröder werde am 1. Juli 2005 die Entscheidung über Art und Weise der Herbeiführung der angestrebten Neuwahlen bekannt geben, erklärt Schröder doch schon am 31. Mai 2005 der SPD-Bundestagsfraktion, dass er einen Rücktritt kategorisch ausschließe, jedoch am 29. Juni 2005 den Antrag zur Vertrauensfrage in den Bundestag einbringen wolle, über den dann am 1. Juli 2005 abgestimmt werden soll.[188] Dies wird am 16. Juni 2005 von Staatsminister im Bundeskanzleramt Rolf Schwanitz bestätigt, der ebenfalls die Absicht, die Vertrauensfrage mit einer Sachfrage zu verknüpfen, verneint.[189]

Am 28. Juni 2005 entschließen sich drei Abgeordnete der SPD, Schröder das Vertrauen auszusprechen.[190] Im linken Parteiflügel bahnt sich dagegen eine Abkehr von der Position an, auf jeden Fall für Schröder stimmen zu wollen.[191] Müntefering appelliert an alle Abgeordneten, sich bei der Vertrauensfrage der Stimme zu enthalten, denn „man kann Gerhard Schröder auch dadurch das Vertrauen aussprechen, dass man sich bei der Vertrauensfrage enthält."[192]

Besondere Beachtung verdient bei dieser Vertrauensfrage der Umgang mit dem obersten Staatsorgan, dem Bundespräsidenten. Erfährt er zuerst aus den Medien von den Absichten der SPD-Spitze, werden ihm diese erst am 23. Mai 2005 in einem 20minütigen Gespräch mitgeteilt. Dies veranlasst Horst Köhler, am 29. Mai 2005 zu erklären, dass die Tatsache, „[d]ass der Bundespräsident in einer so wichtigen Frage überrascht wird, [...] schon bemerkenswert [ist]." Weiterhin betont er in der Wochenzeitung Die Zeit, dass seine Mitarbeiter beeindruckt seien, „mit welch genauer Kenntnis der Verfassung und mit welch großem Respekt vor der Aufgabe und der Person des Bundespräsidenten zum Beispiel Willy Brandt vorgegangen ist." Trotz-

---

[186] So der Parlamentarische Geschäftsführer von Bündnis 90/Die Grünen, Volker Beck, zit. nach *Feldkamp*, ZParl 2006, S. 19 (23).

[187] *Feldkamp*, ZParl 2006, S. 19 (22).

[188] *Feldkamp*, ZParl 2006, S. 19 (22).

[189] *Feldkamp*, ZParl 2006, S. 19 (24).

[190] Dies sind Klaus Kirschner, der Vorsitzender des Gesundheitsausschusses des Deutschen Bundestags ist, Rudolf Binding, der menschenrechtspolitische Sprecher der SPD-Fraktion, und der Vorsitzende der niedersächsischen SPD-Landesgruppe im Bundestag, Holger Ortel.

[191] *Feldkamp*, ZParl 2006, S. 19 (25).

[192] *Feldkamp*, ZParl 2006, S. 19 (25).

dem werde er den Auflösungsantrag „sorgfältig und nach bestem Gewissen" prüfen, wobei er „Experten von außen" heranziehen und mit den Partei- und Fraktionsvorsitzenden sprechen werde.[193]

Den in den Worten deutlich werdende Wunsch nach respektvoller Behandlung nicht überhörend, bezieht der stellvertretende Regierungssprecher Thomas Steg am 1. Juni 2005 dahingehend Stellung, dass das Verhältnis zwischen Schröder und Köhler von gegenseitigem Respekt und Achtung vor Person und Amt geprägt sei. Schröder habe den Bundespräsidenten vielmehr am Wahlabend erfolglos versucht zu erreichen, bis sich dann Köhler bei diesem gemeldet habe.[194]

Zum Eklat kommt es jedoch, nachdem das Nachrichtenmagazin Der Spiegel Details des Gesprächs zwischen Köhler und Schröder vom 23. Mai 2005 bekannt gibt, nach denen Schröder fehlenden Rückhalt in der eigenen Fraktion sowie ein „erhöhtes Erpressungspotenzial in der Fraktion und in der Koalition" nach der Wahl in Nordrhein-Westfalen als Grund für die Vertrauensfrage angegeben habe, bei der sein Kabinett geschlossen gegen ihn stimmen werde, da diejenigen in der Fraktion, die ihm misstrauten, dies nicht durch ihr Abstimmungsverhalten dokumentieren und dadurch die Neuwahlpläne zunichte machen würden.[195] In Folge dessen kommt es zu massiver Kritik an dem Staatsoberhaupt, das vertrauliche Informationen an die Öffentlichkeit lanciere, so „dass die vertrauensvolle Zusammenarbeit gefährdet ist."[196] Köhler sei parteipolitisch nicht so zurückhaltend wie seine Vorgänger.[197] Völlig aus dem Rahmen fällt der Sprecher der im Seeheimer Kreis organisierten Bundestagsabgeordneten Johannes Kahrs, der sich anmaßt, Köhler zu attestieren, er sei seiner Aufgabe nicht gewachsen, sein Auftreten sei vielmehr „eine Schmierenkomödie der billigsten Art – aber der Mann ist eben so."[198] Erst nach mehrfachen Appellen durch die Spitzen der SPD werden die Attacken langsam eingestellt.

---

[193] *Feldkamp*, ZParl 2006, S. 19 (22).

[194] *Feldkamp*, ZParl 2006, S. 19 (22). Allerdings wird diese Aussage von *Markus Feldenkirchen/Kostantin v.Hammerstein/Horand Knaup/Gabor Steingart/Carsten Volkery,* Schröders Legenden, Der Spiegel 23/2005, S. 24 ff., in Zweifel gezogen.

[195] *Feldenkirchen/Hammerstein/Knaup/Steingart/Volkery*, Der Spiegel 23/2005, S. 24.

[196] So der stellvertretende Vorsitzende der SPD-Fraktion, Michael Müller, zit. nach *Feldkamp*, ZParl 2006, S. 19 (23).

[197] So der stellvertretende Fraktionsvorsitzende der SPD, Ludwig Stiegler, und der Parlamentarische Geschäftsführer von Bündnis 90/Die Grünen Beck, zit. nach *Feldkamp*, ZParl 2006, S. 19 (23).

[198] Zit. nach *Feldkamp*, ZParl 2006, S. 19 (23).

II. Die Vertrauensfragen

1. Die Vertrauensfrage unter Brandt

Um das Abstimmungspatt im Parlament zu überwinden, kündigt Brandt am 18. September 1972 auf einer 20minütigen Pressekonferenz an, dass er „am 24. Juni […] in Übereinstimmung mit Walter Scheel mitgeteilt [habe], daß wir Neuwahlen in diesem November anstreben. Dementsprechend werde ich am Mittwoch [den 20. September 1972, T.H.] im Bundestag den Antrag nach Artikel 68 des Grundgesetzes stellen, so daß am Freitag hierüber abgestimmt werden kann." Er führt hierzu als Begründung aus, dass „Neuwahlen […] notwendig geworden [sind], weil die Parlamentsarbeit durch Mandatsüberträger weithin gelähmt worden ist."[199] Er betont bei dieser Erklärung, dass er sich des Antrags nach Art. 68 GG nur bedient, um durch eine bewusst herbeigeführte Niederlage den Weg zur Auflösung des Bundestags und zu Neuwahlen beschreiten zu können. Aus diesem Grunde meidet er auch ausdrücklich die Bezeichnung als „Vertrauensfrage", um deutlich zu machen, dass es sich bei diesem Verfahren allein um eine Hilfskonstruktion handelt, deren eigentliches Ziel es ist, sich an den Souverän zu wenden und dessen Vertrauen zu erfragen.[200] Auf diese Sichtweise, an der er keinen Zweifel lassen möchte, kommt er dann auch am Mittwoch, den 20. September 1972, bei der Begründung der Vertrauensfrage zurück. Er betont die Notwendigkeit einer solchen, da durch den Mandatswechsel die „Mandatsüberträger […] gegenüber dem Regierungsbündnis […] eine Vetorolle übernommen [haben]" und so das Ergebnis der Wahlen vom September 1969 nachhaltig verändert hätten.[201]

Dem widerspricht Barzel, der in seiner Replik auf die Ausführungen Brandts die Auffassung vertritt, dass Adressat der Vertrauensfrage nicht die Bevölkerung, sondern das Parlament sei.[202] Weiterhin moniert er, dass der Bundeskanzler nicht den Rücktritt erklärt[203] sondern „am Grundgesetz vorbei eine Parteivereinbarung über Neuwahlen" gesucht habe.[204]

Mit der Erklärung Brandts wird die 48-Stundenfrist des Art. 68 Abs. 2 GG in Gang gesetzt, welche erst am Freitag abläuft.[205] In der Zwischenzeit befasst sich der Bundestag noch mit verschiedenen Gesetzesentwürfen, unter anderem auch dem Rentenreformgesetz. In Abwesenheit Karl Schillers werden die Änderungsvorschläge der CDU/CSU-Fraktion bei einem Ergebnis von 248 zu 247 Stimmen mit einer Stimme Mehrheit gebilligt.[206]

---

[199] Zit. nach *Lange/Richter*, ZParl 1973, S. 38 (60).

[200] *Blischke*, Der Staat 12 (1973), S. 65 (80); *Lange/Richter*, ZParl 1973, S. 38 (60).

[201] Deutscher Bundestag, Sten.B., 6. Wp., 197. Stzg. v. 20.9.1972, S. 11575 B, C.

[202] Deutscher Bundestag, Sten.B., 6. Wp., 197. Stzg. v. 20.9.1972, S. 11576 A.

[203] Deutscher Bundestag, Sten.B., 6. Wp., 197. Stzg. v. 20.9.1972, S. 11575 D.

[204] Deutscher Bundestag, Sten.B., 6. Wp., 197. Stzg. v. 20.9.1972, S. 11576 A.

[205] Zu den verfahrensrechtlichen Problemen vgl. *Blischke*, Der Staat 12 (1973), S. 65 ff.

[206] *Blischke*, Der Staat 12 (1973), S. 65 (79).

Am Freitag, den 22. September 1972, wird eine lange Debatte abgehalten, bei der die beiden Seiten noch einmal ihre unterschiedlichen Auffassungen, insbesondere bzgl. der Frage der Adressaten der Vertrauensfrage, kundtun, ehe Bundestagspräsident Hassel das Abstimmungsverfahren über den Antrag Brandts einleitet. An der Abstimmung nehmen insgesamt 482 stimmberechtigte Abgeordnete und 22 Berliner Abgeordnete teil. Von diesen stimmen 233 stimmberechtigte Abgeordnete und 12 Berliner Abgeordnete mit Ja, und 248 stimmberechtigte Abgeordnete und zehn Berliner Abgeordnete mit Nein. Ein Abgeordneter enthält sich.[207] Der Antrag des Bundeskanzlers, ihm das Vertrauen auszusprechen, findet somit nicht die erforderliche Mehrheit.[208]

Dabei waren, wie von Brandt am 18. September 1972 angekündigt, bis auf den Bundesarbeitsminister Walter Arendt sämtliche Regierungsmitglieder der Abstimmung fern geblieben. Arendt hingegen enthielt sich der Stimme.[209]

2. Die Vertrauensfrage unter Kohl

Nachdem Kohl mit dem Bundespräsidenten und den Parteivorsitzenden den Weg zu Neuwahlen erörterte, um die vermeintlich fehlende Legitimität zu erreichen, und bei der Koalitionsfraktion Einigkeit über die Verfahrensweise erzielt wurde, kündigt er mit Schreiben vom 13. Dezember 1982 an den Präsidenten des Deutschen Bundestags Stücklen an, am Freitag, den 17. Dezember 1982, den Antrag nach Art. 68 GG zu stellen.[210] Das Schreiben geht um 10.48 Uhr beim Präsidenten des Bundestags ein und wird noch am Vormittag des 14. Dezember 1982 als BT-Drs. 9/2304 an die Mitglieder des Deutschen Bundestags verteilt. Mit dieser Verteilung wird die 48-Stundenfrist des Art. 68 Abs. 2 GG in Gang gesetzt, deren Einhaltung durch eine Abstimmung am Freitag, den 17. Dezember 1982, sowohl nach einer Berechnung gem. Art. 48 Abs. 2 GG als auch nach §§ 78 Abs. 5 i.V.m. 123 GO BT gewahrt ist.

Die Fraktionen des Deutschen Bundestags einigen sich darauf, die Stellung der Vertrauensfrage als einzigen Tagesordnungspunkt in der Plenarsitzung am 17. Dezember 1982 zu behandeln.

Vor diesem Termin kommt es jedoch noch zur Beratung und Abstimmung über den Haushaltsplan, das Haushaltsgesetz und das Haushaltsbegleitgesetz für 1983. Beginnt die Beratung hierüber bereits am Dienstag, den 15. Dezember 1982 um 9.00 Uhr, endet sie erst am Donnerstag Abend, den 16. Dezember 1982. Alle Vorhaben werden mit Mehrheit beschlossen. Dem Haushaltsgesetz stimmt die CDU/CSU-Fraktion geschlossen zu, von der FDP enthalten sich lediglich vier Abgeordnete der

---

[207] Deutscher Bundestag, Sten.B., 6. Wp., 199. Stzg. vom 22.9.1972, S. 11814 D; *Blischke*, Der Staat 12 (1973), S. 65 (81).

[208] Deutscher Bundestag, Sten.B., 6. Wp., 199. Stzg. vom 22.9.1972, S. 11816 C; *Blischke*, Der Staat 12 (1973), S. 65 (81).

[209] *Hochrathner*, Anwendungsbereich und Grenzen des Parlamentsauflösungsrechts, S. 22.

[210] *Bücker/Schlimbach*, Die Wende in Bonn, S. 180.

Stimme, so dass insgesamt 266 Abgeordnete für das Gesetz votieren,[211] gegen die Stimmen der SPD und derjenigen der fraktionslosen Abgeordneten.

Ebenso fällt die Zustimmung zum Kriegsdienstverweigerungs-Neuordnungsgesetz am selben Abend aus, das mit 260 Jastimmen gegen 213 Neinstimmen angenommen wird. Auch hier stimmen die Abgeordneten der CDU/CSU-Fraktion bis auf eine Ausnahme geschlossen zu, während die SPD einmütig dagegen votiert. Von der FDP stimmt ein Abgeordneter dagegen, drei enthalten sich der Stimme, die Übrigen stimmen zu.[212]

Bereits in der vergangenen Woche wurde über den Gesetzentwurf zur Erhöhung des Angebots an Mietwohnungen beraten und dieser in namentlicher Abstimmung unter Zustimmung der CDU/CSU-Fraktion und überwiegender der FDP-Fraktion bei drei Enthaltungen gegen die Stimmen der SPD und der fraktionslosen Abgeordneten verabschiedet.[213]

Bei der Beratung des Haushaltsgesetzes erörtert Dregger, dass Neuwahlen „auch von der großen Mehrheit der Wähler gewollt" seien.[214] „Die neue Regierung hat von der neuen Koalition einen inhaltlich und sachlich begrenzten Auftrag erhalten", bei dem „bedeutsame, aber weniger dringliche Aufgaben [...] ausgespart [blieben]." Geschäftsgrundlage der Koalition wäre von Anfang an gewesen, „daß sie sich am 6. März 1983 den Wählern stellt. [...] Ohne Neuwahlen sind wir nicht bereit, diese oder eine andere Regierung parlamentarisch zu unterstützen."[215] Und der Abgeordnete Hans-Günter Hoppe (FDP) erklärt, dass die Abstimmung über Art. 68 GG „ebensowenig wie vor zehn Jahren etwas mit einer Bankrotterklärung einer Regierung oder mit Mißtrauen gegenüber dem amtierenden Bundeskanzler zu tun [habe]. Im Gegenteil: Die Regierung Kohl/Genscher wird nach nur 77tägiger Bewährungsfrist eine außerordentlich erfolgreiche Bilanz vorlegen können."[216] Vielmehr spiegele die Stimmenthaltung der FDP-Fraktion bei der Vertrauensabstimmung „unsere Vereinbarung zum Regierungswechsel wieder. Sie war zeitlich und inhaltlich begrenzt."[217]

Der Abstimmung über den Antrag nach Art. 68 GG am Freitag geht eine Aussprache voraus, in der als erster Bundeskanzler Kohl seinen Antrag begründet. Nachdem er auf das Neuwahlversprechen in seiner Regierungserklärung eingeht, bezieht er sich auf den Antrag Brandts im Jahre 1972. Zwar erkennt er an, dass die Gründe verschieden sind, jedoch „knüpfe ich an das von Bundeskanzler Brandt damals genannte Ziel an. Mein Antrag soll dazu beitragen, daß der Weg zu Neuwahlen geöffnet wird."[218]

---

[211] *Bücker/Schlimbach*, Die Wende in Bonn, S. 162.

[212] *Bücker/Schlimbach*, Die Wende in Bonn, S. 162.

[213] *Bücker/Schlimbach*, Die Wende in Bonn, S. 162.

[214] Deutscher Bundestag, Sten.B., 9. Wp., 138. Stzg. v. 14.12.1982, S. 8578 C, D.

[215] Deutscher Bundestag, Sten.B., 9. Wp., 138. Stzg. v. 14.12.1982, S. 8578 D, 8579 A.

[216] Deutscher Bundestag, Sten.B., 9. Wp., 138. Stzg. v. 14.12.1982, S. 8593 A.

[217] Deutscher Bundestag, Sten.B., 9. Wp., 138. Stzg. v. 14.12.1982, S. 8595 A, B.

[218] Deutscher Bundestag, Sten.B., 9. Wp., 141. Stzg. v. 17.12.1982, S. 8938 A.

Denn „Art. 68 des Grundgesetzes gibt dem Bundeskanzler die Möglichkeit, die Mitglieder des Deutschen Bundestags zu fragen, ob für *die Weiterarbeit*[219] der Bundesregierung eine hinreichende parlamentarische Basis gegeben ist."[220] Eine solche Ver-
trauensbasis für die Weiterarbeit vermag Kohl nicht zu erkennen. Denn „der Auftrag
der Bundesregierung [sei] von Anfang an sachlich begrenzt" gewesen, um in einem
„Dringlichkeitsprogramm" die drängendsten Probleme des Lands, die keinen Aufschub duldeten, wie die der öffentlichen Finanzen, der wirtschaftlichen Situation
und insbesondere die der Entwicklung auf dem Arbeitsmarkt, zu bewältigen und
vor allem „den Bundeshaushalt 1983 und die ihn begleitenden Gesetze [zu] verab-
schieden".[221] Aber auch „unseren Partnern und Verbündeten in der Welt Klarheit
über den künftigen außenpolitischen Kurs [zu] verschaffen" sei Inhalt dieses Pro-
gramms gewesen.[222] Nach Verabschiedung desselben sollte so bald als möglich der
Wählerwille eingeholt werden.[223] Auf dieser Grundlage sei Kohl zum Bundeskanzler
gewählt worden. Da nun der erste Teil dieser Zusage eingelöst sei und eine darüber
hinausgehende Absprache der Koalitionspartner nicht bestehe, sei für die „Weiterarbeit der Koalition eine parlamentarische Grundlage nicht mehr gegeben" und es sei
„geboten, sich dem Wähler zu stellen",[224] um „den Auftrag für eine langfristige Politik der neuen Koalition der Mitte" zu erhalten.[225] Darüber hinaus sei der Wunsch
nach Neuwahlen allen Parteien des Bundestags sowie auch der Mehrheit der Bürger
zu eigen.[226] Und auch von Verfassungsmanipulation könne nicht die Rede sein, da
„[i]ch [...] seit meiner Wahl zum Kanzler der BRD Ihnen und der deutschen Öffentlichkeit in aller Offenheit meine Erwägungen vorgetragen [habe]. Ich habe alles vermieden, was den Anschein des Künstlichen oder der Manipulation erwecken könnte."[227] Und da es auch keine Mehrheit des Bundestags gäbe, die bereit ist, eine andere
Regierung zu wählen, sei Art. 68 GG der richtige und verfassungsgemäße Weg.[228]

Nachdem Brandt es in seiner Rede nicht versäumt, Kohl erneut an seinem Versprechen zu Neuwahlen festzuhalten,[229] äußert er Bedenken daran, „ob die zeitliche Begrenzung eines Regierungsmandats durch Koalitionsvereinbarung genügen soll, um

---

[219] Hervorhebung durch den Verfasser.

[220] Deutscher Bundestag, Sten.B., 9. Wp., 141. Stzg. v. 17.12.1982, S. 8938 B.

[221] Deutscher Bundestag, Sten.B., 9. Wp., 141. Stzg. v. 17.12.1982, S. 8938 C.

[222] Deutscher Bundestag, Sten.B., 9. Wp., 141. Stzg. v. 17.12.1982, S. 8938 C.

[223] Deutscher Bundestag, Sten.B., 9. Wp., 141. Stzg. v. 17.12.1982, S. 8938 C.

[224] Deutscher Bundestag, Sten.B., 9. Wp., 141. Stzg. v. 17.12.1982, S. 8938 D.

[225] Deutscher Bundestag, Sten.B., 9. Wp., 141. Stzg. v. 17.12.1982, S. 8939 B.

[226] Deutscher Bundestag, Sten.B., 9. Wp., 141. Stzg. v. 17.12.1982, S. 8939 C.

[227] Deutscher Bundestag, Sten.B., 9. Wp., 141. Stzg. v. 17.12.1982, S. 8939 C.

[228] Deutscher Bundestag, Sten.B., 9. Wp., 141. Stzg. v. 17.12.1982, S. 8939 D. Vor dem
Hintergrund dieser Aussage ist die Stellungnahme Kohls vom 9. Juni 1972 bemerkenswert, in
der er eine Verabredung von Neuwahlen über Art. 68 GG als ein sich um die Verfassung
„[H]erummogeln" bezeichnete, vgl. Die Chancen für Neuwahlen wachsen, Süddeutsche Zeitung 131/1972, S. 1.

[229] Deutscher Bundestag, Sten.B., 9. Wp., 141. Stzg. v. 17.12.1982, S. 8942 A.

die [...] Auflösung des Bundestages zu ermöglichen", sowie „daß ein Bundeskanzler [...] mit seiner Parlamentsmehrheit das Ende einer Legislaturperiode des Bundestages nach eigenem Ermessen herbeiführen kann."[230] Hiernach versichert der Abgeordnete Dregger, dass die Erwägungen seiner Fraktion derjenigen Kohls entsprechen und sie sich deshalb der Stimme enthalten werde,[231] bevor dann Genscher die Aussage Kohls bzgl. des sachlich und damit auch zeitlich begrenzten Regierungsauftrags bekräftigt.[232] Er unterstreicht die Dringlichkeit der ergriffenen Maßnahmen, welche keinen Aufschub duldeten und daher sofortige Neuwahlen unverantwortbar erscheinen ließen.[233] Weiterhin lässt er jedoch auch keinen Zweifel daran, dass „der Auftrag [...] erneuert werden [soll], aber erst, nachdem der Wähler das Wort gehabt hat"[234] und verweist hierzu erneut auf den Willen der Bürger und demjenigen der Parteien im Bundestag.[235]

Und auch der Abgeordnete Theo Waigel (CDU/CSU) relativiert das zukünftige Stimmverhalten, wenn er davon spricht, dass die Abgeordneten der Koalitionsparteien mit ihrer Stimmabgabe „nicht Kritik an der Person von Bundeskanzler Kohl oder an seiner Politik [verbinden]. Sie unterstreichen mit ihrer Stimmenthaltung viel mehr die politische Notwendigkeit einer neuen demokratischen Legitimation durch den Wähler, nachdem der Auftrag dieser Koalition erfüllt ist."[236] Unter Bezugnahme auf die Äußerungen des Abgeordneten Katz, der Sinn und Zweck des Art. 68 GG in der Ermöglichung von Neuwahlen zu dem Zeitpunkt, in dem es die Regierung für notwendig erachtet, tritt Waigel den verfassungsrechtlichen Bedenken entgegen.[237]

Als eine der wenig kritischen Stimmen lässt sich dann noch diejenige des Abgeordneten Hansheinrich Schmidt (FDP, Kempten) vernehmen. Dieser lässt keinen Zweifel daran, dass er den eingeschlagenen Weg für mehr als bedenklich, ja sogar für verfassungsschädlich erachtet. Dies zum einen schon aufgrund des Vertrauensverlusts, den er bei den Wählern befürchtet, wenn sie verstehen sollen, dass, obgleich „die Handlungsfähigkeit einer stabilen Regierung eine Woche bescheinigt wurde, nachdem gestern durch ein hohes Abstimmungsergebnis eine komfortable Mehrheit für den Haushalt 1983 hier vorgelegt und somit die Handlungsfähigkeit für 1983 eigentlich in den Grundzügen festgelegt wurde, plötzlich diese Mehrheit nicht mehr vorhanden ist, daß der Bundeskanzler, der gestern noch das große Vertrauen für seinen Haushalt, den er und seine Regierung vorgelegt haben, bekommen hat, heute plötzlich

---

[230] Deutscher Bundestag, Sten.B., 9. Wp., 141. Stzg. v. 17.12.1982, S. 8941 A.

[231] Deutscher Bundestag, Sten.B., 9. Wp., 141. Stzg. v. 17.12.1982, S. 8948 C, D.

[232] Deutscher Bundestag, Sten.B., 9. Wp., 141. Stzg. v. 17.12.1982, S. 8951 C.

[233] Deutscher Bundestag, Sten.B., 9. Wp., 141. Stzg. v. 17.12.1982, S. 8951 C, D.

[234] Deutscher Bundestag, Sten.B., 9. Wp., 141. Stzg. v. 17.12.1982, S. 8951 D.

[235] Deutscher Bundestag, Sten.B., 9. Wp., 141. Stzg. v. 17.12.1982, S. 8951 D.

[236] Deutscher Bundestag, Sten.B., 9. Wp., 141. Stzg. v. 17.12.1982, S. 8956 C.

[237] Deutscher Bundestag, Sten.B., 9. Wp., 141. Stzg. v. 17.12.1982, S. 8956 D, 8957 A.

das Vertrauen der ihn tragenden Mehrheit nicht mehr bekommt."[238] Zum anderen aber auch aufgrund der Befürchtung, dass der „Glaubwürdigkeit der Verfassung" Gefahr drohe, wenn „die Fakten auf den Kopf gestellt werden", da außer Zweifel stünde, dass diese Regierung legal zustande gekommen sei und die Mehrheit im Parlament hinter sich habe.[239] Schmidt verbindet mit dem nun beschrittenen Weg die Sorge, „für zukünftige Regierungen […] eine Prämie für die legale Mehrheit in der Auslegung des Art. 68 GG" zu verankern und damit Neuwahlen zu anderen als vom Grundgesetz vorgesehenen Zeitpunkten zu ermöglichen.[240] In diesem Sinne verweist er nicht nur auf die Erfahrungen in der Weimarer Republik, sondern auch auf die Regierungsinstabilität in einigen westlichen Demokratien wie Frankreich und Italien.[241] Darüber hinaus habe er noch nirgends in der Verfassung feststellen können, dass es eine zeitlich befristete Regierung geben kann.[242]

In gleichem Sinne äußert sich die fraktionslose Abgeordnete Helga Schuchardt, die anprangert, dass die Mehrheit dem Bundespräsidenten mitteile, „wann denn diese neue Mehrheit ihre Mehrheit zu verlieren gedenke" und damit, als auch durch die Terminfestlegung, den Bundespräsidenten „zum Statisten verkümmern" lasse. Sie fordert den Rücktritt als „saubere Lösung", um zu Neuwahlen zu gelangen.[243]

Der Aussprache folgt dann die namentliche Abstimmung über den Antrag Kohls. Bei 474 abgegebenen Voten stimmen dem Antrag, Kohl das Vertrauen auszusprechen, acht Abgeordnete bei 218 Gegenstimmen zu. 248 Abgeordnete enthalten sich der Stimme.[244] Von den Berliner Abgeordneten stimmen neun mit Nein bei 11 Enthaltungen. Von der CDU/CSU-Fraktion enthalten sich bis auf drei Abgeordnete, die Kohl das Vertrauen aussprechen, alle der Stimme. Die FDP-Abgeordneten enthalten sich ebenfalls bis auf drei Ja- und fünf Neinstimmen des Votums. Die SPD-Abgeordneten stimmen gleichermaßen wie die fünf Fraktionslosen gegen den Antrag.[245]

Damit war der Antrag Kohls abgelehnt. Der Präsident des Bundestags unterrichtet noch am selben Tag den Bundespräsidenten vom Abstimmungsergebnis.

3. Die Vertrauensfrage unter Schröder 2005

Um die Uneinigkeiten bezüglich der Reformpolitik zu überwinden und sich die Gefolgschaft der Regierungskoalition zu sichern, reicht Schröder, nachdem von di-

---

[238] Deutscher Bundestag, Sten.B., 9. Wp., 141. Stzg. v. 17.12.1982, S. 8961 A, B.

[239] Deutscher Bundestag, Sten.B., 9. Wp., 141. Stzg. v. 17.12.1982, S. 8961 C.

[240] Deutscher Bundestag, Sten.B., 9. Wp., 141. Stzg. v. 17.12.1982, S. 8962 A.

[241] Deutscher Bundestag, Sten.B., 9. Wp., 141. Stzg. v. 17.12.1982, S. 8962 A.

[242] Deutscher Bundestag, Sten.B., 9. Wp., 141. Stzg. v. 17.12.1982, S. 8961 C.

[243] Deutscher Bundestag, Sten.B., 9. Wp., 141. Stzg. v. 17.12.1982, S. 8964 B.

[244] Deutscher Bundestag, Sten.B., 9. Wp., 141. Stzg. v. 17.12.1982, S. 8971 C.

[245] Deutscher Bundestag, Sten.B., 9. Wp., 141. Stzg. v. 17.12.1982, S. 8971 B.

versen Parteien[246] der Gang zum Bundesverfassungsgericht erwogen wird, seinen Antrag nach Art. 68 GG am 27. Juni 2005 wie zuvor angekündigt bei Bundestagspräsident Thierse ein, der als BT-Drs. 15/5825 an die Abgeordneten verteilt wird.[247] Begleitet wird dies von der Beteuerung des Parteivorsitzenden von Bündnis 90/Die Grünen, Reinhard Bütikofer, zu Neuwahlen im Rahmen der Verfassung beizutragen, und der „Einladung" Münteferings an die SPD-Abgeordneten, sich der Stimme zu enthalten.[248]

Nachdem am 30. Juni 2005 von der Regierungskoalition noch zahlreiche Beschlüsse, darunter 17 Gesetze, auf den parlamentarischen Weg gebracht werden, eröffnet Bundestagspräsident Thierse am 1. Juli 2005 um 10.01 Uhr die Sitzung des Bundestags und erteilt Schröder das Wort. Dieser legt dem Parlament in einer als emotional bezeichneten Rede[249] die Gründe für die Stellung des Antrags nach Art. 68 GG dar.

Zuerst bezeichnet er als Ziel, dem Bundespräsidenten die Auflösung des 15. Deutschen Bundestags und die Anordnung von Neuwahlen vorschlagen zu können.[250] Zur Begründung bezieht er sich auf den „bittere[n] Ausgang" der Landtagswahlen in Nordrhein-Westfalen, welcher der Schlusspunkt einer Reihe von Wahlniederlagen sowohl bei der Europawahl als auch in den Bundesländern darstelle, die in vielen Fällen den Verlust der Regierungsbeteiligung nach sich zogen.[251] Als Ursache bezeichnet er die Reformpolitik mit der Agenda 2010. Diese Wahlniederlagen hätten zu „heftigen Debatten um den künftigen Kurs der SPD geführt."[252] Dabei ging und gehe es „um die Frage, ob die Reformen der Agenda 2010 überhaupt notwendig sind oder ob sie nicht gar zurückgenommen werden sollten. Diese Debatte hat soweit geführt, dass SPD-Mitglieder damit drohten, sich einer rückwärts gewandten, linkspopulistischen Partei anzuschließen, die vor Fremdenfeindlichkeit nicht zurückschreckt."[253] Weiterhin sei durch den Wahlausgang am 22. Mai 2005 die Handlungsfähigkeit Schröders zweifelhaft geworden, „zumal die Mehrheit für diese Regierung im Deutschen Bundestag von Anfang an denkbar knapp war" und nun nur noch drei Stimmen betrage.[254] Damit sei jedoch die Grundvoraussetzung der Regierungspolitik – Planbarkeit und

---

[246] Dies sind Die Republikaner, Mensch Umwelt Tierschutz, Ökologisch Demokratische Partei sowie die Deutsche Zentrumspartei, die jedoch alle nicht im 15. Deutschen Bundestag vertreten sind.

[247] Der Antrag hat den Wortlaut: „Gemäß Art. 68 des Grundgesetzes stelle ich den Antrag, mir das Vertrauen auszusprechen. Ich beabsichtige, vor der Abstimmung am Freitag, dem 1. Juli 2005, hierzu eine Erklärung abzugeben." Vgl. BT-Drs. 15/5825.

[248] *Feldkamp*, ZParl 2006, S. 19 (24 f.).

[249] *Feldkamp*, ZParl 2006, S. 19 (26).

[250] Deutscher Bundestag, Sten.B., 15. Wp., 185. Stzg. v. 1.7.2005, S. 17465 B.

[251] Deutscher Bundestag, Sten.B., 15. Wp., 185. Stzg. v. 1.7.2005, S. 17467 A.

[252] Deutscher Bundestag, Sten.B., 15. Wp., 185. Stzg. v. 1.7.2005, S. 17467 A.

[253] Deutscher Bundestag, Sten.B., 15. Wp., 185. Stzg. v. 1.7.2005, S. 17467 A.

[254] Deutscher Bundestag, Sten.B., 15. Wp., 185. Stzg. v. 1.7.2005, S. 17467 B.

Verlässlichkeit – nicht mehr gegeben.[255] In Folge des sich in den Wahlniederlagen manifestierenden Wählerwillens gegen die Reformpolitik sei deutlich geworden, „dass es die sichtbar gewordenen Kräfteverhältnisse ohne eine neue Legitimation durch den Souverän, das deutsche Volk, nicht erlauben, meine [Schröders, T.H.] Politik erfolgreich fortzusetzen. […] Wenn diese Agenda fortgesetzt und weiterentwickelt werden soll – und das muss sie –, ist eine Legitimation durch Wahlen unverzichtbar.“[256]

Weiterhin habe die Wahl Auswirkungen auf die Zusammenarbeit zwischen Bundestag und Bundesrat. Nachdem er klarstellt, dass „das stetige Vertrauen gemäß Art. 68 unseres Grundgesetzes […] keine moralische, sondern eine politische Kategorie“ sei,[257] kommt er zu dem Schluss, dass „[e]ine Bewertung der politischen Kräfteverhältnisse vor und nach der Entscheidung, Neuwahlen anzustreben, […] dazu führen [muss] – dessen bin ich mir ganz sicher –, dass ich unter den aktuellen Bedingungen nicht auf das notwendige, auf stetiges Vertrauen im Sinne des Art. 68 Grundgesetz rechnen kann.“[258] Denn „[n]ur eine durch die Wählerinnen und Wähler klar und neuerlich legitimierte Regierungspolitik wird bei der Mehrheit des Bundesrats zu einem Überdenken der Haltung und – wenn auch nicht kurzfristig – zu einer Änderung der Mehrheit führen.“[259]

Für Neuwahlen hätten sich alle Parteien und ein Großteil der Bürger ausgesprochen. Auch wenn eine gewollte Niederlage den Verfassern des Art. 68 GG nicht vorschwebte,[260] wäre die Staatspraxis, die vom Bundesverfassungsgericht bestätigt worden sei, eindeutig, so dass keine zwingenden verfassungsrechtlichen Bedenken gegen das bevorstehende Procedere bestünden.[261] Von Manipulation müsste vielmehr dann die Rede sein, wenn der Weg über den Rücktritt gewählt würde, wobei er sich auf Kohl und dessen Ausführungen von 1982 beruft.[262]

Die Fraktionsvorsitzende der CDU/CSU Merkel begrüßt im Namen ihrer Fraktion die Aussicht auf vorgezogene Neuwahlen, „denn es ist unumgänglich, um unserem Land monatelange, quälende Auseinandersetzungen aus Gründen rot-grüner Handlungsunfähigkeit […] zu ersparen“,[263] denn sie meint, seit dem 14. März 2005 „in Ihren Reihen, bei Rot-Grün, ein schweres Ringen um jede der Detailfragen und die Lösung jedes der Probleme“ beobachtet zu haben.[264]

---

[255] Deutscher Bundestag, Sten.B., 15. Wp., 185. Stzg. v. 1.7.2005, S. 17467 B.
[256] Deutscher Bundestag, Sten.B., 15. Wp., 185. Stzg. v. 1.7.2005, S. 17465 B.
[257] Deutscher Bundestag, Sten.B., 15. Wp., 185. Stzg. v. 1.7.2005, S. 17467 B.
[258] Deutscher Bundestag, Sten.B., 15. Wp., 185. Stzg. v. 1.7.2005, S. 17467 C.
[259] Deutscher Bundestag, Sten.B., 15. Wp., 185. Stzg. v. 1.7.2005, S. 17467 D.
[260] Deutscher Bundestag, Sten.B., 15. Wp., 185. Stzg. v. 1.7.2005, S. 17465 D.
[261] Deutscher Bundestag, Sten.B., 15. Wp., 185. Stzg. v. 1.7.2005, S. 17466 A.
[262] Deutscher Bundestag, Sten.B., 15. Wp., 185. Stzg. v. 1.7.2005, S. 17466 B.
[263] Deutscher Bundestag, Sten.B., 15. Wp., 185. Stzg. v. 1.7.2005, S. 17469 C.
[264] Deutscher Bundestag, Sten.B., 15. Wp., 185. Stzg. v. 1.7.2005, S. 17469 C, D.

Müntefering bestätigt daraufhin, dass er „nach der durch einen Verräter missglück-ten Ministerpräsidentenwahl in Schleswig-Holstein [...] und vor der Landtagswahl in Nordrhein-Westfalen Sorge gehabt [hat] um die Handlungsfähigkeit meiner Partei und Fraktion und damit letztlich der Bundesregierung."[265] Denn nach der „Serie bit-terer Wahlergebnisse" in Thüringen, im Saarland, in Brandenburg, in Sachsen, in Schleswig-Holstein und den Kommunal- sowie den Landtagswahlen in Nordrhein-Westfalen hat „[d]ie Opposition [...] behauptet [...], diese Wahlschlappen, diese her-ben Wahlniederlagen hätten etwas mit der Bundespolitik zu tun" und „[w]ir konnten dem alles in allem nicht widersprechen; Stichwort Agenda 2010, Stichwort Hartz."[266] So dürfe man keinen Stillstand in Deutschland aufgrund der Konstellation im Bun-destag oder im Bundesrat haben.[267] Deswegen werden Neuwahlen angestrebt, „weil wir ein klares Mandat für unsere Politik der Reformen wollen",[268] „zur Klärung der politischen Richtung für Deutschland und zur Legitimation unseres politischen Auftrags".[269]

Und dann fügt er die denkwürdigen Sätze hinzu, „dass wir uns aber einig sind in dem Bewusstsein, dass Gerhard Schröder als Bundeskanzler das Vertrauen der SPD-Bundestagsfraktion hat und dass wir ihn weiter als Bundeskanzler der Bundesrepu-blik Deutschland haben wollen. [...] – Sie [Die Abgeordneten der Oppositionspartei-en, T.H.] tun so, als ob es hier um Misstrauen ginge. Es geht heute nicht um Misstrau-en."[270]

Auch der FDP-Abgeordnete Westerwelle sichert die Unterstützung auf dem Weg zu Neuwahlen zu und betont dabei, dass heute nicht ein Mangel an Vertrauen vorge-täuscht würde, sondern „[d]as Vertrauen, das einige Abgeordnete der Koalition heute unbedingt demonstrieren wollen, [...] in Wahrheit fragwürdig [ist]. Dass diejenigen, die schon bei der Schmalspuragenda 2010 nicht mehr mitmachen wollten, heute nicht schuld sein möchten am Ende von Rot-Grün, ist keine ausreichende Basis für eine Regierung, die Deutschland regieren möchte."[271]

Außenminister Joseph Fischer (Bündnis 90/Die Grünen) erklärt, dass „sich jetzt alle Entscheidungen darauf konzentrieren [müssen], dass es nicht zu einer Hängepar-tie, sondern zu der von beiden Seiten des Hauses gewollten neuen Legitimierung [...] einer Politik der Erneuerung unseres Landes kommt",[272] bevor der Vorsitzende der Landesgruppe der CSU Glos klarstellt, dass er das gewählte Verfahren für legitim er-achtet.[273]

---

[265] Deutscher Bundestag, Sten.B., 15. Wp., 185. Stzg. v. 1.7.2005, S. 17473 D, 17474 A.

[266] Deutscher Bundestag, Sten.B., 15. Wp., 185. Stzg. v. 1.7.2005, S. 17472 D.

[267] Deutscher Bundestag, Sten.B., 15. Wp., 185. Stzg. v. 1.7.2005, S. 17474 A.

[268] Deutscher Bundestag, Sten.B., 15. Wp., 185. Stzg. v. 1.7.2005, S. 17474 B.

[269] Deutscher Bundestag, Sten.B., 15. Wp., 185. Stzg. v. 1.7.2005, S. 17474 D.

[270] Deutscher Bundestag, Sten.B., 15. Wp., 185. Stzg. v. 1.7.2005, S. 17474 D.

[271] Deutscher Bundestag, Sten.B., 15. Wp., 185. Stzg. v. 1.7.2005, S. 17475 D, 17475 A.

[272] Deutscher Bundestag, Sten.B., 15. Wp., 185. Stzg. v. 1.7.2005, S. 17477 B.

[273] Deutscher Bundestag, Sten.B., 15. Wp., 185. Stzg. v. 1.7.2005, S. 17481 B.

Vor der Abstimmung erhält noch der Abgeordnete von Bündnis 90/Die Grünen, Werner Schulz, das Wort. Dieser hatte schon am 28. Mai 2005 angekündigt, gegen das Verfahren den Weg zum Bundesverfassungsgericht zu beschreiten, und führt nun aus, dass das, „[w]as hier abläuft, […] ein inszeniertes, ein absurdes Geschehen [ist]. […] Hier läuft eine fingierte oder, wie die Juristen sagen, eine unechte Vertrauensfrage. Schon der erste Satz Ihres Antrages, Herr Bundeskanzler, ist unwahr. Sie wollen doch gar nicht, dass man Ihnen das Vertrauen ausspricht. Sie wollen diese Abstimmung verlieren. […] Sie suchen einen Grund für Neuwahlen und damit das organisierte Mißtrauen."[274] Denn „[n]icht die Mehrheit misstraut dem Kanzler, sondern der Kanzler misstraut seiner eigenen Mehrheit," da man bis gestern eine Mehrheit gehabt habe, die in den letzten sieben Jahren stabil war und nie versagte.[275]

Jelena Hoffmann (SPD) legte zuvor ihre abweichende Auffassung von der Verfassungswidrigkeit der angestrebten Vertrauensfrage in einer schriftlichen Erklärung dar.

Ansonsten erweckten die Beiträge eher den Anschein, als wäre der Wahlkampf schon in vollem Gange.

Nach der Debatte lässt Bundestagspräsident Thierse über den Antrag des Kanzlers abstimmen, für dessen Annahme mindestens 301 Stimmen notwendig sind. Nach einer Unterbrechung der Sitzung zur Auszählung der Stimmen von 12.01 Uhr bis 12.11 Uhr gibt er das Ergebnis bekannt. Von 595 abgegebenen Stimmen sprachen 151 dem Kanzler das Vertrauen aus, 296 versagten es ihm und 148 enthielten sich, darunter die Minister. Thierse verkündet hiernach: „Ich stelle fest, dass die Vertrauensfrage damit nicht erfolgreich beantwortet worden ist. Ich werde dem Bundespräsidenten unverzüglich das Abstimmungsergebnis mitteilen."[276]

III. Die Auflösungen des Bundestags

1. Die Auflösung des 6. Deutschen Bundestags durch Heinemann

Unmittelbar nach der Abstimmung stellt Bundeskanzler Brandt bei Bundespräsident Gustav Heinemann den Antrag, den Bundestag gem. Art. 68 GG aufzulösen. Nach Rücksprache mit den Fraktionsvorsitzenden der CDU, SPD und FDP[277] erlässt Heinemann die Auflösungsverfügung und bestimmt den Termin für Neuwahlen auf den 19. November 1972.[278] In seiner Ansprache am Abend des 22. Septembers 1972 begründet er seinen Auflösungsentschluss damit, dass sich das zur parlamentarischen Demokratie gehörige Gegenüber von Regierungsmehrheit und Oppositionsminder-

---

[274] Deutscher Bundestag, Sten.B., 15. Wp., 185. Stzg. v. 1.7.2005, S. 17483 A.

[275] Deutscher Bundestag, Sten.B., 15. Wp., 185. Stzg. v. 1.7.2005, S. 17483 B.

[276] Deutscher Bundestag, Sten.B., 15. Wp., 185. Stzg. v. 1.7.2005, S. 17487 A.

[277] *Blischke*, Der Staat 12 (1973), S. 65 (82).

[278] BT-Drs. VI/3831.

heit in ein Stimmengleichgewicht von Regierung und Opposition verwandelt habe, wodurch eine zielstrebige parlamentarische Arbeit nicht mehr gewährleistet ist.[279]

Mit der Auflösungsverfügung endet die Wahlperiode des 6. Deutschen Bundestags. Bis zum Zusammentritt des neu gewählten Bundestags tritt eine parlamentarische Zeit ein, während der die Bundesregierung handlungsfähig bleibt. Die Rechte der Volksvertretung gegenüber der Exekutive werden von drei Ausschüssen wahrgenommen, dem Ständigen, dem Verteidigungs- und dem Auswärtigen Ausschuss. Der 27köpfige Ständige Ausschuss wird nach dem d'Hondt'schen Höchstzahlverfahren besetzt und weist 13 SPD- und CDU/CSU-Mitglieder sowie ein FDP-Mitglied auf.

Mangels ausdrücklicher Regelungen im Grundgesetz ist umstritten, welche rechtlichen Auswirkungen das Novum der Bundestagsauflösung auf die parlamentarischen Staatssekretäre, auf die Gremien und sonstigen Ausschüsse sowie auf die Stellung der Abgeordneten zeitigt.[280]

2. Die Auflösung des 9. Deutschen Bundestags durch Carstens

Noch am Tag der Abstimmung schlägt Kohl Bundespräsident Carstens die Auflösung des Bundestags vor. Dieser erlässt am 6. Januar 1983, einen Tag vor Fristablauf,[281] nach Rücksprache mit den Fraktionsvorsitzenden[282] die Anordnung, den 9. Deutschen Bundestag aufzulösen und setzt Neuwahlen in Entsprechung des Vor-

---

[279] *Lange/Richter*, ZParl 1973, S. 38 (62).

[280] Nach der bisherigen Fassung des Grundgesetzes erfolgte die vorzeitige Beendigung der Wahlperiode des aufgelösten Bundestags noch im Zeitpunkt der Auflösungsentscheidung des Bundespräsidenten. Es entstand bis zum Zusammentritt des neu gewählten Parlaments eine sog. parlamentarische Zeit, für welche die Art. 45, 45a Abs. 1 Satz 2 und 49 GG a. F. galten. Diese waren jedoch nicht geeignet, die im Zuge der ersten Auflösung des Bundestags 1972 entstehenden Fragen, wie die nach der Rechtsstellung des Präsidenten des Bundestags, dem Status der Abgeordneten in politischen und administrativen Gremien außerhalb des Parlaments und der Fortdauer der Ämter der Parlamentarischen Staatssekretäre, befriedigend zu beantworten, was die Aufhebung dieser Vorschriften durch die 33. GG-Änderung nach sich zog. Vgl. zu den damaligen Rechtsfragen *Klemens Kremer*, Die Rechtsstellung der Mitglieder des Bundestags nach dessen Auflösung, S. 33 ff.; *ders.*, Die Auswirkungen der Bundestagsauflösung auf den Bundestag und seine Organe sowie auf die Gremien mit Abgeordneten als Minister, S. 47 ff.; *Eckart Busch*, Bundestagsauflösung und Gemeinsamer Ausschuß, S. 79 ff.; *Karl J. Reiter*, Verfassungsrechtliche Erwägungen zu der parlamentslosen Zeit nach einer Bundestagsauflösung, S. 89 ff.; *Wolfgang Zeh*, Die Fortdauer des Amtes der Parlamentarischen Staatssekretäre nach der Auflösung des Bundestages, S. 105 ff.; *Roman Herzog*, Die Stellung der parlamentarischen Staatssekretäre im Falle der Bundestagsauflösung, S. 113 ff., allesamt in: Klemens Kremer (Hg.), Parlamentsauflösung. Praxis – Theorie – Ausblick, 1974, Köln u.a. Vgl. zur Neuregelung durch die 33. GG-Änderung auch Anm.368.

[281] Da es sich bei der 21-Tagesfrist des Art. 68 Abs. 1 GG um eine Ereignisfrist handelt, wird der Tag der Abstimmung nicht mitgerechnet, so dass die Frist am 18. Dezember 1982, 0.00 Uhr, beginnt und am 7. Januar 1983, 24.00 Uhr, endet.

[282] Am 5. Januar 1983, vgl. *Hochrathner*, Anwendungsbereich und Grenzen des Parlamentsauflösungsrechts, S. 28.

schlags der Bundesregierung für den 6. März 1983 fest.[283] Diese Anordnung wird im BGBl. verkündet[284] und dem Präsidenten des Bundestags mit Schreiben vom 7. Januar 1983 mitgeteilt, woraufhin die Mitglieder des Bundestags hiervon durch die BT-Drs. 9/2379 unterrichtet werden.

Am 7. Januar 1983 hält dann Bundespräsident Carstens eine Ansprache über Rundfunk und Fernsehen, in der er seine Entscheidung begründet. Er verweist darauf, dass er nicht feststellen kann, aus welchen Gründen die Abgeordneten dem Bundeskanzler die Zustimmung versagten und er sich daher an die öffentlich vorgetragenen Begründungen halten müsse, wonach „die Koalitionsparteien der neuen Regierung von vornherein nur eine sachlich und zeitlich begrenzte Unterstützung zugesagt"[285] hätten.

Gegen diese Anordnung des Bundespräsidenten legt ein Bürger beim Bundesverfassungsgericht Verfassungsbeschwerde ein und Abgeordnete des Bundestags stellen den Antrag auf Überprüfung im Organstreitverfahren.[286]

3. Die Auflösung des 15. Deutschen Bundestags durch Köhler

Bundeskanzler Schröder stellt bei Bundespräsident Köhler den Antrag, den Bundestag aufzulösen. Nachdem dieser schon vor der Abstimmung am 21. Juni 2005 mit den Vorsitzenden der Bundestagsfraktionen und den Parteivorsitzenden über die beabsichtigte Herbeiführung der Neuwahlen gesprochen hatte und verlauten ließ, dass die Menschen darauf vertrauen können müssten, dass mit der Verfassung sachgemäß umgegangen werde und „[a]lle Verfassungsorgane […] an ihr Tun auch den Maßstab der Nachvollziehbarkeit gegenüber dem Bürger anlegen [müssten]",[287] schöpft er trotzdem die ihm von Art. 68 GG eingeräumte Frist von 21 Tagen voll aus, ehe er am Donnerstag, den 21. Juli 2005 um 20.15 Uhr vor die Fernsehkameras tritt und verkündet: „[I]ch habe heute den 15. Deutschen Bundestag aufgelöst und Neuwahlen für den 18. September angesetzt."[288] Bei der Begründung seiner Entscheidung verweist er auf den Bundeskanzler, der „am 1. Juli vor dem Bundestag deutlich gemacht [hat], dass er mit Blick auf die knappen Mehrheitsverhältnisse keine stetige und verlässliche Basis für seine Politik mehr sieht. Ihm werde mit abweichendem Abstimmungsverhalten und Austritten gedroht. Loyalitätsbekundungen aus den Reihen der Koalition hält der Bundeskanzler vor dem Hintergrund der zu lösenden Probleme nicht für dauerhaft tragfähig." Das Bundesverfassungsgericht fordere, dass „[d]ie politischen

---

[283] *Bücker/Schlimbach*, Die Wende in Bonn, S. 199. Dieser Termin liegt innerhalb der 60-Tagesfrist des Art. 39 Abs. 1 Satz 4 GG. Diese beginnt am Tag nach der Auflösung, also am 8. Januar 1983, und endet am 8. März 1983.

[284] BGBl. I (1983), S. 1 f.

[285] *Bücker/Schlimbach*, Die Wende in Bonn, S. 203.

[286] Vgl. dazu ausführlich unter Kap. 4 B. VI. 1.

[287] Zit. nach *Feldkamp*, ZParl 2006, S. 19 (24).

[288] BGBl. I (2005), S. 2169 f.

Kräfteverhältnisse im Bundestag [...] seine Handlungsfähigkeit so beeinträchtigen oder lähmen [müssen], dass er eine von stetiger Zustimmung der Mehrheit getragene Politik nicht sinnvoll verfolgen kann. [...]. Und so sieht der Bundeskanzler seine Lage.“[289]

Unter Bezugnahme auf das Urteil des Bundesverfassungsgerichts aus dem Jahre 1983, nach dem „der Bundespräsident die Einschätzung des Bundeskanzlers zu beachten [hat], es sei denn, eine andere Einschätzung ist eindeutig vorzuziehen“, kommt er zu der Bewertung, dass er „keine andere Lagebeurteilung [sehe], die der Einschätzung des Bundeskanzlers eindeutig vorzuziehen ist.“[290]

Am 22. Juli 2005 gehen gegen diese Anordnung die ersten Klagen beim Bundesverfassungsgericht ein.

IV. Die Neuwahlen

1. Die Wahlen zum 7. Deutschen Bundestag

Bei der Wahl zum 7. Deutschen Bundestag am 19. November 1972 können bei einer Wahlbeteiligung von 91 % die SPD und FDP einen eindeutigen Sieg erringen.[291] Auf die SPD entfallen 45,8 % der Zweitstimmen, sie gewinnt sechs Mandate hinzu und erhält somit 230 Sitze im Bundestag, der CDU/CSU werden 44,9 % zuteil, sie verliert 17 Sitze und erhält damit nur noch 225 Mandate, und die FDP gewinnt mit 8,4 % 11 Sitze hinzu, womit sie 41 Sitze zugesprochen bekommt.[292] Damit kann eine Koalition aus SPD und FDP 271 Mandate aufweisen, die eine stabile Mehrheit gegenüber den 225 Mandaten der Opposition garantiert.[293]

Nach den Koalitionsverhandlungen wird am 14. Dezember 1972 erneut Willy Brandt zum Bundeskanzler gewählt. Die Zählung ergibt ein sensationelles Ergebnis von 289 Stimmen, was bedeutet, dass 18 Abgeordnete der CDU/CSU-Fraktion für den SPD Kanzler gestimmt haben müssen. Die hierauf einsetzende Verwirrung und Empörung legt sich jedoch, nachdem durch die Nachzählung ein Zählfehler offenkundig wird, der das Ergebnis auf 269 Stimmen für und 223 Stimmen gegen Brandt berichtigt. Hiernach haben lediglich zwei Koalitionsabgeordnete nicht für Brandt votiert.[294]

Den endgültigen Schlussstrich unter diese bewegte und angespannte Zeit setzt dann am 15. Dezember 1972 die Vereidigung des zweiten Kabinetts Brandt/Scheel,

---

[289] Zit. nach *Feldkamp*, ZParl 2006, S. 19 (27).
[290] Zit. nach *Feldkamp*, ZParl 2006, S. 19 (27).
[291] *Schindler*, Datenhandbuch I, S. 168.
[292] *Schindler*, Datenhandbuch I, S. 168.
[293] *Schindler*, Datenhandbuch I, S. 168.
[294] *Schindler*, Datenhandbuch I, S. 1022.

womit die Regierungsbildung in erstaunlich kurzen 26 Tagen seit dem Wahltermin abgeschlossen ist.

2. Die Wahlen zum 10. Deutschen Bundestag

Nachdem das Bundesverfassungsgericht die Entscheidung des Bundespräsidenten, den Bundestag aufzulösen, als verfassungsgemäß beurteilt und sowohl die Verfassungsbeschwerde als auch die Organklage zurückgewiesen hat,[295] finden am 6. März 1983 die Wahlen zum 10. Deutschen Bundestag statt. Bei diesen trägt die CDU/CSU mit 48,8 % einen klaren Sieg davon, wenn sie auch knapp die absolute Mehrheit verfehlt.[296] Die SPD verliert 4,7 % und erreicht nur 38,2 %, ebenso wie die FDP um 3,6 % auf 7,0 % zurückfällt.[297] Neu in den Deutschen Bundestag ziehen Die Grünen mit 5,6 % ein.[298] Hieraus ergibt sich eine Sitzverteilung in dem durch ein Überhangmandat in Hamburg und Bremen für die SPD aus insgesamt 520 Abgeordneten bestehenden 10. Deutschen Bundestag,[299] nach der die CDU/CSU 244 und 11 Berliner Abgeordnete, die SPD 193 und neun Berliner Abgeordnete, die FDP 34 und einen Berliner Abgeordneten sowie Die Grünen 27 und ebenfalls einen Berliner Abgeordneten entsenden können.[300] Damit stellen die CDU/CSU- und FDP-Fraktion mit 278 und 12 Berliner Abgeordneten die absolute Mehrheit.

Der 10. Deutsche Bundestag hält seine konstituierende Sitzung am 29. März 1983 ab, in der Barzel zum Präsidenten des Bundestags gewählt wird. Am 30. März 1983 wird Bundeskanzler Kohl mit 271 Jastimmen gegen 214 Neinstimmen und einer Enthaltung im ersten Wahlgang erneut zum Bundeskanzler gewählt.[301] Der von diesem gebildeten Regierung gehören neben acht Ministern aus der CDU und fünf aus der CSU drei der FDP an.

3. Die Wahlen zum 16. Deutschen Bundestag

Nachdem das Bundesverfassungsgericht die Entscheidung des Bundespräsidenten, den Bundestag aufzulösen, als verfassungsgemäß beurteilt und die Organklage als unbegründet zurückgewiesen hat,[302] finden am 18. September 2005 die Wahlen zum 16. Deutschen Bundestag statt. Dabei wird die CDU/CSU mit 226 Sitzen die stärkste Kraft im Parlament, gefolgt von der SPD mit 222 Sitzen, der FDP mit 61 Man-

---

[295] Vgl. unter Kap. 4 B. VI. 1.

[296] *Schindler*, Datenhandbuch I, S. 169.

[297] *Schindler*, Datenhandbuch I, S. 169.

[298] *Schindler*, Datenhandbuch I, S. 169.

[299] *Schindler*, Datenhandbuch I, S. 287.

[300] *Schindler*, Datenhandbuch I, S. 169.

[301] *Schindler*, Datenhandbuch I, S. 1023.

[302] Vgl. unter Kap. 4 B. VI. 2.

daten und der Partei Die Linke mit 54. Die schwächste Fraktion bilden Bündnis 90/
Die Grünen mit 51 Abgeordneten.[303]

Da weder CDU/CSU und FDP, noch SPD und Bündnis 90/Die Grünen eine Mehrheit zustande bringen und Gespräche mit der Linkspartei abgelehnt werden, formie-
ren sich zum zweiten Mal in der Geschichte der Bundesrepublik die CDU/CSU und
die SPD zu einer großen Koalition, die am 22. November 2005 Angela Merkel als
erste Frau zur Bundeskanzlerin wählt.

V. Die Diskussionen in der Literatur

1. Diskussion um die Stellung der Vertrauensfrage durch Brandt

Durch die Auflösungserklärung Heinemanns 1972 wird erstmals der Bundestag
vorzeitig in Anwendung von Art. 68 GG aufgelöst, wobei die Art der Anwendung
in der Literatur erhebliche Kontroversen auslöst, stellte Brandt die Vertrauensfrage
doch mit dem Ziel, diese zu verlieren und dadurch Neuwahlen herbeizuführen.
Diese Anwendung des Art. 68 GG initiiert die bis heute nicht verstummte Diskussion
um die Frage, ob auch die sog. negative oder unechte Vertrauensfrage als auch die
Versagung oder die Stimmenthaltung aus taktischen Gründen bei der Abstimmung
nach Art. 68 GG von diesem gedeckt sind.[304] Dabei werden bereits im Jahr 1972 Argumente laut, die auch im Zuge der Vertrauensfrage von Kohl 1982 und Schröder
2005 immer wieder bemüht werden sollen.

a) Argumente gegen die negative Vertrauensfrage

Denn schon zu dieser Zeit erheben sich Stimmen, die eine solche negative Vertrauensfrage als nicht mit Art. 68 GG vereinbar ansehen.[305] Nach diesem sog. engen Verständnis[306] der Vertrauensfrage würde sich bereits aus dem Wortlaut durch die Verwendung des Begriffs „Vertrauen" sowie aus der finalen Tatbestandsstruktur ergeben,
dass die Vertrauensfrage nur mit dem Ziel der Bejahung derselben vom Bundeskanzler gestellt werden könne.[307] Auch sei aus systematischen, historischen und teleologischen Erwägungen heraus die Stellung des Vertrauensantrags mit dem Ziel der Bundestagsauflösung nur dann legitim, wenn die parlamentarische Krise, die sich aus der
Situation eines Minderheitenkanzlers ergibt, nicht anders behoben werden kann.[308]

---

[303] Vgl. http://www.bundestag.de/parlament/wahlen/sitzverteilung/1541_16.html.

[304] Vgl. die Zusammenfassung der vorgetragenen Argumente bei *Mager*, in: v.Münch/
Kunig (Hg.), GG, Art. 68 Rn 10 und 11.

[305] *Schenke*, in: Dolzer/Vogel/Graßhof (Hg.), BK, Art. 68 Rn 75 ff.; *Brandt*, Die Bedeutung
parlamentarischer Vertrauensregelungen, S. 68.

[306] So *Mager*, in: v.Münch/Kunig (Hg.), GG, Art. 68 Rn 10.

[307] *Schenke*, in: Dolzer/Vogel/Graßhof (Hg.), BK, Art. 68 Rn 76 ff.

[308] *Schenke*, in: Dolzer/Vogel/Graßhof (Hg.), BK, Art. 68 Rn 75 ff., 87.

Denn als Leitgedanke des Art. 68 GG sei in systematischer Stellung zu Art. 67 GG immer die Erhaltung der Funktionsfähigkeit des Parlaments sowie der Regierung zu beachten, welcher eine Auflösung des Bundestags nur als *ultima ratio* beinhalte.[309] Andernfalls würde Art. 68 GG zu einem Selbstauflösungsrecht des Bundestags führen, welches von den Verfassern des Grundgesetzes nicht vorgesehen und auch in Hinblick auf den Schutz parlamentarischer Minderheiten abzulehnen sei.[310] Insbesondere letzteres Argument sei von Gewicht, da ein so verstandenes Auflösungsrecht mittels der negativen Vertrauensfrage die Möglichkeit für die Mehrheit beinhalte, zu den ihr günstig erscheinenden Terminen die Auflösung des Parlaments herbeizuführen, womit sich die Chance der Opposition auf den Wechsel der Macht deutlich verschlechtern würde.[311] Und auch die Tatsache, dass sich das Parlament einfach den ihm obliegenden Aufgaben entledigen könnte, wird gegen die negative Vertrauensfrage angeführt, insbesondere auch deshalb, da die Einbeziehung des Bundespräsidenten als keine ausreichende Sicherheit hiergegen angesehen wird.[312] Letztlich wird auch noch darauf abgestellt, dass der Parlamentarische Rat in erster Linie den Minderheitenkanzler bei der Bewältigung einer Regierungskrise vor Augen hatte, und nicht einen Mehrheitenkanzler, der die Auflösung des Bundestags anstrebt.[313]

Diesem engen Verständnis von Art. 68 GG folgend lehnen auch Walter Jellinek und Friedrich Glum die negative Vertrauensfrage ab. Insbesondere vor dem Hintergrund, dass ansonsten durch das unlaute Zusammenspiel von Regierung und Regierungsfraktion das Tor zum Gesetzgebungsnotstand aufgestoßen werden könnte, obgleich dieser in Wahrheit nicht besteht, erscheint diesen eine solche Verfahrensweise als inakzeptabel.[314]

b) Argumente für die negative Vertrauensfrage

Gegen die Meinung, nach welcher schon vom Wortlaut des Art. 68 GG die negative Vertrauensfrage ausgeschlossen sei, wenden sich Stimmen in der Literatur, die einem sog. weiten Verständnis des Art. 68 GG[315] anhängen. Hiernach ist der Wortlaut des Art. 68 GG nicht aussagekräftig, da er eben nur rein formal regle, unter welchen Voraussetzungen der Bundestag aufzulösen sei, hingegen eine materielle Ausgestaltung etwa in dem Sinne, dass der Bundeskanzler die Vertrauensfrage mit der Intention stellen müsse, diese auch zu gewinnen, der Norm nicht zu entnehmen sei. Vertrauen

---

[309] *Schenke*, in: Dolzer/Vogel/Graßhof (Hg.), BK, Art. 68 Rn 75 ff.; *Busch*, ZParl 1973, S. 213 (221); *Frank Neubauer*, DÖV 1973, S. 597 ff.

[310] *Schenke*, in: Dolzer/Vogel/Graßhof (Hg.), BK, Art. 68 Rn 88; *Neubauer*, DÖV 1973, S. 597 .

[311] *Schenke*, in: Dolzer/Vogel/Graßhof (Hg.), BK, Art. 68 Rn 88.

[312] *Schenke*, in: Dolzer/Vogel/Graßhof (Hg.), BK, Art. 68 Rn 89.

[313] So wohl auch *Neubauer*, DÖV 1973, S. 597.

[314] *Walter Jellinek*, VVDStRL 8 (1950), S. 3 (17); *Friedrich Glum*, NJW 1952, S. 281 ff. (insb. 283).

[315] So *Mager*, in: v.Münch/Kunig (Hg.), GG, Art. 68 Rn 11.

sei keine moralische Kategorie, womit allein vom Wortlaut her ein Ausschluss der negativen Vertrauensfrage nicht angenommen werden könne.[316] Vielmehr sei Art. 68 GG in einem parlamentarischen Regierungssystem „höchst überflüssig", denn ein Regierungschef, der die Parlamentsmehrheit hinter sich habe, würde nicht mit der Vertrauensfrage „experimentieren", hingegen ein Zerfall dieser Majorität sich auch nicht durch die Vertrauensfrage aufhalten lassen.[317] Im Gegenteil würde der Zersetzungsprozess vor die Öffentlichkeit getragen, was die Erosion beschleunige.[318] Aufgrund dieser Analyse kommt Hans-Peter Schneider zu der Auffassung, dass, sollte dem Art. 68 GG überhaupt noch ein sinnvoller Anwendungsbereich verbleiben, diesem ein neuer zuzuweisen sei. Da der gescheiterte Bundeskanzler jedoch sein Heil im Rücktritt oder auf parlamentarischer Ebene suchen wird, könne dieser Anwendungsbereich nur darin liegen, demjenigen Bundeskanzler, der sich stark genug für Neuwahlen hält, durch die Abstimmungsniederlage im Rahmen der Vertrauensfrage das Tor zu Neuwahlen zu öffnen.[319] So verstanden würde Art. 68 GG in erster Linie der Sinn zukommen, als Angriffsmittel des Bundeskanzlers sowie der Regierungsmehrheit durch organisierte Ablehnung unter Einschätzung des Bundespräsidenten Neuwahlen herbeizuführen, um so die parlamentarische Basis der Regierung zu konsolidieren oder gar zu erweitern.[320] Die negative Vertrauensfrage sei damit der einzige für Art. 68 GG noch verbleibende Anwendungsbereich, der schon vom Wortlaut her indiziert sei, wie die negative Formulierung „findet ein Antrag [...] nicht die Zustimmung" impliziere.[321]

Art. 68 GG sei damit ein in die negative Vertrauensfrage gekleidetes Auflösungsinstrument des Bundeskanzlers, das dieselben Funktionen wie die Auflösungsbefugnisse der Ministerpräsidenten in anderen parlamentarischen Staaten erfüllen würde.[322] In diesem Sinne grenze es sich auch von dem Auflösungsrecht des Reichspräsidenten nach Art. 25 WRV ab, da es eben ein Recht des Regierungschefs und nicht des Staatsoberhaupts darstelle.[323] Und auch durch das dem Bundespräsidenten verbleibende Ermessen unterscheide es sich von Art. 25 WRV, auch wenn jenes bei klarem politischem Willen aller politisch verantwortlichen Gruppen zur Auflösung eingeschränkt sei.[324] Damit würde sich Art. 68 GG in eine Art Misstrauensantrag des

---

[316] *Epping*, in: v.Mangoldt/Klein/Starck (Hg.), GG, Art. 68 Rn 14.

[317] *Schneider*, JZ 1973, S. 652 (654); so auch *Peter Hauck*, DVBl. 1971, S. 135 (136), und *Oberreuter*, Vertrauensfrage, S. 661.

[318] *Schneider*, JZ 1973, S. 652 (654).

[319] *Schneider*, JZ 1973, S. 652 (655).

[320] *Schneider*, JZ 1973, S. 652 (655).

[321] *Schneider*, JZ 1973, S. 652 (655); vgl. auch *Glum*, NJW 1952, S. 281 (283).

[322] *Schneider*, JZ 1973, S. 652 (655).

[323] *Schneider*, JZ 1973, S. 652 (655).

[324] Dagegen die ganz h. M., vgl. stellvertretend *Stern*, Staatsrecht II, § 30 III 5 d; *Nierhaus*, Entscheidung, Präsidialakt und Gegenzeichnung, S. 51; *Schneider*, in: ders., AKzGG, Art. 68 Rn 13; *Schmidt-Bleibtreu/Klein*, GG, Art. 68 Rn 5; *Schröder*, in: Isensee/Kirchhof (Hg.), HStR III, § 51 Rn 40.

Bundeskanzlers gegenüber dem Parlament wandeln.[325] Es würde das Selbstauflösungsrecht sowie das der vorzeitigen Beendigung der Wahlperiode des Parlaments ersetzen, ohne eine Verfassungsänderung zu benötigen. Da jedoch eine Auflösung nach Art. 68 GG mit derartigen Risiken auch für die Mehrheitspartei im Bundestag verbunden sei, schließe dieses Instrument seinen eigenen Missbrauch aus[326] und würde nur in Patt-Situationen oder bei vergleichbar knappen Mehrheiten Relevanz erlangen, in denen vorzeitige Neuwahlen angezeigt seien.[327]

Gegen diese erweiternde Auslegung Schneiders wendet sich jedoch unter anderen Frank Neubauer, der, die Argumente der Vertreter des engen Verständnisses andeutend, auf den entgegenstehenden Wortlaut, die Systematik, den historischen Kontext als auch die verfassungspolitische Zielsetzung der Norm abstellt.[328]

Peter Hauck äußert sich im Vorfeld der Auflösung von 1972 differenzierter. Zwar käme auch nach diesem Art. 68 GG in einem parlamentarischen Regierungssystem kaum Bedeutung zu, da er von einem Vertrauenskonflikt zwischen dem Parlament und dem von diesem gewählten Bundeskanzler ausgeht, die Differenzen hingegen weniger zwischen diesen Organen, sondern vielmehr zwischen letzterem und der Regierungspartei bestünden.[329] Diese würden jedoch regelmäßig intern bereinigt, indem der Kanzler die Partei auf seinen Weg zwingt oder aber er selbst zurücktritt.[330] In diesem Sinne an der „politischen Wirklichkeit vorbeikonstruiert" besäße Art. 68 GG lediglich noch Relevanz für Konflikte zwischen dem Bundeskanzler und den Regierungsparteien einerseits und der Opposition andererseits.[331] Folglich sei die negative Vertrauensfrage mit Art. 68 GG vereinbar. Aber auch er lehnt eine manipulative Vertrauensversagung, bei der Parlamentarier aus taktischen Erwägungen dem Bundeskanzler das Vertrauen versagen oder sich der Stimme enthalten, zwar nicht als gegen das Verbot des Selbstauflösungsrechts, jedoch als gegen das von Art. 68 GG bereitgestellte Verfahren verstoßend ab.[332] Bezug nimmt er in diesem Zusammenhang auf die Äußerungen des Abgeordneten Rudolf-Ernst Heiland im Organisationsausschuss, welcher davon ausgeht, „daß auch eine kleine Mehrheit den Mut zur Verantwortung haben müßte und daß es daher nicht notwendig sei, dieser kleinen Mehrheit die Möglichkeit zu verschaffen, durch eine Neuwahl mit Hilfe des BPr [Bundespräsidenten, T.H.] eine breitere Basis zu finden."[333] Vielmehr müssten das Parlament und die Regierung gezwungen werden, ihre Aufgabe zu erfüllen und nicht die Möglich-

---

[325] *Schneider*, JZ 1973, S. 652 (655).

[326] *Schneider*, JZ 1973, S. 652.

[327] *Schneider*, JZ 1973, S. 652 (655).

[328] *Neubauer*, DÖV 1973, S. 597.

[329] *Hauck*, DVBl. 1971, S. 135 (136).

[330] *Hauck*, DVBl. 1971, S. 135 (136).

[331] *Hauck*, DVBl. 1971, S. 135 (136).

[332] *Hauck*, DVBl. 1971, S. 135 (136).

[333] *Hauck*, DVBl. 1971, S. 135 (136), unter Verweis in Anm.5 auf das Zitat bei *Erich Küchenhoff*, DÖV 1967, S. 116 (123 Anm. 67).

keit haben, sich durch eine manipulierte Vertrauensfrage der Verantwortung zu entziehen.[334] Darüber hinaus lasse die in Abkehr von der Weimarer Verfassung bewusste Reduzierung von plebiszitären Elementen, zu denen Art. 68 GG zu rechnen sei, sowie den ausdrücklich normierten Verlust der Vertrauensfrage als Voraussetzung die manipulative Vertrauensfrage als Verfassungsumgehung und damit als verfassungswidrig erscheinen.[335]

Letztlich gibt jedoch auch Hauck zu bedenken, dass die von ihm vorgenommene Differenzierung in Zulässigkeit der negativen Vertrauensfrage einerseits und Unzulässigkeit der manipulierten andererseits in der Praxis kaum handhabbar ist, da die Motivation für ein bestimmtes Abstimmungsverhalten der Abgeordneten nicht eruierbar sei.[336]

c) Die Forderung nach einer Verfassungsänderung – insbesondere die der Einführung eines Selbstauflösungsrechts

Den Weg über Art. 68 GG wegen der Bedenken am Verfahren der negativen Vertrauensfrage als nicht verfassungskonform oder aber als zu umständlich und kaum vermittelbar[337] ansehend, aber auch eine erweiternde Verfassungsauslegung, wie Schneider sie favorisiert, ablehnend, werden Stimmen laut, welche die Patt-Situation des Jahres 1972 durch eine Verfassungsänderung lösen wollen. Ein solcher Ruf nach Veränderung wurde schon mit Einführung des Art. 68 GG laut, da nach Gerhard Leibholz die Beschränkung des Auflösungsrechts auf insgesamt zwei Fälle zu den „strukturellen Unebenmäßigkeiten" bzw. den „korrekturbedürftigen Defekten unserer heutigen Verfassung" gehört.[338] Und auch für Gustav Heinemann stellt sich das Verfahren nach Art. 68 GG als „merkwürdiger Umweg" dar, den der Bundestag 1972 trotz Einigkeit aller Parteien einschlagen musste, um Neuwahlen zu erreichen.[339]

Dabei reichen die diskutierten Vorschläge von einer Abschaffung dieses Verfahrens unter Zuerkennung der Auflösungsbefugnisse an den Bundeskanzler und den Bundespräsidenten über die Verbesserung des Verfahrens nach Art. 68 GG bis hin zur parlamentarischen Selbstauflösung.

So führt Hesse aus, dass die Auflösungsregelungen der Art. 63 Abs. 4 und 68 GG bei der Bestrebung, den Weg des Präsidialsystems der letzten Jahre der Weimarer Republik zu versperren, „auf halbem Wege" stehen bleiben, da es insbesondere durch das Institut des Gesetzgebungsnotstands einen anderen, nicht gangbaren Ausweg zu öffnen sucht. Er fordert daher das Verschließen dieser Möglichkeiten, um dem Par-

---

[334] *Neubauer*, DÖV 1973, S. 597.

[335] *Hauck*, DVBl. 1971, S. 135 (136).

[336] *Hauck*, DVBl. 1971, S. 135 (137).

[337] Der Bundeskanzler müsste einen Entzug des Vertrauens erstreben, um seinem Ziel der Parlamentsauflösung näher zu kommen, vgl. *Busch*, ZParl 1973, S. 213 (241).

[338] *Leibholz*, Strukturprobleme, S. 105.

[339] Vgl. *Busch*, ZParl 1973, S. 213 (241).

lament die volle Verantwortung aufzubürden und dadurch einen Zwang zur Verständigung auszuüben.[340]

Von Robert Leicht wird hingegen vorgeschlagen, das Verfahren nach Art. 67 und 68 GG zusammenzulegen. An Stelle des konstruktiven sollte das schlichte Misstrauensvotum treten, zu welchem in Angleichung an Art. 63 GG ebenfalls die absolute Mehrheit erforderlich sei und bei deren Verlust der Bundeskanzler binnen sieben Tagen zurücktreten oder aber den Bundestag durch den Bundespräsidenten auflösen lassen müsse.[341] Hierdurch würde die Vertrauensfrage zu einem wirksamen parlamentarischen Instrument, bei dem ein parlamentarisches Patt ebenso wie das Fortbestehen einer Minderheitenregierung ausgeschlossen wären.[342]

Während Werner Kaltefleiter ein Auflösungsrecht des Bundespräsidenten auf Vorschlag des Bundeskanzlers, der seinerseits jedoch an keine Voraussetzungen mehr gebunden sein soll, befürwortet,[343] vertritt Uwe Kessler ein Selbstauflösungsrecht des Bundestags, wenn der Bundeskanzler trotz des Verlusts der Mehrheit die Vertrauensfrage meidet, hingegen die Opposition die notwendige Mehrheit für eine Kanzlerneuwahl nicht bilden kann.[344]

Für ein Selbstauflösungsrecht sprach sich auch schon Willy Brandt 1966 aus, der hierin ein Mittel zur Stabilisierung der Bundesrepublik Deutschland sah, da es für die Mehrheit des Bundestags psychologisch einfacher wäre, sich zu einer Selbstauflösung, die unter Umständen eine qualifizierte Mehrheit von 2/3 erfordert, durchzuringen, als zu einem konstruktiven Misstrauensvotum.[345]

Und auch Hans Peter Bull plädiert in diesem Sinne, die „strukturellen Unebenheiten"[346] der Verfassung durch ein Selbstauflösungsrecht des Bundestags zu beheben, wie dies auch in England der Fall wäre und zur Stärkung des Parlaments durch die verbesserte Verbindung zwischen Wahlvolk und Regierungspartei beitragen

---

[340] *Hesse*, Grundzüge des Verfassungsrechts, S. 240.

[341] *Robert Leicht*, ZRP 1972, S. 204. Dem Bundespräsidenten stünde nach diesem Vorschlag kein Ermessen offen, ob er die Auflösung anordnet oder nicht. In diesem Sinne auch *Brandt*, Die Bedeutung parlamentarischer Vertrauensregelungen, S. 73.

[342] *Leicht*, ZRP 1972, S. 204; vgl. zur Kritik hieran *Carlo Schmid/Kurt Sontheimer/Martin Kriele*, „Keine Verfassungsänderung", Süddeutsche Zeitung 219/1972, S. 11.

[343] *Werner Kaltefleiter*, Zwischen Krise und Stagnation. Aspekte der verfassungspolitischen Entwicklung 1972, in: Verfassungspolitischer Immobilismus in der Bundesrepublik? (Verfassung und Verfassungswirklichkeit, Jahrbuch 1972, Teil 2, Ferdinand A. Hermens/Werner Kaltefleiter (Hg.)), 1972, Köln u. a., S. 43 (49).

[344] *Uwe Kessler*, Auflösung des Bundestages, in: Hans-Helmut Röhring/Kurt Sontheimer (Hg.), Handbuch des deutschen Parlamentarismus, 1970, München, S. 34 f. Bei Kessler erkennt man, dass die Diskussion allein von der Lage 1972 beeinflusst wird und nun dazu führt, Konstrukte zu bilden, die auf eben diese Situation „maßgeschneidert" sind.

[345] *Willy Brandt*, „Die Verfassung ist kein Schweizer Käse", Der Spiegel 39/1966, S. 43.

[346] *Leibholz*, Strukturprobleme, S. 105.

würde.[347] Ebenso würde auch in Österreich den Wählern durch die Möglichkeit der Auflösung des Nationalrats nichts Unerlaubtes zugemutet, sondern dieser hierdurch aufgewertet. Und so kommt er zu der Folgerung, dass auch für Deutschland eine Selbstauflösungsmöglichkeit des Bundestags notwendig sei, die jedoch an keinerlei Voraussetzungen gebunden sein soll.[348] Denn derartige wären „unpraktisch und überflüssig",[349] da einerseits kein Abgeordneter sein Mandat ohne triftigen Grund zur Disposition stellen würde, hingegen der dann folgende Wahlkampf selbst bei Kostenerstattung durch den Staat kräftezehrend sei.[350] Die Befürchtungen, die Mehrheitsfraktion könne so den geeigneten Wahltermin heraufbeschwören und damit die eigene Position ausbauen, sei nach Bull legitim. Als einzige Voraussetzung scheint ihm eine qualifizierte Mehrheit angebracht. So lange jedoch sein Vorschlag nicht in Form einer Verfassungsänderung Berücksichtigung gefunden hat, plädiert er für eine „demokratiefreundliche" Auslegung des Art. 68 GG, nach der die Auflösung des Bundestags nicht als *ultima ratio* verstanden wird.[351]

Gegen diese Äußerungen kann dann auch eingewendet werden, dass den angeführten vermeintlichen Schranken gegen den Missbrauch des Selbstauflösungsrechts, wie der Motivation der Abgeordneten, ihr Mandat zu erhalten, selbstverständlich die Motivation entgegenzuhalten sein wird, das Mandat zu verlängern, und zwar zu einem dem Abgeordneten günstig erscheinenden Zeitpunkt.[352] Darüber hinaus würde ein derart propagiertes Selbstauflösungsrecht die Gewichtung der Staatsorgane im sorgfältig austarierten Gleichgewicht derselben völlig verschieben[353] und überdies kein Mehr an Stabilität gewonnen, da auch hieraus keine Garantie einer Auflösung und damit eines besseren Krisenmanagements folge.[354] Weiterhin wird die Befürchtung gegen ein unbeschränktes Selbstauflösungsrecht laut, das Parlament könne sich in einem breiten Scheinkonsens „aus dem Staub" machen und politische Konflikte „unter den Teppich kehren".[355]

Gegen diese uneingeschränkte Auflösungsmöglichkeit wendet sich auch Neubauer unter Verweis auf die Weimarer Zeit. Allerdings befindet auch er die Lösung der Krise im Herbst 1972 über Art. 68 GG als nicht befriedigend, da diese entweder auf

---

[347] Eine Verfassungsänderung, durch die dem Bundespräsidenten für bestimmte Fälle das Recht zur Auflösung des Bundestags zuerkannt wird, verwirft er, da er diese weder als mit der Konstruktion des Amts vereinbar noch als sinnvoll begrenzbar hält, *Hans Peter Bull*, ZRP 1972, S. 201 (203); so auch *Kaltefleiter*, Die Funktionen des Staatsoberhauptes, S. 247.

[348] *Bull*, ZRP 1972, S. 201 (203).

[349] *Bull*, ZRP 1972, S. 201 (203).

[350] *Bull*, ZRP 1972, S. 201 (204).

[351] *Bull*, ZRP 1972, S. 201 (204).

[352] Dies wird bei den Vertrauensfragen von Kohl 1982 und Schröder 2005 deutlich, die lediglich bei wenigen Abgeordneten Protest hervorriefen, bei der Mehrheit hingegen Zustimmung fanden.

[353] Carlo Schmidt, zit. nach *Busch*, ZParl 1973, S. 213 (243 Anm. 148).

[354] *Karl Friedrich Fromme*, zit. nach *Busch*, ZParl 1973, S. 213 (243 Anm. 149).

[355] *Leicht*, ZRP 1972, S. 204 (205).

verfassungspolitisch umstrittenen Wegen wie der negativen Vertrauensfrage oder aber zu „umständlichen" Konstruktionen führe, wie der Verbindung von Vertrauensfrage und Gesetzesvorlage. Darüber hinaus habe Art. 68 GG seine Bewährungsprobe bei knappen Mehrheiten nicht bestanden.[356] Als Ausgleich zwischen diesen beiden Extremen bietet er eine begrenzte Auflösungsmöglichkeit des Bundestags auf Initiative eines Drittels der Mitglieder desselben an, die „allen denkbaren politischen Konstellationen am ehesten gerecht wird",[357] und formuliert einen Satz 2 zu Art. 39 GG mit dem Wortlaut: „Der Bundespräsident kann auf Ersuchen der Mehrheit der Mitglieder des Bundestages binnen 21 Tagen nach dem Antrag den Bundestag auflösen, wenn der Bundeskanzler dieser Maßnahme zustimmt. Die weiteren Auflösungsrechte nach diesem Grundgesetz bleiben unberührt."[358] Hierdurch würde eine Manipulation oder Koppelung der Vertrauensfrage überflüssig und durch die Beteiligung dreier Verfassungsorgane sogar der Missbrauchsgefahr vorgebeugt.[359]

Mit dem Problem des Selbstauflösungsrechts befasst sich in ganz ähnlicher Weise auch die Enquête-Kommission unter ihrem Vorsitzenden Friedrich Schäfer, der schon in dem von ihm vorgelegten Zwischenbericht aufgrund des Wandels der Bedeutung der Vertrauensfrage von der konstitutionellen Ära bis zu den im Grundgesetz angelegten Prinzipien der Volkssouveränität und Parlamentsrepräsentation, die nun allein in der vorzeitigen Beendigung der Wahlperiode bestünde, ein Antragsrecht eines Drittels des Bundestags auf Auflösung durch den Bundespräsidenten anregt.[360] Durch das Erfordernis eines Drittels würde ein Minderheitenrecht bzgl. der Einleitung der vorzeitigen Beendigung der Wahlperiode eingeführt. Dies wurde von der Enquête-Kommission aufgegriffen, die den Vorschlag unterbreitet, Art. 39 GG einen Abs. 2 anzufügen mit dem Wortlaut: „Auf Antrag eines Viertels seiner Mitglieder kann der BT (Bundestag, T.H.) mit einer Mehrheit von zwei Dritteln seiner Mitglieder beschließen, die Wahlperiode vorzeitig zu beenden."[361] Der Vorteil der Regelung wird darin gesehen, dass die Regierungspartei bei Verlust der Mehrheit die Beendigung beantragen kann, der Opposition jedoch ebenfalls ein Mittel zur Umgestaltung an die Hand gegeben wird, die sich jedoch Gegenmaßnahmen der absoluten Mehrheit gegenübersieht.[362]

Dieser Vorschlag wird unter dem Eindruck der parlamentarischen Patt-Situation von 1972 unterbreitet, harrt jedoch bis heute seiner Umsetzung.

---

[356] *Neubauer*, DÖV 1973, S. 597 (598).

[357] *Neubauer*, DÖV 1973, S. 597 (598).

[358] *Neubauer*, DÖV 1973, S. 597 (599).

[359] *Neubauer*, DÖV 1973, S. 597 (599).

[360] *Friedrich Schäfer*, Der Bundestag. Eine Darstellung seiner Aufgaben und seiner Arbeitsweise, 4. Aufl. 1982, Köln-Opladen, S. 294 f; BT-Drs. VI/3829 S. 89 ff.; zur Kritik hieran vgl. *Leicht*, ZRP 1972, S. 204 (206).

[361] BT-Drs. VII/5924, S. 34, 39; *Ludger-Anselm Versteyl*, in: Ingo v.Münch/Philip Kunig (Hg.), GG, 5. Aufl. 2001, München Art. 39 Rn 21; *Schneider* in: ders., AKzGG, Art. 68 Rn 16.

[362] BT-Drs. VI/3829 S. 90.

d) Stellungnahmen in der neueren Literatur

Die neuere Literatur sieht die Vertrauensfrage Brandts eher als mit Art. 68 GG vereinbar an.[363] So führt Uwe J. Hochrathner aus, dass aus dem Ziel des Art. 68 GG, Regierungsstabilität zu dokumentieren, zu stärken oder wiederherzustellen, kein generelles Verbot der negativen Vertrauensfrage zu gewinnen sei.[364]

Weiterhin sei zu beachten, dass die Regierung Brandt im Zeitpunkt der Vertrauensfrage „völlig paralysiert" gewesen sei, da bereits fünf Monate zuvor die Haushaltsfrage wegen des Stimmenpatts unentschieden bleiben musste, und in der Folgezeit die Gesetzgebungstätigkeit der Regierung ein „von Imponderabilien abhängiges Vabanquespiel" gewesen sei, ob nun eine Mehrheit zustande kam oder nicht.[365] Die Aufrechterhaltung oder Fortsetzung der Regierungstätigkeit sei nicht mehr gewährleistet gewesen, ohne dass auf der anderen Seite die Opposition in der Lage gewesen wäre, die Regierung durch konstruktives Misstrauensvotum abzulösen, so dass am 20. September 1972 eine Krisensituation vorgelegen habe, die zur Auflösung berechtigt habe. Da das Grundgesetz als einzigen Ausweg Art. 68 GG bot, ist für Hochrathner neben dem ursprünglichen Sinne der Stabilisierung und Stärkung brüchig gewordener Mehrheiten auch Sinn und Zweck des Art. 68 GG, einem handlungsunfähigen Kanzler über eine gezielte Vertrauensversagung eine Auflösung des Bundestags anzusteuern. Nachdem er also die negative Vertrauensfrage als vom Telos der Norm her begründet sieht, stellt er Voraussetzungen auf, nach denen seiner Meinung nach diese negative Vertrauensfrage zulässig sein soll. Dies sei nur dann der Fall, „wenn die parlamentarische Regierungskrise in einer über jeden Zweifel erhabenen Weise in Form von Abstimmungsniederlagen zu Tage getreten ist und die Opposition ihrerseits zu einer Übernahme der Regierung nicht fähig ist",[366] mithin eine Situation wie im September 1972 vorliegt.

Die aufgrund der Situation von 1972 entfachte Debatte über Art. 68 GG und möglicher Änderungen zeitigt jedoch noch keine Auswirkungen auf diesen. Insbesondere die negative Vertrauensfrage bleibt weiterhin umstritten und wird sich erst im Laufe der Zeit als die h. M. durchsetzen.[367] Die Verfassung und mit ihr Art. 68 GG bleiben

---

[363] *Mager*, in: v.Münch/Kunig (Hg.), GG, Art. 68 Rn 2; *Schmidt-Bleibtreu/Klein*, GG, Art. 68 Rn 4; *Hochrathner*, Anwendungsbereich und Grenzen des Parlamentsauflösungsrechts, S. 111.

[364] *Hochrathner*, Anwendungsbereich und Grenzen des Parlamentsauflösungsrechts, S. 111.

[365] *Hochrathner*, Anwendungsbereich und Grenzen des Parlamentsauflösungsrechts, S. 113.

[366] *Hochrathner*, Anwendungsbereich und Grenzen des Parlamentsauflösungsrechts, S. 114.

[367] Vgl. hierzu Kap. 4 B. VI.

grundsätzlich unverändert,[368] auch wenn das Verständnis von Art. 68 GG grundlegend neu überdacht wird.

Die Auflösung unter Brandt sollte jedoch Folgen zeitigen, welche auf Art. 68 GG nachhaltig einwirken würden. Denn fast genau zehn Jahre später wird sich Helmut Kohl anschicken, unter Berufung auf die Situation von 1972 erneut von Art. 68 GG Gebrauch zu machen. Und diese Auflösung sollte erneut die Debatte um Art. 68 GG entfachen.

2. Diskussion um die Stellung der Vertrauensfrage durch Kohl

Schon vor der Stellung der Vertrauensfrage entbrennt die Diskussion um den verfassungsrechtlich gangbaren Weg zu Neuwahlen. Dabei stehen sich erneut zwei Blöcke gegenüber, deren Argumente letztlich kaum von denen im Rahmen der Diskussion von 1972 vorgebrachten abweichen. Diese ergeben sich erneut aus dem Wortlaut der Vorschrift, der systematischen Stellung, dem historischen Hintergrund und der Entstehungsgeschichte, als auch aus Sinn und Zweck der Norm. Angereichert wird die Diskussion noch um Beiträge, welche die verfassungsstrukturellen Folgewirkungen einer Auflösung miteinbeziehen.

a) Stimmen für die negative Vertrauensfrage

Im einzelnen kann dabei Wolfgang Zeh genannt werden, welcher in seinem Plädoyer für die Auflösung einen entgegenstehenden Wortlaut des Art. 68 GG nicht zu erkennen vermag, vielmehr jedoch den letzten Sinn der Norm, die Gewährleistung einer handlungsfähigen parlamentarischen Regierung, als geeignet ansieht, die Auflösung des Bundestags mit dem Ziel von Neuwahlen zu rechtfertigen.[369] In diesem Sinne attestiert er der Regierung Kohl/Genscher eine „latente Instabilität", eine „abwartende Haltung", welche bei Fortdauer die Handlungsfähigkeit weiter gefährden würde.[370] Angesichts der Tatsache, dass ein Abwarten des Eintritts einer unlösbaren Krise im Gegensatz zu 1949 heutzutage als nicht mehr vom Zweck des Art. 68 GG gefordert sei[371] und dass das schlüssige Nachweisen eines Mehrheitsverlusts nicht notwendig, darüber hinaus auch eine Abstimmung über Haushaltspläne nicht als verlässliches Zeichen einer stabilen Mehrheit im Parlament anzusehen sei, gelangt er zu

---

[368] Aufgrund der unbefriedigenden Situation von 1972 – vgl. hierzu schon die Ausführungen in Anm.280 – erfuhr das Grundgesetz eine Änderung durch das 33. Gesetz zur Änderung des Grundgesetzes vom 23. August 1976 (BGBl. I (1976), S. 2381). Durch die Neuregelung wird die Auflösung des Bundestags erst in dem Zeitpunkt wirksam, in welchem der nachfolgend gewählte zusammentritt, vgl. *Schmidt-Bleibtreu/Klein*, GG, Art. 39 Rn 3; *Schneider*, in: ders., AKzGG, Art. 68 Rn 13, 16, so dass der Ausdruck „Auflösung" als missverständlich gilt, vgl. ebenda., Art. 39 Rn 15.

[369] *Wolfgang Zeh*, ZParl 1983, S. 119 (125).

[370] *Zeh*, ZParl 1983, S. 119 (123).

[371] *Zeh*, ZParl 1983, S. 119 (125).

der Ansicht, dass das in Aussicht genommene Verfahren verfassungsrechtlich zulässig sei.[372]

In diesem Sinne wird wiederum darauf abgestellt, dass der Wortlaut des Art. 68 GG zu vage sei, um hieraus eine Aussage über die Zulässigkeit der negativen Vertrauensfrage zu gewinnen.[373] Einer solchen würde jedoch zumindest die instabile Verfassungslage unter der Weimarer Reichsverfassung nicht entgegenstehen, da heute drei Verfassungsorgane zusammenwirken müssten.[374]

Weiter meldet sich Theo Sommer zu Wort, welcher der juristischen „Spitzfindigkeiten" überdrüssig ist und davon ausgeht, dass alles, was nicht ausdrücklich durch die Verfassung verboten ist, erlaubt sei, und daher zu dem Ergebnis gelangt, dass sich Kohl den Makel des Wortbruchs nicht aufladen könne und der Wählerwille höher stünde als alle pedantischen Differenzierungen. Schon aus diesem Grunde seien Neuwahlen nötig und über Art. 68 GG herbeizuführen.[375] Darüber hinaus führt Winfried Steffani aus, dass jeder Generation die Möglichkeit gegeben sein müsse, neu über die sie verpflichtende Verfassung entscheiden zu können, wobei die „erste" Verfassung informativen Wert besitze.[376]

b) Stimmen gegen die negative Vertrauensfrage

Entgegen der eben dargelegten Standpunkte sieht Hermann Rudolph eine Auflösung, „auch wenn es noch durch den Buchstaben der Verfassung gedeckt sein mag", als „Vergewaltigung der Intention des GG", da die Koalition eine Mehrheit künstlich verbergen müsste und damit das Parlament zu einem „Komödienstadel" mache.[377] Es handle sich um eine „verfassungsjuristische Fassadenkletterei am äußersten Rand der Legalität" und blockiere die jetzigen Entscheidungen der Bundesregierung. Und so bliebe für Neuwahlen nur noch das Argument, dass sie von Kohl versprochen wurden, wobei er die Frage aufwirft, ob Glaubwürdigkeit „den Sinn haben kann, Unvernünftiges zu decken".[378]

Zu diesem Ergebnis kommen auch Wolf-Rüdiger Schenke und Hartmut Maurer. Selbst wenn die negative Vertrauensfrage vom Wortlaut gedeckt sei, würde der Zweck als letztentscheidendes Kriterium eine Auflösung verbieten, der ja, aus dem systematischen Zusammenhang mit Art. 67 GG gewonnen, darin liegt, Stabilität und Funktionsfähigkeit der Regierung zu erhalten oder zu dokumentieren und lediglich bei

---

[372] *Zeh*, ZParl 1983, S. 119 (127).

[373] *Liesegang*, NJW 1983, S. 147 (147 ff.); *Meinhard Schröder*, JZ 1982, S. 786 f.

[374] *Liesegang*, NJW 1983, S. 147 (147 ff.).

[375] *Theo Sommer*, Die Zeit, zit. bei *Bücker/Schlimbach*, Die Wende in Bonn, S. 175 f.

[376] *Winfried Steffani*, ZParl 1982, S. 573 (574). Gegen diese Auffassung wendet sich *Norbert Achterberg*, DVBl. 1983, S. 478 Anm. 13.

[377] *Hermann Rudolph*, Ein Akt der Vernunft. Die Wahlen können nicht einlösen, was sie versprechen, zit. bei Bücker/Schlimbach, Die Wende in Bonn, S. 173.

[378] *Rudolph*, zit. bei Bücker/Schlimbach, Die Wende in Bonn, S. 172.

Nichtgelingen die Auflösung zulässt.[379] Der Zweck der beabsichtigten Auflösung stehe in diametralem Gegensatz zu diesem Normzweck, da ja – wie sich durch das vorangehende Abstimmungsverhalten gezeigt habe – bei bestehender Mehrheit im Parlament gerade nicht um das politische Vertrauen geworben würde, sondern dessen Versagung gewollt sei.[380] Damit würde der von Art. 68 GG geforderten materiellen Auflösungssituation des Bestehens einer Minderheitenregierung nicht genügt[381] und die Neuwahl auch nicht zur Beschaffung der erforderlichen parlamentarischen Mehrheit, sondern zur Dokumentation der vermeintlich als nicht ausreichend empfundenen demokratischen Legitimation der neuen Regierung angestrebt.[382] Der Verstoß gegen das Ziel der Regierungsstabilität wiege umso schwerer, als nicht ersichtlich sei, ob die angestrebten Neuwahlen zu ähnlichen eindeutigen Mehrheitsverhältnissen führen oder gar zu einer instabileren politischen Landschaft.[383] Darüber hinaus würde sich ein Recht zur Bundestagsauflösung ergeben, das vom Parlamentarischen Rat in dieser Form nicht gewollt war.[384]

Weiterhin wird erstmals in der Diskussion um Art. 68 GG angeführt, dass eine derartige Auslegung der Norm weitreichende verfassungsstrukturelle Folgewirkungen entfalten würde, welche zu einer Überbetonung der dem Grundgesetz ansonsten wesensfremden plebiszitären Elemente,[385] über eine „legale Prämie auf den Machtbesitz", welche sich in der Anberaumung von Neuwahlen zu einem der Mehrheit günstigen Zeitpunkt manifestieren würde,[386] bis hin zur veränderten Stellung des Bundespräsidenten führen würde. Letzterer habe aufgrund der Ausgestaltung im Grundge-

---

[379] *Maurer*, DÖV 1982, S. 1001 (1003); *Wolf-Rüdiger Schenke*, NJW 1982, S. 2521 (2522).

[380] *Maurer*, DÖV 1982, S. 1001 (1004); *Schenke*, NJW 1982, S. 2521 (2522); *ders.*, NJW 1983, S. 150 (152).

[381] *Maurer*, DÖV 1982, S. 1001 (1004).

[382] *Maurer*, DÖV 1982, S. 1001 (1005).

[383] *Schenke*, NJW 1982, S. 2521 (2522).

[384] *Schenke,* NJW 1983, S. 150. Hierzu verweist er auf die Beratungen im Parlamentarischen Rat sowie das Abweichen von einem in den Landesverfassungen verankerten Selbstauflösungsrecht der Landtage, vgl. *dens.*, NJW 1982, S. 2521 (2523).

[385] So könnte sich allein aus einer unvorhergesehenen Änderung der politischen Lage zu derjenigen im Zeitpunkt des letzten Wahltermins die moralische Verpflichtung ergeben, Neuwahlen anzustrengen, um ein erneutes Wählervotum einzuholen, vgl. *Schenke*, NJW 1982, S. 2521 (2523 f.), sowie *Maurer*, DÖV 1982, S. 1001 (1005). Derartige Elemente unmittelbarer Demokratie sind dem Grundgesetz bis auf der als unbedeutend geltenden Vorschrift des Art. 29 GG fremd. Die Willensbildung des Volks sollte vielmehr ausschließlich über den Bundestag erfolgen und dieser sollte auch während seiner Wahlperiode auftretende Fragen, seien es nun allgemeine politische Schwierigkeiten, sich neu ergebende politische Fragestellungen oder auch der Wechsel der Mehrheitsverhältnisse, selbständig lösen und sich erst nach Ablauf der Legislaturperiode dem Wähler stellen, vgl. *Maurer* DÖV 1982, S. 1001 (1002, 1004).

[386] Damit würde sich der Bonus des Amtsträgers noch verstärken, was zu einer Beeinträchtigung der verfassungsrechtlich garantierten Chancengleichheit der politischen Parteien gem. Art. 21 i.V.m. 3 GG führen würde, vgl. *Schenke*, NJW 1982, S. 2521 (2525); *Maurer*, DÖV 1982, S. 1001 (1004).

setz nur ausnahmsweise in Krisensituationen die Machtbefugnis, Neuwahlen über Art. 68 GG zu blockieren. Würde das Verfahren jedoch erweiternd ausgelegt, würde ihm eine Machtfülle zu Teil, welche ihm unter anderem auch aufgrund der lediglich mittelbaren Wahl durch das Volk nicht zustünde.[387] Ebenso sei dessen Neutralität durch die Notwendigkeit, im Streit des Kanzlers und der Parteien Stellung zu beziehen, gefährdet.[388] Überdies hätten auch die Abgeordneten ein Recht aus Art. 39 GG, ihr Mandat die volle Legislaturperiode über wahrzunehmen.[389]

Hiernach wäre nicht nur die Auflösung über den Weg des Art. 68 GG rechtsmissbräuchlich und daher verfassungswidrig,[390] sondern schon der Antrag auf Auflösung.[391] Vorgeschlagen wird zur Lösung des Problems erneut ein Selbstauflösungsrecht.[392]

Vor diesem Hintergrund der Diskussion in der Literatur ergeht am 16. Februar 1983 die Entscheidung des Bundesverfassungsgerichts.[393]

3. Diskussion um die Stellung der Vertrauensfrage durch Schöder 2005

Unmittelbar im Anschluss an die Bekanntgabe Schröders, die Vertrauensfrage zu stellen, entbrennt die Diskussion über den nach der Verfassung gangbaren Weg erneut.

a) Befürwortung der negativen Vertrauensfrage

Hierbei wird vertreten, dass Art. 68 GG die einzige Möglichkeit sei, das Parlament aufzulösen, da ein Selbstauflösungsrecht noch nicht existiere.[394] Dessen Voraussetzungen seien auch gegeben, da die Vorgänge auf eine Instabilität der politischen Situation hinweisen würden.[395] Denn ein Bundeskanzler, der die Voraussetzungen für sein erfolgreiches Regieren nicht mehr als gegeben sieht, dürfe nicht zur „Regierung verurteilt" werden.[396] Das Bundesverfassungsgericht könne dies auch nicht durch eine andere Bewertung der Sachlage verhindern, da dies mit dem Gewaltenteilungsgrundsatz, aber auch mit dem gesamten politischen System, wie es das Grundgesetz

---

[387] *Schenke*, NJW 1982, S. 2521 (2525).

[388] *Schenke*, NJW 1982, S. 2521 (2525).

[389] *Maurer*, DÖV 1982, S. 1001 (1003).

[390] *Maurer*, DÖV 1982, S. 1001 (1004); *Schenke*, NJW 1982, S. 2521 (2525).

[391] *Maurer*, DÖV 1982, S. 1001 (1005).

[392] *Maurer*, DÖV 1982, S. 1001 (1006). Dabei wird zum Teil vertreten, dem Bundespräsidenten angesichts seiner schwachen Stellung im Grundgesetz und der fehlenden unmittelbaren demokratischen Legitimation eine Pflicht zur Auflösung ohne Ermessensspielraum aufzuerlegen, vgl. *Schenke*, NJW 1982, S. 2521 (2526).

[393] Siehe unter Kap. 4 B. VI. 1.

[394] *Jörn Ipsen*, NJW 2005, S. 2201 (2204).

[395] *Ipsen*, NJW 2005, S. 2201 (2204).

[396] *Ipsen*, NJW 2005, S. 2201 (2204).

vorsieht, kollidiere. Denn der Bundeskanzler müsse für seine Entscheidung auch die zukünftige Entwicklung einbeziehen, das Gericht könne jedoch nur vergangene Ereignisse überprüfen.[397] Und auch vor diesem Hintergrund bestünde eine Auflösungslage, wie sich aus der Umstrittenheit in der SPD-Fraktion sowie den Parteiaustritten ergebe.[398] Die Diagnose, die das Bundesverfassungsgericht 1983 für die FDP erstellte und nach der diese nach dem Regierungswechsel in „krisenhafter Erschütterung" verharrte,[399] würde nunmehr ebenso auf die SPD zutreffen.[400] Dies sei insbesondere aufgrund der vorgetragenen Argumente wie demjenigen der verlorenen Landtagswahl in Nordrhein-Westfalen der Fall.[401]

b) Ablehnung der negativen Vertrauensfrage

Dem entgegengesetzt wird jedoch auch vertreten, dass bislang Tatsachen, die eine „instabile Lage" vermuten lassen, nicht schlüssig dargelegt und insbesondere das für den Weg über Art. 68 GG geforderte Eingeständnis des eigenen Scheiterns von Schröder nicht abgegeben worden sei.[402] Vielmehr würden die meisten vorgetragenen Argumente ins Leere greifen. Eine Auflösung, um von den Bürgern ein Votum über die Fortsetzung der Reformpolitik zu erhalten, würde gegen das Urteil des Bundesverfassungsgerichts von 1983[402a] verstoßen, in dem das Gericht ausdrücklich klarstellt, dass Schwierigkeiten der laufenden Wahlperiode keine Auflösung rechtfertigen, sondern eine plebiszitäre Instrumentalisierung des Art. 68 GG beinhalten würde.[403] Die Überzahl der Opposition im Bundesrat sei nicht neu und habe die für eine vollständige Blockade nötige 2/3 Mehrheit nicht erreicht. Darüber hinaus sei diese strukturell vom Grundgesetz angelegt und würde sich auch durch Neuwahlen nicht verändern.[404] Und auch die Schwierigkeiten im Zuge der Verabschiedung der Agenda 2010 seien nicht geeignet, da letztlich die erforderlichen Kompromisse durchgesetzt worden seien, womit eine von Art. 68 GG geforderte Kompromissunfähigkeit nicht gegeben sei.[405] Aus diesem Grunde sei auch eine Überzahl von drei Stim-

---

[397] *Ipsen*, NJW 2005, S. 2201 (2204).

[398] *Franz Reimer*, JuS 2005, S. 680 (681), der durch die Verwendung polizei- und sicherheitsrechtlicher Terminologie wie „Anscheinsgefahr" und einer „ex ante" Situationsbetrachtung den Eindruck erweckt, Anklänge des Staatsrechts an das Polizei- und Sicherheitsrecht erkannt zu haben.

[399] *Reimer*, JuS 2005, S. 680 (681), unter Bezugnahme auf BVerfGE 62, 1 (58).

[400] *Reimer*, JuS 2005, S. 680 (681 f.).

[401] *Ernst Gottfried Mahrenholz*, Witz und Aberwitz, Der Spiegel, 23/2005, S. 30.

[402] *Wolf-Rüdiger Schenke/Peter Baumeister*, NJW 2005, S. 1844 (1845); *Wolfgang Löwer*, DVBl. 2005, S. 1102 (1108).

[402a] Vgl. hierzu Kap. VI. 1.

[403] *Schenke/Baumeister*, NJW 2005, S. 1844 (1845).

[404] *Schenke/Baumeister*, NJW 2005, S. 1844 (1846); *Löwer*, DVBl. 2005, S. 1102 (1106); *Ernst Benda*, Witz und Aberwitz, Der Spiegel 23/2005, S. 31.

[405] *Löwer*, DVBl. 2005, S. 1102 (1108).

men ausreichend.[406] Mithin läge eine Auflösungslage nicht vor.[407] Aufgrund der Tatsache, dass die Einschätzung jedoch weder vom Bundespräsidenten noch vom Bundesverfassungsgericht geprüft würde, handle es sich damit um ein „Staatstheater", an dem mitzuwirken der Bundespräsident durch den Vertrauensverlust, der erst durch die Prognose des Schwindens von Vertrauen durch den Bundeskanzler im Sinne einer *self-fulfilling prophecy* herbeigeführt wird, genötigt würde, um Schaden vom Gemeinwesen abzuwenden.[408] Und so wird gefordert, dass eine „Probe auf die Ernsthaftigkeit" eingeführt wird, damit erkannt werden könne, ob der Bundeskanzler mit seiner Politik gescheitert ist oder nicht. Andernfalls – und das sei auch das Risiko einer Entscheidung des Bundesverfassungsgerichts, welche die Auflösung 2005 für verfassungsgemäß erklärt – wäre eine Auflösung „kraft inszenierten Misstrauens" jederzeit möglich, was einem Selbstauflösungsrecht nahe käme.[409]

c) Ein Selbstauflösungsrecht als Lösung des Problems?

Darüber hinaus werden erneut Stimmen vernehmbar, die ein Selbstauflösungsrecht für den Bundestag fordern, um Stabilität zu gewährleisten.[410] Dagegen wird jedoch vorgetragen, dass ein solches das grundgesetzliche Verfassungsgefüge zwischen Bundestag und Bundesregierung verändere und eine folgenschwere Weichenstellung hin zu einer plebiszitären Demokratie sei.[411]

VI. Die Entscheidungen des Bundesverfassungsgerichts

1. Die Entscheidung des Bundesverfassungsgerichts vom 16. Februar 1983

a) Das Urteil

Vier Abgeordnete des Bundestags – Karl-Heinz Lagershausen (CDU/CSU), Friedhelm Rentrop (FDP), Hansheinrich Schmidt (Kempten, FDP) und der fraktionslose Karl Hofmann – begehrten im Wege des Organstreitverfahrens die Feststellung, dass die Anordnung des Bundespräsidenten vom 6. Januar 1983, den 9. Deutschen Bundestag aufzulösen,[412] gegen Art. 68 Abs. 1 GG verstoße und sie in ihrem durch Art. 38 Abs. 1 GG verfassungsrechtlich garantierten Status als Bundestagsabgeord-

---

[406] *Löwer*, DVBl. 2005, S. 1102 (1108).

[407] *Schenke/Baumeister*, NJW 2005, S. 1844 (1846).

[408] *Löwer*, DVBl. 2005, S. 1102 (1109).

[409] *Löwer*, DVBl. 2005, S. 1102 (1110); *Jörg Philipp Terhechte*, Jura 2005, S. 512 (518).

[410] *Terhechte*, Jura 2005, S. 512 (519). Vgl. allgemein zu einem Selbstauflösungsrecht *Steiger*, in: FS Stein 1983, S. 349 ff.

[411] *Schenke/Baumeister*, NJW 2005, S. 1844 (1846).

[412] BGBl. I S. 1.

nete verletze oder unmittelbar gefährde.[413] Zum einen würden Wortlaut, systematische Stellung und Zweck des Art. 68 GG gegen eine negative Vertrauensfrage sprechen,[414] zum anderen Art. 67 GG seine legitimierende Kraft genommen.[415] Insbesondere wäre aber auch die „materielle Auflösungslage" im Sinne einer Krise zwischen
Regierung und Parlamentsmehrheit nicht gegeben.[416] Begrenzte Koalitionsabspra-
chen wären vielmehr ein typisches Escheinungsbild für Koalitionen, aber kein Hinweis auf eine instabile Mehrheit.[417]

Zwei der Antragsteller haben daneben die Anordnung des Bundespräsidenten vom
selben Tage über die Festsetzung des Neuwahltermins auf den 6. März 1983[418] ange-
griffen.

Der Bundespräsident und die Bundesregierung sind diesen Anträgen entgegengetreten. Art. 68 GG würde gerade aufgrund seines Wortlauts keine Unterscheidung
zwischen negativer und positiver Vertrauensfrage treffen, vielmehr sei der Begriff
des „Vertrauens […] moralisch überfrachtet", da es nicht um Vertrauen in die Person,
sondern in das Sachprogramm des Bundeskanzlers gehe, welches eben nicht vorhanden war. Missbrauch würde schon allein durch die Zustimmung der anderen Parteien
ausgeschlossen.[419]

Mit Entscheidung vom 16. Februar 1983 weist der Zweite Senat des Bundesverfassungsgerichts die Anträge der Antragsteller zurück.[420] Bevor das Gericht zu den
Urteilsgründen gelangt, ergreift es die Gelegenheit, eine „systematische Interpretation"[421] des Art. 68 GG vorzunehmen, die zusammenfassend in den Leitsätzen des
Urteils dargestellt ist.[422] Dabei wird ausgeführt, dass die Anordnung der Auflösung
durch den Bundespräsidenten eine politische Leitentscheidung darstelle, die in dessen pflichtgemäßem Ermessen stehe,[423] mithin kein Auflösungsautomatismus exis-

---

[413] BVerfGE 62, 1 (19) = EuGRZ 1983, S. 57 (62). Daneben legte ein Bürger, der nicht
Mitglied des Bundestags war, Verfassungsbeschwerde ein und begehrte – wie auch ein zweiter
Bürger – eine einstweilige Anordnung. Sowohl die Verfassungsbeschwerde als auch beide
Anträge auf Erlass einer einstweiligen Anordnung wurden als unzulässig abgewiesen, vgl. dazu
Bücker/Schlimbach, Die Wende in Bonn, S. 204 ff. Vgl. zum gesamten Verfahren *Wolfgang
Heyde/Gotthard Wöhrmann*, Auflösung und Neuwahl des Bundestages 1983 vor dem Bun-
desverfassungsgericht. Dokumentation des Verfahrens (Motive – Texte – Materialien Bd. 24),
1984, Heidelberg.

[414] BVerfGE 62, 1 (21) = EuGRZ 1983, S. 57 (62 f.). Dabei werden im Wesentlichen die
Argumente der Diskussionsbeiträge aufgegriffen.

[415] BVerfGE 62, 1 (22) = EuGRZ 1983, S. 57 (63).

[416] BVerfGE 62, 1 (24) = EuGRZ 1983, S. 57 (63).

[417] BVerfGE 62, 1 (25) = EuGRZ 1983, S. 57 (63).

[418] BGBl. I S. 2.

[419] BVerfGE 62, 1 (28 f.) = EuGRZ 1983, S. 57 (64).

[420] BVerfGE 62, 1 (1 ff.) = EuGRZ 1983, S. 57 ff. sowie in DÖV 1983, S. 236 ff.

[421] So Sondervotum Rottmann, BVerfGE 62, 1 (109) = EuGRZ 1983, S. 57 (86).

[422] Vgl. hierzu BVerfGE 62, 1 (1 f.) = EuGRZ 1983, S. 57.

[423] BVerfGE 62, 1 (Leitsatz 2, 35) = EuGRZ 1983, S. 57 (66).

tiere. Dieses Ermessen sei aber erst dann eröffnet, wenn die Voraussetzungen des Art. 68 GG vorlägen. Denn Art. 68 GG sei ein „zeitlich gestreckte[r] Tatbestand", bei dem Verfassungswidrigkeiten, die sich auf einer zeitlich vorangehenden Stufe ereignet haben, auf die Entscheidungslage fortwirkten.[424]

Da Art. 68 GG aufgrund seines „hohe[n] Grad[es] an Allgemeinheit"[425] eine „offene Verfassungsnorm" darstelle,[426] sei sie der Konkretisierung durch das Bundesverfassungsgericht, aber auch durch andere oberste Verfassungsorgane zugänglich und bedürftig,[427] wobei eine „politisch umkämpfte und rechtlich umstrittene Praxis von Parlaments- und Regierungsmehrheiten nicht aus[reicht]."[428] Im Rahmen dieser Interpretation gelangt das Bundesverfassungsgericht zu dem Ergebnis, dass eine „materielle Auflösungslage" gegeben sein muss, die allerdings im Wortlaut selbst nicht angelegt sei.[429] Insbesondere sei das Wort „Vertrauen" nicht in diesem Sinne zu interpretieren, da es vielmehr „die im Akt der Stimmabgabe förmlich bekundete gegenwärtige Zustimmung der Abgeordneten zu Person und Sachprogramm des Bundeskanzlers" bezeichne.[430] Damit beinhalte es „die förmliche Kundgabe der Bereitschaft, das zumindest in Umrissen vorgezeichnete Regierungsprogramm oder ein konkretes Verhalten, mit dem der Bundeskanzler die Vertrauensfrage verbindet, grundsätzlich zu unterstützen."[431] Hierbei verwehre es die Verweigerung des Vertrauens nicht, daß der Abgeordnete den bisherigen Bundeskanzler später erneut in sein Amt wählt und unterstützt.[432]

Die „materielle Auflösungslage" sei vielmehr ein „ungeschriebenes sachliches Tatbestandsmerkmal", welches für die Stellung der Vertrauensfrage erfordere, dass „es politisch für den Bundeskanzler nicht mehr gewährleistet sei, mit den im Bundestag bestehenden Kräfteverhältnissen weiterzuregieren. Die politischen Kräfteverhältnisse im Bundestag müssten seine Handlungsfähigkeit so beeinträchtigen oder lähmen, daß er eine vom stetigen Vertrauen der Mehrheit getragene Politik nicht sinnvoll zu verfolgen vermag."[433] Aus dem normativen Zusammenhang erschließe sich, „daß [...] Art. 68 GG stets eine politische Lage der Instabilität zwischen Bundeskanzler und Bundestag voraus[setzt] und fordert [...], dass der Bundeskanzler der stetigen parlamentarischen Unterstützung durch die Mehrheit des Bundestages nicht sicher sein kann."[434] Aus diesem Grunde würde auch „[e]ine Auslegung dahin, daß

---

[424] BVerfGE 62, 1 (Leitsatz 3, 35) = EuGRZ 1983, S. 57 (66).
[425] BVerfGE 62, 1 (39) = EuGRZ 1983, S. 57 (67).
[426] BVerfGE 62, 1 (Leitsatz 4 a, 38) = EuGRZ 1983, S. 57 (67).
[427] BVerfGE 62, 1 (Leitsatz 4 b, 38 f.) = EuGRZ 1983, S 57 (67).
[428] BVerfGE 62, 1 (Leitsatz 4 c) = EuGRZ 1983, S. 57.
[429] BVerfGE 62, 1 (36) = EuGRZ 1983, S. 57 (66).
[430] BVerfGE 62, 1 (Leitsatz 5, 37) = EuGRZ 1983, S. 57 (67).
[431] BVerfGE 62, 1 (37) = EuGRZ 1983, S. 57.
[432] BVerfGE 62, 1 (38) = EuGRZ 1983, S. 57.
[433] BVerfGE 62, 1 (Leitsatz 6, 44) = EuGRZ 1983, S. 57 (68).
[434] BVerfGE 62, 1 (42) = EuGRZ 1983, S. 57 (68).

Art. 68 GG einem Bundeskanzler, dessen ausreichende Mehrheit im Bundestag außer Zweifel steht, gestatte[n], sich zum geeignet erscheinenden Zeitpunkt die Vertrauensfrage negativ beantworten zu lassen mit dem Ziel, die Auflösung des Bundestages zu betreiben, [...] dem Sinn des Art. 68 GG nicht gerecht. Desgleichen rechtfertigen besondere Schwierigkeiten der in der laufenden Wahlperiode sich stellenden Aufgaben die Auflösung nicht."[435] In diesem Sinne sei auch die Übereinstimmung aller im Bundestag vertretenen politischen Parteien oder ihrer Fraktionen, Neuwahlen herbeizuführen, nicht geeignet, die Auflösung zu legitimieren, sondern vermag allenfalls zu belegen, daß ein konkreter Missbrauch nicht gegeben ist.[436] Ebenso verfehle eine Auflösung zur über die verfassungsmäßige Legalität hinausgehenden Legitimierung eines durch konstruktives Misstrauensvotum neu gewählten Bundeskanzlers durch Neuwahlen grundlegend den Sinn des Art. 68 GG.[437] Und es wird ausdrücklich festgestellt: „Auch der über Art. 67 GG gewählte Bundeskanzler besitzt [...] die volle demokratische Legitimität."[438]

Abgestützt werde dieses Ergebnis durch die Systematik, den normativen Zusammenhang sowie der Entstehungsgeschichte des Art. 68 GG.[439] In diesem Kontext wird dann auch noch klargestellt, dass „[v]erfassungsgeschichtlich gesehen [...] die Stoßrichtung des Art. 68 GG nicht in erster Linie gegen ein Selbstauflösungsrecht des Bundestages [geht], sondern gegen das praktisch unbegrenzte Auflösungsrecht, das der Reichspräsident unter der Weimarer Verfassung mit Gegenzeichnung eines dazu willigen Reichkanzlers handhaben konnte und gehandhabt hat."[440] Vielmehr dürfe „[a]us Sicht des Verfassungsgebers [...] der Bundeskanzler das Verfahren gem. Art. 68 GG mit dem primären Ziel, zu Neuwahlen zu gelangen, einleiten".[441]

Darüber hinaus spreche auch die „bisherige Praxis" nicht gegen eine derartige Benutzung des Art. 68 GG, da bislang noch keine Auflösung erfolgte, um der Mehrheit eine „Prämie auf den legalen Machtbesitz" zu verschaffen.[442] Als „bisherige Praxis" wird der Vorgang im Jahre 1972 bezeichnet, bei dem keines der beteiligten obersten Bundesorgane Zweifel an der Vorgehensweise bekundete, weswegen „[d]as BVerfG [...] das Gewicht dieser einhelligen Überzeugung auf höchster Ebene nicht unbeachtet lassen [kann]", und dies um so mehr, wenn in dieser Rechtsauffassung die Zielsetzung des Parlamentarischen Rats zum Ausdruck kommt: Die Offenheit der Norm für die Bewältigung außergewöhnlicher politischer Krisensituationen im Verhältnis von Bundeskanzler und Bundestag sowie die wirksame Begrenzung politischer Gestaltungsmöglichkeiten durch ein mehrstufiges Verfahren mit entsprechen-

---

[435] BVerfGE 62, 1 (Leitsatz 7, 43) = EuGRZ 1983, S. 57 (68).

[436] BVerfGE 62, 1 (Leitsatz 8 c, 63) = EuGRZ 1983, S. 57 (74).

[437] BVerfGE 62, 1 (43) = EuGRZ 1983, S. 57 (68).

[438] BVerfGE 62, 1 (43) = EuGRZ 1983, S. 57 (68).

[439] BVerfGE 62, 1 (38 ff.) = EuGRZ 1983, S. 57 (67 ff.).

[440] BVerfGE 62, 1 (42) = EuGRZ 1983, S. 51 (68).

[441] BVerfGE 62, 1 (47) = EuGRZ 1983, S. 51 (69).

[442] BVerfGE 62, 1 (48) = EuGRZ 1983, S. 51 (70).

den Prüfungsstationen, das der freien Kontrollentscheidung des Parlaments und der Kritik der Öffentlichkeit unterliegt.[443] Das in dieser Staatspraxis zum Ausdruck kommende „schöpferische Moment der Rechtsfindung [...] ist der Verfassungsordnung nicht fremd", wobei das Gericht betont, dass es sich dabei nicht um einen „Vorgang eines Verfassungswandels" handle.[444]

Ob nun eine derartige „Lage der Instabilität" vorliegt, habe der Bundeskanzler sowie der Bundestag zu beurteilen.[445] Der Bundespräsident habe bei seiner Prüfung, ob der Antrag des Bundeskanzlers mit der Verfassung vereinbar ist, „andere Maßstäbe nicht anzulegen, wenn nicht eine andere, die Auflösung verwehrende Einschätzung der politischen Lage der Einschätzung des Bundeskanzlers vorzuziehen ist."[446] Er habe insoweit den Einschätzungs- und Beurteilungsspielraum des Bundeskanzlers zu beachten.[447] Hat der Bundespräsident diese Prüfung vorgenommen, so habe er „im Rahmen seines Ermessens die Lage selbständig und insoweit ohne Bindung an die Einschätzungen und Beurteilungen des Bundeskanzlers und ohne inhaltliche Bindung an die Abstimmung des Bundestages und den Auflösungsvorschlag des Bundeskanzlers zu beurteilen."[448]

Das Bundesverfassungsgericht führt weiterhin aus, dass diese politischen Entscheidungen der Exekutive von ihm ähnlich zu achten sind wie der Beurteilungsspielraum des Gesetzgebers bei Prognoseentscheidungen. Allerdings erachtet es die verfassungsgerichtliche Überprüfungsmöglichkeit als weiter zurückgenommen denn in Bereichen der Rechtsetzung und des Normvollzuges, da durch die Einräumung von Einschätzungs- und Beurteilungsspielräumen sowie von Ermessen zu politischen Leitentscheidungen an drei oberste Verfassungsorgane Art. 68 GG insoweit auf das in ihm angelegte gegenseitige System der Kontrolle vertraue.[449] „Allein dort, wo verfassungsrechtliche Maßstäbe für politisches Verhalten normiert sind, kann das BVerfG ihrer Verletzung entgegentreten."[450]

Nach diesem interpretatorischen Einstieg erfolgt die Begründung des Tenors. Dabei führt das Gericht aus, dass die „Einschätzung, der Bundeskanzler könne eine vom Vertrauen der Parlamentsmehrheit getragene Politik künftig nicht mehr sinnvoll verfolgen, [...] nicht aus verfassungsrechtlichen Gründen beanstandet wer-

---

[443] BVerfGE 62, 1 (41 f.) = EuGRZ 1983, S. 51 (70).

[444] BVerfGE 62, 1 (49) = EuGRZ 1983, S. 51 (70).

[445] BVerfGE 62, 1 (Leitsatz 8 a, 50) = EuGRZ 1983, S. 51 (70).

[446] BVerfGE 62, 1 (Leitsatz 8 b, 51) = EuGRZ 1983, S. 57 (70).

[447] BVerfGE 62, 1 (51) = EuGRZ 1983, S. 57 (70).

[448] BVerfGE 62, 1 (51) = EuGRZ 1983, S. 57 (70). Dabei sei „[d]ie Einmütigkeit der im Bundestag vertretenen Parteien [...] als zusätzlicher Hinweis dafür zu werten, dass die Auflösung zu einem Ergebnis führen werde, das dem Anliegen des Art. 68 GG näher kommt als eine ablehnende Entscheidung", vgl. BVerfGE 62, 1 (Leitsatz 8 c, 50 f.) = EuGRZ 1983, S. 57 (70).

[449] BVerfGE 62, 1 (Leitsatz 9, 50) = EuGRZ 1983, S. 57 (70).

[450] BVerfGE 62, 1 (51) = EuGRZ 1983, S. 57 (70).

den" könne,[451] da die FDP „im Zusammenhang mit der Beendigung der sozialliberalen Koalition in tiefgreifende Richtungskämpfe" geraten sei,[452] welche sich auch auf die Bundestagsfraktion ausgewirkt hätten.[453] Die Spaltung der FDP sei greifbar geworden, woraus sich ergeben habe, „dass bei den mehrheitlich getroffenen Entscheidungen in der FDP und in deren Bundestagsfraktion eine inhaltlich begrenzte Koalition anzustreben und einzugehen, die Überlegung, dass Neuwahlen stattzufinden hätten, nicht hinweggedacht werden darf." Man habe sich aus diesem Grunde auf eine „sachlich begrenzte Zusammenarbeit" in Form eines „Notprogramms" geeinigt, so dass nach Erfüllung desselben der „Bundeskanzler im Dezember 1982 [...] angesichts der politischen Kräfteverhältnisse davon ausging, dass eine vom stetigen Vertrauen der Mehrheit des Bundestages getragene und unterstützte Politik nicht mehr sinnvoll möglich sein werde."[454] Insbesondere seien die Mitglieder der Fraktionen der FDP und der CDU/CSU nicht verfassungsrechtlich verpflichtet, die Koalition bis zum Ende der Legislaturperiode zu tragen.[455] Daher brauchte der Bundeskanzler sich „[z]u einer anderen Einschätzung [...] von Verfassungs wegen jedenfalls nicht gedrängt zu sehen. Eine materielle Auflösungslage, wie sie Art. 68 GG verlangt, ist damit plausibel dargetan."[456]

Davon, dass diese Entscheidung auch innerhalb des Senats keineswegs unumstritten ist, zeugen die Sondervoten der Richter Zeidler, Rinck und Rottmann, von denen der erste zwar das Ergebnis, nicht aber alle Teile der Begründung mit der Senatsmehrheit teilt, die anderen beiden hingegen auch dem Ergebnis ihre Zustimmung versagen.

Zeidler lehnt zwar eine Begründung durch das „Phänomen eines sektoral oder temporär eingeschränkten Vertrauens" als „dem GG fremd" ab, da eine „Mentalreservation bei der Kanzlerwahl [...] verfassungsrechtlich [...] unbeachtlich" sei und „auf eine punktuelle stillschweigende Durchbrechung der Verfassung" ziele.[457] Eine in dieser Situation angestrebte Auflösung nach Art. 68 GG verfehle dessen Leitgedanken, Regierung und Parlament so lange wie nur irgend sinnvoll möglich in Funktion zu halten.[458] Allerdings sei das Ergebnis der Entscheidung nicht zu beanstanden, da sich der Bundeskanzler aufgrund der sich immer stärker durchsetzenden plebiszitären Komponente auch bei der Bundestagswahl durch die Berufung in das Amt gem. Art. 67 GG „mit einem Glaubwürdigkeitsdefizit behaftet fühlen mag, das seine Amtsautorität mindert."[459] Der Bundespräsident sei auch nicht gehindert, diesen Wandel in seine Entscheidung einzubeziehen, insbesondere dann nicht,

---

[451] BVerfGE 62, 1 (52) = EuGRZ 1983, S. 57 (71).

[452] BVerfGE 62, 1 (52 f.) = EuGRZ 1983, S. 57 (71).

[453] BVerfGE 62, 1 (56) = EuGRZ 1983, S. 57 (72).

[454] BVerfGE 62, 1 (60) = EuGRZ 1983, S. 57 (73).

[455] BVerfGE 62, 1 (61) = EuGRZ 1983, S. 57 (73).

[456] BVerfGE 62, 1 (61) = EuGRZ 1983, S. 57 (73).

[457] Sondervotum Zeidler, BVerfGE 62, 1 (66) = EuGRZ 1983, S. 57 (75).

[458] Sondervotum Zeidler, BVerfGE 62, 1 (66) = EuGRZ 1983, S. 57 (75).

[459] Sondervotum Zeidler, BVerfGE 62, 1 (69) = EuGRZ 1983, S. 57 (75).

wenn er vor die Wahl zwischen „manipulierter Selbstauflösung" oder „einem Bundeskanzler [gestellt ist], der zwar die im Rechtssinne vollwertige Amtsgewalt innehat, dessen zur vollen politischen Handlungsfähigkeit erforderliche Glaubwürdigkeit im weitesten Sinne aber in Frage gestellt ist."[460] Dabei könne es nicht Aufgabe des Bundesverfassungsgerichts sein, zu beurteilen, ob der Bundespräsident die bestmögliche Entscheidung in der konkreten Situation getroffen hat.[461]

Der das Urteil auch in der Entscheidung nicht tragende Richter Rinck geht vom Wortlaut aus, nach dem es Sinn und Zweck des Antrags sei, möglichst viel Zustimmung zu erhalten. Denn „Vertrauen [...] zu suchen und zu finden, ist Gegenstand des Art. 68 GG. [...] Finden setzt aber Suchen voraus."[462] Denn „[e]ine Auflösung des Bundestages nach Art. 68 GG trotz Fortbestehens einer regierungsfähigen Mehrheit, die ihren Kandidaten nach Art. 67 GG zum Kanzler wählen kann oder gewählt hat, würde das ausbalancierte System der Art. 63, 67, 68 und 81 GG umstoßen"[463] und dem Sinn des Art. 68 GG als „kalkulierte Drohung" entbehren.[464] Dies würde gestützt durch den inneren Aufbau des Art. 68 GG, der Neuwahlen als letzte Lösung bereithielte. Aber auch der systematische Zusammenhang mit dem Grundgesetz lege dieses Ergebnis nahe, da einerseits der Bundespräsident durch eine Bindung an die Einschätzung des Bundeskanzlers in seinem Ermessen wesentlich beschränkt würde, sowie der, dem Gedanken der repräsentativen Demokratie Ausdruck verleihende Art. 39 GG durch eine Erweiterung der Auflösungsmöglichkeit verletzt würde.[465] Selbst der Wille aller im Bundestag vertretenen Parteien oder eine qualifizierte Mehrheit könne einen verfassungswidrigen Weg zur Bundestagsauflösung nicht verfassungsgemäß machen, da hierfür eine ausdrückliche Verfassungsänderung gem. Art. 79 GG erforderlich sei, um der „Entstehung einer Nebenverfassung" vorzubeugen.[466] Und auch eine Staatspraxis liege nicht vor, da die Lage des Jahres 1972 aufgrund der Patt-Situation eine andere als 1982 sei.[467]

Ebenso würde dies gestützt durch den Normzweck, welcher durch die Gefahr, von einer stabilen Regierungsmehrheit mittels Neuwahlen zu einer instabilen zu gelangen, konterkariert würde,[468] als auch durch die Entstehungsgeschichte, welche Rinck ausführlich auch mit Zitaten darlegt, und die ihn zu dem Schluss bewegt, die Aussagen des Abgeordneten Katz seien in Zusammenhang mit einer Krisensituation zu sehen, so dass der Parlamentarische Rat in Art. 68 GG den „Zweck der Überwindung einer durch schwache, unsichere, schwankende oder geschwundene Regie-

---

[460] Sondervotum Zeidler, BVerfGE 62, 1 (69) = EuGRZ 1983, S. 57 (76).
[461] Sondervotum Zeidler, BVerfGE 62, 1 (70) = EuGRZ 1983, S. 57 (76).
[462] Sondervotum Rinck, BVerfGE 62, 1 (72) = EuGRZ 1983, S. 57 (76).
[463] Sondervotum Rinck, BVerfGE 62, 1 (75) = EuGRZ 1983, S. 57 (77).
[464] Sondervotum Rinck, BVerfGE 62, 1 (76) = EuGRZ 1983, S. 57 (77).
[465] Sondervotum Rinck, BVerfGE 62, 1 (81) = EuGRZ 1983, S. 57 (79).
[466] Sondervotum Rinck, BVerfGE 62, 1 (82) = EuGRZ 1983, S. 57 (79).
[467] Sondervotum Rinck, BVerfGE 62, 1 (83 f.) = EuGRZ 1983, S. 57 (79).
[468] Sondervotum Rinck, BVerfGE 62, 1 (86) = EuGRZ 1983, S. 57 (80).

rungsmehrheit begründeten Krise" sah.[469] Rinck kommt unter Hinweis auf die ganz h. M. im Schrifttum[470] zu dem Ergebnis, dass der Antrag nach Art. 68 GG das Ziel habe, die eigene Regierungsfähigkeit festzustellen, und daher vorliegend die verfassungsrechtlichen Voraussetzungen für die Auflösung des Bundestags nicht gegeben waren.[471]

Ähnlich argumentiert auch der weitere dissentierende Richter Rottmann, der ebenfalls den Tatbestand des Art. 68 GG als nicht erfüllt ansieht. Die Ausdehnung des ungeschriebenen Tatbestandsmerkmals der „instabilen Lage" auf die Situation, in welcher der Bundeskanzler „zwar noch über die parlamentarische Mehrheit verfügt, jedoch befürchtet, diese in absehbarer Zukunft zu verlieren", stellt nach Rottmann die weichenstellende Aussage dar, der er nicht zu folgen bereit ist.[472] Vielmehr dürfe nur ein Minderheitenkanzler das Verfahren nach Art. 68 GG einleiten, wofür vorausgehende Abstimmungsniederlagen im Bundestag ein Indiz darstellen würden.[473] Ein Mehrheitenkanzler würde bei Stellung des Antrags die ihm von Art. 68 GG verliehenen Befugnisse missbrauchen, „[d]enn seine eigentliche Absicht ist dann nicht die Gewinnung des Vertrauens des Bundestages, sondern die Auflösung des Bundestages, und zwar zu einem ihm zweckmäßig erscheinenden Zeitpunkt."[474] Darüber hinaus vermag Rottmann die Einschränkung der Prüfungspflicht des Bundespräsidenten, wie sie der Senat konstatiert, nicht mitzutragen. Denn der Präsident müsse verpflichtet sein, zu prüfen, „ob der Bundeskanzler überhaupt einen nicht nur fingierten sachlichen Anlaß hatte, die Vertrauensfrage zu stellen, ob der Bundestag ernsthaft und pflichtgemäß über den Vertrauensantrag abgestimmt hat, […] oder zwecks Umgehung der Verfassung" und ob unter Berücksichtigung dieser beiden Punkte „der Antrag des Bundeskanzlers nach Art. 68 GG […] überhaupt ein verfassungsmäßig zulässiger Antrag sein könnte."[475] Dann findet Rottmann deutliche Worte, indem er ausführt, dass Kohl vielmehr, „und zwar völlig unabhängig von der in Wirklichkeit vorhandenen parlamentarischen Stabilität seiner Regierung, ein bereits um den 20. 9. 1982, also ca. zehn Tage vor seiner Wahl zum Bundeskanzler unvorsichtigerweise und ohne Berücksichtigung der Verfassungsrechtslage gegebenes politisches Versprechen, Neuwahlen abzuhalten, einlösen [wollte]." Man habe sich im Regierungsprogramm volle drei Monate vor der tatsächlichen Stellung der Vertrauensfrage auf Neuwahlen im März 1983 geeinigt, wobei der Anlass hierzu nicht eine schwindende parlamentarische Stabilität der Bundesregierung war, „sondern daß die Vertrauensfrage ganz unabhängig vom Vorhandensein der politischen Stabilität der neuen Bundesregierung gestellt wurde, um das voreilig gegebene poli-

---

[469] Sondervotum Rinck, BVerfGE 62, 1 (103) = EuGRZ 1983, S. 57 (85).

[470] Sondervotum Rinck, BVerfGE 62, 1 (106) = EuGRZ 1983, S. 57 (85).

[471] Sondervotum Rinck, BVerfGE 62, 1 (108) = EuGRZ 1983, S. 57 (86).

[472] Sondervotum Rottmann, BVerfGE 62, 1 (110) = EuGRZ 1983, S. 57 (86).

[473] Sondervotum Rottmann, BVerfGE 62, 1 (110) = EuGRZ 1983, S. 57 (87).

[474] Sondervotum Rottmann, BVerfGE 62, 1 (110) = EuGRZ 1983, S. 57 (87).

[475] Sondervotum Rottmann, BVerfGE 62, 1 (111 f.) = EuGRZ 1983, S. 57 (87).

tische Versprechen, Neuwahlen durchzuführen, tatsächlich einzulösen. Dieses Versprechen war aber gegeben worden, ohne die Schranken zu beachten, die das GG ihm entgegenstellte."[476]

Auch die Tatsache, dass Kohl erneut als Kanzlerkandidat seiner Partei für die neue Legislaturperiode antritt, verdeutliche das Vertrauen, das die Koalition in ihn habe, und „[d]aß der ganze Vorgang eine verabredete politische Manipulation an den Regeln des Grundgesetzes vorbei war."[477] Der Umstand, dass man sich auf eine begrenzte Koalitionsvereinbarung beruft, verdeutliche vielmehr „die Verfassungsfremdheit der Fraktionsspitzen der Koalitionsfraktionen und die Unbefangenheit, mit der versucht worden ist, die Vorschriften der Verfassung zurecht zu biegen."[478] Da auch die Begründung des Zerfalls der Koalition durch die Senatsmehrheit nicht überzeuge, sei eine „instabile Lage" nicht gegeben gewesen, weswegen alle der Auflösung vorangehenden Verfahrensabschnitte gesetzeswidrig gewesen seien, somit das Ermessen des Bundespräsidenten schon gar nicht eröffnet gewesen wäre und er den Antrag hätte ablehnen müssen.[479]

b) Die Reaktionen in der Literatur

So geteilt das Urteil der Richter ausfällt, so unterschiedlich wird es in der Literatur aufgenommen.[480] Die Reaktionen weisen eine Bandbreite von einmütiger Zustimmung[481] als „Meisterwerk diplomatischer Rechtsprechung"[482] bis zur vollständigen Ablehnung[483] als „Abbau der Normativität"[484] und „Niederlage der Verfassung"[485] auf. Die Diskussion ähnelt dabei derjenigen von 1972, wobei auch im Vergleich zur Begründung des Urteils kaum neue Argumente fruchtbar gemacht werden, sondern zumeist eine Bewertung der bereits vorgetragenen erfolgt.

---

[476] Sondervotum Rottmann, BVerfGE 62, 1 (113) = EuGRZ 1983, S. 57 (87).

[477] Sondervotum Rottmann, BVerfGE 62, 1 (114 f.) = EuGRZ 1983, S. 57 (88).

[478] Sondervotum Rottmann, BVerfGE 62, 1 (115) = EuGRZ 1983, S. 57 (88).

[479] Sondervotum Rottmann, BVerfGE 62, 1 (116) = EuGRZ 1983, S. 57 (88).

[480] In der Politik wurde das Urteil erwartungsgemäß positiv aufgenommen und als Bestätigung des bisherigen Vorgehens gewertet, vgl. Carstens und Kohl am 16. Februar 1983, in *Bücker/Schlimbach*, Die Wende in Bonn, S. 213.

[481] So z.B. *Willy Geiger*, JöR n.F. 33 (1984), S. 41 (44 ff.); *Rainer Klemmt*, ZParl 1983, S. 430 (435), *Hans Hugo Klein*, ZParl 1983, S. 402 ff. Zustimmend, jedoch kritisch bzgl. der „Auffassungen über die Möglichkeiten verfassungsgerichtlicher Rechtsprechung", *Walter Seuffert*, AöR 108 (1983), S. 403 ff.

[482] *Schultz*, Blick in die Zeit. Das Aschermittwoch-Urteil, MDR 1983, S. 365 ff.

[483] Diese Ablehnung bezieht sich entweder auf das Ergebnis oder auf die Folgen in verfassungsrechtlicher und –politischer Hinsicht, so z.B. *Achterberg*, DVBl. 1983, S. 478 ff.; *Lutz Gusseck*, NJW 1983, S. 721 ff.; *Rudolf W. Strohmeier*, ZParl 1983, S. 422; *Gerhard Schlichting*, JZ 1984, S. 120.

[484] *Jost Delbrück/Rüdiger Wolfrum*, JuS 1983, S. 758 (763); *Hans-Peter Schneider*, NJW 1983, S. 1529.

[485] *Hans Meyer*, DÖV 1983, S. 243 (246).

aa) Befürwortung des Urteils

Hans Hugo Klein beurteilt die Interpretation des Art. 68 GG durch das Bundesverfassungsgericht vom Wortlaut, dem systematischen Zusammenhang, dem Zweck und
der Entstehungsgeschichte als überzeugend.[486] Insbesondere seien die Worte „Vertrauen" und „Missbrauch" im Gegensatz zur Weimarer Reichsverfassung keine mo-
ralischen Kategorien mehr, weswegen auch die negative Vertrauensfrage als von
Art. 68 GG gedeckt anzusehen sei.[487] Auch Willy Geiger befürwortet das Urteil,[488]
da die Verfassung nicht zum „Korsett politischen Handelns" werden dürfe, sondern
sich an den politischen Prozess anpassen müsse, der tagtäglich von Manipulationen
lebe[489] und bei dem „alles, was [...] nicht rechtlich verboten ist, [...] rechtlich erlaubt"
sei.[490] Da weder vom Wortlaut, noch von der Entstehungsgeschichte ein eindeutiges
Ergebnis zu erzielen sei,[491] käme dem Zweck des in die Zukunft gerichteten Art. 68
GG entscheidende Bedeutung zu, der unter anderem darin zu sehen sei, dass ein Bundeskanzler, der zur Überzeugung kommt, für die kommende Regierungsarbeit keine
Mehrheit mehr zu haben, eine Abstimmung herbeiführen können soll.[492] Die von
Rinck und Rottmann in ihren Sondervoten geforderte Überprüfbarkeit dieser Entscheidung durch das Bundesverfassungsgericht würde dieses überfordern und auch
die in Art. 38 Abs. 1 Satz 2 GG garantierte Entscheidungsfreiheit der Abgeordneten
einschränken.[493] Denn „[e]in Parlament, das seine Aufgabe nicht mehr erfüllen kann
oder will, künstlich am Leben zu halten, ist eine sinnwidrige Vorstellung gerade dann,
wenn man Stabilität und Handlungsfähigkeit als Ziele des geltenden Verfassungsrechts erkennt."[494] Die Situation von 1982 sei durchaus mit der von 1972 vergleichbar,
da es nicht um die Etablierung der dem Grundgesetz fremden Befugnis gehe, sich
„ohne Krisensituation" eine Möglichkeit zur Auflösung des Bundestags zu verschaffen, sondern im Gegenteil gerade um ein Prozedere für die Bewältigung einer „außer-

---

[486] *Klein*, ZParl 1983, S. 402 ff.; *Schmidt-Bleibtreu/Klein*, GG, Art. 68, Rn 8 a ff.

[487] *Klein*, ZParl 1983, S. 402 (404, 407).

[488] Obgleich er der Begründung des Urteils mangelnde Auseinandersetzung mit den in der
Literatur vorgebrachten Argumenten, das Fehlen einer klaren Konzeption sowie in der Formulierung zu Tage tretende Unsicherheiten attestiert, vgl. *Geiger*, JöR n.F. 33 (1984), S. 41 (44).

[489] *Geiger*, JöR n.F. 33 (1984), S. 41 (45).

[490] *Geiger*, JöR n.F. 33 (1984), S. 41 (53).

[491] *Geiger*, JöR n.F. 33 (1984), S. 41 (49, 56). Vielmehr führt dieser auf S. 49 aus, dass dem
Wort „finden" kein über „erhalten" hinausgehender Inhalt beizumessen sei.

[492] *Geiger*, JöR n.F. 33 (1984), S. 41 (53).

[493] *Klein*, ZParl 1983, S. 402 (411). Dieser führt auf S. 412 aus, dass die Gegenmeinung sich
„anheischig [mache], die politische Situation anders zu bewerten als Bundeskanzler, Bundes-
tagsmehrheit und endlich auch der Bundespräsident", was bedeuten würde, „den politischen
Willen der weitaus meisten Mitglieder der Fraktionen von CDU/CSU und FDP im 9. Deutschen
Bundestag für irrelevant zu erklären."

[494] *Klein*, ZParl 1983, S. 402 (413).

gewöhnlichen politischen Krisensituation im Verhältnis von Bundeskanzler und Bundestag".[495]

Zu Recht würde auch die Justiziabilität eingeschränkt, da verfassungsmäßige Stabilität nicht durch die Verfassungsgerichtsbarkeit gewährleistet werden könnte.[496]

Ebenso stimmt Schneider dem Urteil zu, das er als sachgerecht, salomonisch und weise bezeichnet.[497]

In weiteren Teilen der Literatur wird das Urteil als richtungsweisend angesehen, wenn auch an einzelnen Bestandteilen Kritik laut wird[498] sowie zum Teil die „Auffassungen über die Möglichkeiten verfassungsgerichtlicher Rechtsprechung" zu „entschiedenen Widerspruch" herausfordere.[499]

bb) Ablehnung des Urteils

Der überwiegende Anteil der Literatur scheint jedoch den Kritikern des Urteils anzugehören, die in der Auflösung des Bundestags einen verfassungswidrigen Akt sehen und daher auch das Gerichtsurteil ablehnen.[500] Dabei wird schon an der Interpretation des Art. 68 GG des Bundesverfassungsgerichts Anstoß genommen, da dessen Wortlaut beliebig und nichtssagend interpretiert würde,[501] bzw. dem im Sondervotum Rinck vorgetragenen Aspekt, dass Finden Suchen voraussetze, zugestimmt.[502] Weiterhin sei auch die historische Interpretation nicht tragfähig, da zum einen ein Vergleich mit der Weimarer Zeit hinke, da der Normtext ein anderer und[503] das Auflösungsrecht des Reichspräsidenten anders ausgestaltet gewesen sei als das des Bundespräsidenten,[504] zum anderen der Parlamentarische Rat von einer Minderheitenkonstellation ausgegangen sei.[505] Darüber hinaus wäre der Sinn des Art. 68 GG völlig verkannt worden. Dieser sei nicht gegen den Bundespräsidenten gerichtet, da an ein Auf-

---

[495] *Strohmeier*, ZParl 1983, S. 422 (427).

[496] *Degenhart*, Staatsrecht I, Rn 685.

[497] *Schneider*, NJW 1983, S. 1529.

[498] *Siegfried Broß*, Recht im Amt 30 (1983), S. 101 ff.; *Gustav Grote*, Demokratie und Recht 11 (1983), S. 26 ff.; *Karl-Heinz Ladeur*, Recht und Politik 2 (1983), S. 68 ff.

[499] *Seuffert*, AöR 108 (1983), S. 403.

[500] *Schneider*, in: ders., AKzGG, Art. 68 Rn 6, führt hierzu aus, dass bei der geübten Kritik weitgehend übersehen würde, dass es der Senatsmehrheit nicht darauf ankam, über die Zulässigkeit der negativen Vertrauensfrage Kohls und die Auflösungsanordnung Carstens zu entscheiden, sondern festzustellen, dass eine andere Bewertung der Regierungsstabilität als derjenigen, der Entscheidungen nach Art. 68 GG zugrundegelegten, nicht „eindeutig" favorisiert werden könne.

[501] *Meyer*, DÖV 1983, S. 243 (243). Insbesondere sei „Vertrauen" in der gleichen Bedeutung wie in Art. 54 WRV verwandt worden, vgl. *Delbrück/Wolfrum*, JuS 1983, S. 758 (760).

[502] *Achterberg*, DVBl. 1983, S. 478 (483).

[503] *Delbrück/Wolfrum*, JuS 1983, S. 758 (763).

[504] *Achterberg*, DVBl. 1983, S. 478 (481); *Geiger*, JöR n.F. 33 (1984), S. 41 (51 f.).

[505] *Meyer*, DÖV 1983, S. 243 (244 f.); *Christian Pestalozza*, NJW 2005, S. 2817 (2818).

lösungsrecht des Bundespräsidenten niemand gedacht habe, sondern als Zwillingsbe-stimmung zu Art. 67 GG zu verstehen,[506] weswegen auch die Zulässigkeit der nega-tiven Vertrauensfrage verneint wird.[507]

Zwar wird den Richtern zugestanden, dass die Vorschrift als Verfassungsvorschrift sehr abstrakt formuliert sei, jedoch könne gerade bei Art. 68 GG keine Rede davon sein, dass diese einen „blankettartigen Charakter aufweisen."[508] Dabei wird auch die Verlagerung der Ausfüllung und Konkretisierung der Norm durch das Bundesver-fassungsgericht auf andere Staatsorgane als „höchst bedenklich" kritisiert, da hiermit ein neues Auslegungskriterium des „Organkonsens[es]" eingeführt werde,[509] das um so beunruhigender sei, als das Gericht in diesem Sinne von einem „schöpferischen Moment" der Rechtsfindung und Rechtsgewinnung spricht.[510] Dies sei problema-tisch, sollte doch die Staatspraxis Gegenstand, nicht Maßstab der verfassungsrecht-lichen Beurteilung sein.[511] Folglich stößt dann auch die gefundene einschränkende Interpretation durch das Tatbestandsmerkmal „politische Lage der Instabilität" auf Kritik.[512] Zum einen wäre dem Mittel der teleologischen Reduktion gegenüber einem „autoritative[n] Vorgehen" des Bundesverfassungsgerichts mittels eines unge-schriebenen Tatbestandsmerkmals dogmatisch vorzuziehen, was jedoch die Struktur des Urteils verändern würde, da die teleologische Auslegung eine von vielen sei, wo-hingegen das Einfügen eines Tatbestandsmerkmals den Anschein des Unumstößli-chen beinhalte.[513] Weiterhin würde hierdurch das „Vertrauen" auf „parlamentarische Bestätigung" reduziert,[514] die von der Stimmabgabe im Parlament losgelöste und damit „entformalisierte"[515] Bewertung dieses Kriteriums würde den parlamentari-schen Abstimmungsakt in seiner Bedeutung schmälern als auch die Reservefunktion des Bundespräsidenten aushebeln, welche eben nur durch das Vorliegen einer Krise aktiviert werden könne, von der Art. 68 GG ausgehe.[516] Das „ungeschriebene sach-

---

[506] *Meyer*, DÖV 1983, S. 243 (244); *Delbrück/Wolfrum*, JuS 1983, S. 758 (761).

[507] *Achterberg*, DVBl. 1983, S. 478 (484).

[508] *Achterberg*, DVBl. 1983, S. 478 (480 f.).

[509] *Hochrathner*, Anwendungsbereich und Grenzen des Parlamentsauflösungsrechts, S. 134 f.

[510] *Achterberg*, DVBl. 1983, S. 478 (481).

[511] *Degenhart*, Staatsrecht I, Rn 725.

[512] Meyer, DÖV 1983, S. 243 (244), weist darauf hin, dass die Formel dieses „ungeschrie-benen Tatbestandsmerkmals" innerhalb des Urteils leicht variiert.

[513] *Terhechte*, Jura 2005, S. 512 (517).

[514] *Achterberg*, DVBl. 1983, S. 478 (481).

[515] *Gusseck*, NJW 1983, S. 721 (723); diesem folgend *Delbrück/Wolfrum*, JuS 1983, S. 758 (763), sowie *Werner Heun*, AöR 109 (1984), S. 13 (29).

[516] *Heun*, AöR 109 (1984), S. 13 (20 ff.); *Badura*, Staatsrecht, E 111, erkennt nach eigener Angabe nicht, weshalb die Auflösung von derartigen Voraussetzungen abhängig sein soll. So lehnt er die Verrechtlichung der Voraussetzungen für die Vertrauensfrage ab, da der Sinn der Regelung vielmehr darin liege, durch einen Appell an den Wähler klare Mehrheitsverhältnisse zu erreichen. *Robert Leicht*, Die Richter haben sich gebeugt, Süddeutsche Zeitung 39/1983, S. 4, führt dazu aus, dass die Formulierung, der Bundespräsident habe eine „politische Leit-

liche Tatbestandmerkmal" stünde in einem Spannungsverhältnis zur Einschätzungs-prärogative des Bundeskanzlers,[517] und so wird auch eine Einschätzungs- und Prüfungsmöglichkeit dieses Tatbestandsmerkmals durch den Bundespräsidenten gefordert.[518]

Durch die Auslegung, dass auch eine antizipierte Krise ausreichen würde, stünden „fast alle Schleusen offen, denn irgendwann kann jeder Kanzler seine Mehrheit verlieren."[519] So eröffne das Bundesverfassungsgericht dem Bundeskanzler einen Beurteilungsspielraum bis zur Grenze des Machtmissbrauchs.[520] Aus diesem Grunde wird eine engere Auslegung des Art. 68 GG gefordert, welche den Ausnahmecharakter der Vorschrift sicherstellen soll.[521]

Ebenso kritisiert wird das Abstellen auf eine nicht existente Praxis[522] sowie die Subsumtion und Begründung des Tenors. Insbesondere überzeuge letztere nicht, da sie sich auf Behauptungen stütze,[523] die darüber hinaus durch die Nichtbeachtung der eigenen Ausführungen zu diesen in Widerspruch stünden.[524]

Weiterhin sei bei dem mehrstufigen Verfahren die zweite Stufe, also die Abstimmung im Parlament, nicht berücksichtigt worden, was nach Meinung Norbert Achterbergs den „Hauptmangel des Urteils" darstelle, da auf dieser der Schwerpunkt des Verfassungsverstoßes zu suchen sei.[525] Ebenfalls unbeachtet blieben nach Hans Meyer vielzählige Argumente, die von den Akteuren, aber auch dem Bundesverfassungsgericht selbst in seiner Interpretation vorgetragen wurden, wie z. B. das Feststehen des Wahltermins am 6. März, die politische Selbstbindung der Koalition, die Mehrheit für die Haushaltsgesetzgebung sowie der Versuch, das Auflösungsrecht

---

entscheidung" zu treffen, angesichts der krassen Nötigungen, denen Carstens unterworfen worden war, eine „Karikatur der Realität" sei und eine Stärkung der Position des Bundespräsidenten im Urteil nicht vorgenommen wurde.

[517] *Ipsen,* NJW 2005, S. 2201 (2203).

[518] *Pestalozza,* NJW 2005, S. 2817 (2819).

[519] *Leicht,* Die Richter haben sich gebeugt, Süddeutsche Zeitung 39/1983, S. 4.

[520] *Mager,* in: v.Münch/Kunig (Hg.), GG, Art. 68 Rn 13.

[521] *Hopfauf,* AöR 108 (1983), S. 391 ff.

[522] *Meyer,* DÖV 1983, S. 243 (245).

[523] *Achterberg,* DVBl. 1983, S. 478 (482); *Gusseck,* NJW 1983, S. 721 (723).

[524] Denn einerseits führt das Bundesverfassungsgericht aus, dass der Bundeskanzler jederzeit die Auflösung zum Zweck der Neuwahlen anstreben könne, andererseits bemüht es sich, in einer Prüfung die Voraussetzungen der „instabilen Lage" herauszuarbeiten. Dabei wird auf die Zerstrittenheit der FDP hingewiesen, wobei die vorherigen Erwägungen, dass die Verfassungsorgane verpflichtet sind, sich auch schwierigen Aufgaben und Situationen nach besten Kräften zu stellen, „offenbar an dieser Stelle der Entscheidungsgründe schon keine Rolle mehr" spielen, vgl. *Delbrück/Wolfrum,* JuS 1983, S. 758 (762 f.).

[525] *Achterberg,* DVBl. 1983, S. 478 (482). Achterberg lehnt daher auf S. 485 das Urteil auch nicht wegen eines Verfassungsverstoßes des Bundeskanzlers oder des Bundespräsidenten ab, sondern wegen eines derjenigen Abgeordneten, die entgegen ihrer Überzeugung dem Bundeskanzler das Vertrauen nicht ausgesprochen haben. In diesem Sinne auch *Mager,* in: v.Münch/Kunig (Hg.), GG, Art. 68 Rn 15.

im Grundgesetz zu verankern aufgrund der Erkenntnis, dass Art. 68 GG hierfür nicht einschlägig ist.[526] Und so wird der Schluss gezogen, dass nicht „Neuwahlen her[muss-ten], da kein Vertrauen mehr da war, sondern das Vertrauen musste als nicht vorhan-den deklariert werden, damit Neuwahlen möglich wurden."[527] Und auch die eigenen Ausführungen des Gerichts, dass besondere Schwierigkeiten der in der laufenden Wahlperiode sich stellenden Aufgaben die Auflösung nicht rechtfertigen, sondern sich der Bundeskanzler und der Bundestag diesen Aufgaben nach besten Kräften stel-len müssten, bleibt unerwähnt.[528] So hätten die Voraussetzungen, die das Gericht selbst für die Auflösung erarbeitet hat, nicht vorgelegen,[529] es gleiche vielmehr der „Quadratur des Kreises", diese Voraussetzungen auf die Lage von 1982/83 anzuwen-den.[530]

Und auch der dem Sondervotum Zeidler zugrunde liegenden Begründung wird nicht zugestimmt, da zum einen bezweifelt wird, dass sich die Rolle und Funktion des Bundeskanzlers geändert habe wie auch die Wahl nicht durch eine verstärkte Per-sonalisierung plebiszitär würde. Zum anderen sei es ein absolutes Novum, dass die gefühlte Illegitimität eines Organs für die Bewertung im Rahmen von Art. 68 GG ent-scheidend sein soll.[531] Den Ausführungen im Sondervotum Zeidler wird jedoch inso-weit zugestimmt, als die Regierungskoalition die Legislaturperiode allein auf Grund-lage ihres eigenen Willens beenden wollte.[532] Es sei daher nicht um die Verweigerung der Zustimmung zur Person oder dem Programm des Bundeskanzlers gegangen, son-dern in erster Linie um die Erreichung von Neuwahlen, weswegen es sich nicht um eine Abstimmung nach Art. 68 GG gehandelt habe.[533] Das Verweigern des Vertrauens aus politischer Taktik sei nicht mehr vom Wortlaut gedeckt und bedürfe der Änderung des Verfassungstexts sowie des Verfassungssinns.[534] Der Antrag und die Auflösung seien verfassungswidrig.[535] In diesem Sinne würde es sich bei den Ausführungen des Bundesverfassungsgerichts auch um einen „missratene[n] Interpretationsver-such" handeln, der sich selbst nicht ganz ernst zu nehmen scheint.[536]

---

[526] *Meyer*, DÖV 1983, S. 243 (246).

[527] *Meyer*, DÖV 1983, S. 243 (246).

[528] *Meyer*, DÖV 1983, S. 243 (246).

[529] *Meyer*, DÖV 1983, S. 243 (245).

[530] *Ipsen*, Staatsrecht I, Rn 501; *ders.*, NJW 2005, S. 2201 (2203), der deshalb davon aus-geht, dass das Gericht die materielle Auflösungslage nur für die Zukunft hat bestimmen wollen.

[531] *Achterberg*, DVBl. 1983, S. 478 (483).

[532] *Meyer*, DÖV 1983, S. 243 (246).

[533] *Mager*, in: v.Münch/Kunig (Hg.), GG, Art. 68 Rn 16.

[534] *Achterberg*, DVBl. 1983, S. 478 (481).

[535] *Mager*, in: v.Münch/Kunig (Hg.), GG, Art. 68 Rn 16.

[536] *Pestalozza*, NJW 2005, S. 2817 (2019).

Daneben werden erneut Stimmen laut, die für ein Selbstauflösungsrecht des Parlaments plädieren, in Anknüpfung an die Vorschläge, die schon in der Diskussion von 1972 unterbreitet wurden.[537]

c) Die Folgen für Artikel 68 GG und das Kräfteverhältnis im Grundgesetz

Wie gesehen, vermochte das Urteil des Bundesverfassungsgerichts nicht, die schon 1972 offen zu Tage tretenden Differenzen um Art. 68 GG beizulegen, sondern gab zusätzlich Anlass, den Grundsatzstreit weiterzuführen.[538] Was neben der Aufgeregtheit in der Literatur bleibt sind die Folgen des Richterspruchs, den dieser aufgrund der Bindungswirkung des § 31 Abs. 1 BVerfGG auf Art. 68 GG sowie das Kräfteverhältnis der Verfassungsorgane im Grundgesetz zeigt.

aa) Die Folgen für Artikel 68 GG

So wird durch das Urteil das Vorgehen Kohls im Wege der negativen Vertrauensfrage gebilligt und damit als von Art. 68 GG für zulässig erachtet.[539] Allerdings werden auch gleich die Einschränkungen derselben genannt: wenn ein Bundeskanzler sie stellt, dessen Mehrheit unangefochten ist, mithin keine Lage der Instabilität gegeben ist, wenn Neuwahlen angestrebt werden, um einem soeben durch konstruktives Misstrauensvotum ins Amt gelangten Kanzler zusätzliche „Legitimität" zu verschaffen, wenn von der Regierungsmehrheit lediglich beabsichtigt ist, einen für sie günstigen Neuwahltermin zu nutzen oder wenn der Zweck verfolgt wird, einzelne Abgeordnete, Gruppen oder Fraktionen aus dem Parlament auszuschließen. In diesen Fällen würde sich die Vertrauensfrage als „überlegale Prämie auf den legalen Machtbesitz" auswirken.[540]

Die Auswirkungen auf Art. 68 GG manifestieren sich jedoch v. a. im Verständnis der auch nach bisheriger Auffassung notwendigen „instabilen Lage". Durch dieses Erfordernis geht das Bundesverfassungsgericht von der Notwendigkeit einer „materiellen Auflösungslage" aus und erteilt der bislang in der Literatur ebenso vertretenen Ansicht der formellen Auflösungslage eine Absage.[541] Diese „instabile Lage" setzt nunmehr keine aktuelle, im Zeitpunkt der Stellung der Vertrauensfrage unmittelbar

---

[537] So favorisiert *Achterberg*, DVBl. 1983, S. 478 (486), ein Selbstauflösungsrecht mit einer 2/3-Mehrheit der Stimmen des Bundestags, während *Günter Püttner*, NJW 1983, S. 15 (16), dem Vorschlag der Enquête-Kommission den Vorzug gibt, vgl. hierzu schon S. 96.

[538] *Mager*, in: v.Münch/Kunig (Hg.), GG, Art. 68 Rn 2.

[539] So auch *Tobias Herbst*, Der Staat 45 (2006), S. 45 (51); *Schröder*, in: Isensee/Kirchhof (Hg.), HStR III, § 51 Rn 39.

[540] BVerfGE 62, 1 (43) = EuGRZ 1983, S. 57 (68); *Herzog*, in: Maunz/Dürig/ders./Scholz (Hg.), GG, Art. 68 Rn 80; *Schneider*, in: ders., AKzGG, Art. 68 Rn 7; *Mager*, in: v.Münch/Kunig (Hg.), GG, Art. 68 Rn 13.

[541] *Maurer*, Staatsrecht I, § 13 Rn 58; *Ipsen*, Staatsrecht I, Rn 501; *Degenhart*, Staatsrecht I, Rn 685.

gegenwärtige Instabilität voraus, sondern es reicht die auf die Zukunft gerichtete Prognose des Bundeskanzlers, „daß er eine vom stetigen Vertrauen der Mehrheit getragene Politik nicht sinnvoll zu verfolgen vermag".[542] Es ist daher die Antizipation einer zukünftigen Krise ausreichend, um als Krise im Sinne des Art. 68 GG zu gelten.[543]

Ausschlaggebend für die Beurteilung, ob eine derartige Situation wahrscheinlich und damit auch für das Bundesverfassungsgericht plausibel nachvollziehbar ist, sind nun nicht mehr allein das Ergebnis der Abstimmung über die Vertrauensfrage und auch nicht zuvor erlittene Abstimmungsniederlagen im Parlament, sondern es werden alle Anzeichen, die auf eine politische Instabilität hinweisen können, zur Beurteilung herangezogen.[544] Diese als „Entformalisierung" bezeichnete Auswirkung auf Art. 68 GG wird auch als entscheidende Einbruchstelle bezeichnet, da nunmehr die Abstimmungsniederlage bei der Vertrauensfrage als auch eine Fülle von Fakten und Erklärungen außerhalb des Abstimmungsverfahrens und des Parlaments Bedeutung erlangen.[545]

Da nun für die Beurteilung der „instabilen Lage" keine Krise mehr erforderlich ist, weicht eine Auflösung von dem bisherigen Normgehalt des Art. 68 GG, der die Reservefunktion des Bundespräsidenten in den Vordergrund rückte, entschieden ab,[546] wodurch die strikt parlamentarisch-repräsentative Verfassungsstruktur eine deutliche Modifizierung erfahren habe, denn entschließt sich der Bundeskanzler zu Neuwahlen, so ändere sich seine Stellung als parlaments- zum „quasi plebiszitär gewählten".[547]

Weiterhin wird den beteiligten Verfassungsorganen ein eigenständiger Beurteilungsspielraum zuerkannt, der vor allem dem Bundeskanzler bei der Feststellung der „instabilen Lage" zukommt.[548]

Überdies würde ein neuer Auslegungstatbestand, derjenige des „Organkonsenses", geschaffen, der die Übereinstimmung der obersten Verfassungsorgane verlange.[549]

bb) Die Folgen für das Kräfteverhältnis im Grundgesetz

Die Interpretation des Art. 68 GG durch das Bundesverfassungsgericht zeitigt jedoch durch die Ausgestaltung der Kompetenzen und Funktionen der am Verfahren

---

[542] BVerfGE 62, 1 (Leitsatz 6, 44) = EuGRZ 1983, S. 57 (68); *Gusseck*, NJW 1983, S. 721 (722).

[543] *Heun*, AöR 109 (1984), S. 13 (29); *Schlaich*, in: Isensee/Kirchhof (Hg.), HStR II, § 49 Rn 18; *Mager*, in: v.Münch/Kunig (Hg.), GG, Art. 68 Rn 13.

[544] BVerfGE 114, 121 (157, 162 ff.); *Gusseck*, NJW 1983, S. 721 (722 f.).

[545] *Gusseck*, NJW 1983, S. 721 (723).

[546] *Heun*, AöR 109 (1984), S. 13 (22), dazu sogleich mehr.

[547] *Stern*, Staatsrecht I, § 22 III 3 b δ.

[548] *Gusseck*, NJW 1983, S. 721 (722).

[549] *Hochrathner*, Anwendungsbereich und Grenzen des Parlamentsauflösungsrechts, S. 134.

nach Art. 68 GG beteiligten Verfassungsorgane auch Auswirkungen auf deren Stellung im Verfassungsgefüge.

(1) Der Bundespräsident

War bislang der Bundespräsident in der Beurteilung und seiner Entscheidung über den Antrag auf Auflösung nach Art. 68 GG frei, wird ihm zwar durch das Bundesverfassungsgericht eine „politische Leitentscheidung" zugedacht,[550] die in seinem Ermessen steht, diese wird jedoch im Zuge der Ausführungen des Urteils „stufenweise bis zur fast völligen Inhaltslosigkeit abgeschwächt",[551] bis letztlich der Bundespräsident in der Beurteilung, ob der Antrag den Voraussetzungen des Art. 68 GG entspricht, an die Einschätzung des Bundeskanzlers gebunden wird und nur in Ausnahmefällen hiervon abweichen darf.[552] Im Regelfall hat er hingegen gemäß der Einschätzung des Bundeskanzlers von einer „instabilen Lage" auszugehen.[553] Zwar spricht das Bundesverfassungsgericht von einem Zusammenwirken der drei in ihrem Entscheidungsspielraum eigenständigen Verfassungsorgane.[554] Von dem eigenen Beurteilungsspielraum des Bundespräsidenten, die Verfassungsmäßigkeit des Antrags des Bundeskanzlers zu prüfen, bleibt jedoch nicht mehr viel übrig,[555] der Bundespräsident wird in seinem Prüfungsumfang beschnitten[556] und durch die Entscheidung des Bundeskanzlers und der Mehrheit im Bundestag „präjudiziert".[557] Letztlich unterliegt allein die Einhaltung der formalen Schritte noch der vollen Überprüfbarkeit durch den Bundespräsidenten,[558] daneben besteht eine Plausibilitätskontrolle bzgl. des ungeschriebenen Tatbestandsmerkmals der „Instabilität".[559] Eine weitergehende rechtliche oder gar politische Prüfungskompetenz wird dem Staatsoberhaupt versagt.[560] Freilich bleibt ihm das Ermessen auf Rechtsfolgenseite erhalten,[561]

---

[550] BVerfGE 62, 1 (35) = EuGRZ 1983, S. 57 (66).

[551] *Delbrück/Wolfrum*, JuS 1983, S. 758 (760).

[552] *Klein*, ZParl 1983, S. 402 (409).

[553] *Klein*, ZParl 1983, S. 402 (409); *Mahrenholz*, Witz und Aberwitz, Der Spiegel 23/2005, S. 30.

[554] BVerfGE 62, 1 (Leitsatz 9, 51) = EuGRZ 1983, S. 57 (70).

[555] *Delbrück/Wolfrum*, JuS 1983, S. 758 (760).

[556] *Gusseck*, NJW 1983, S. 721 (723).

[557] *Delbrück/Wolfrum*, JuS 1983, S. 758 (762).

[558] *Heun*, AöR 109 (1984), S. 13 (35); *Schlaich*, in: Isensee/Kirchhof (Hg.), HStR II, § 49 Rn 18. Kritisch zur Entscheidung des Bundesverfassungsgerichts in Hinblick auf eine volle rechtliche Prüfungs- und anschließend zumindest auch korrektive Entscheidungsbefugnis des Bundespräsidenten *Walter Potthast*, Die Auflösung des Bundestages nach Art. 68 des Grundgesetzes, Diss., 1986, Köln, S. 203 ff.; *Hochrathner*, Anwendungsbereich und Grenzen des Parlamentsauflösungsrechts, S. 146 f., 152.

[559] *Schmidt-Bleibtreu/Klein*, GG, Art. 68 Rn 4 und 5; *Schneider*, in: ders., AKzGG, Art. 68 Rn 13.

[560] *Schlaich*, in: Isensee/Kirchhof (Hg.), HStR II, § 49 Rn 18.

[561] *Schmidt-Bleibtreu/Klein*, GG, Art. 68 Rn 5; *Schneider*, in: ders., AKzGG, Art. 68 Rn 13.

trotzdem erfährt die Stellung des Bundespräsidenten eine Schwächung.[562] Denn es bleibt unklar, welche Erwägungen, die keinen Ermessensfehler aufweisen, dazu geeignet sein könnten, die Auflösung des Bundestags zu verweigern.[563]

Differenzierend hierzu Werner Heun, der darauf abstellt, dass insbesondere die Reservefunktion des Bundespräsidenten durch die Entscheidung gelitten habe, da nunmehr für die Entscheidungsmöglichkeit des Bundespräsidenten, die bei Art. 68 GG aufgrund dieser Reservefunktion in Krisenzeiten gegeben war und die damit von der ihm ansonsten vom Grundgesetz zugewiesenen rein funktionalen Stellung divergiert, nun keine Krisensituation mehr erforderlich sei, mithin diese Reservefunktion auch nicht mehr aufleben könne, so wie sie 1982 mangels einer Krise auch nicht aufleben konnte.[564] Hingegen habe die Legalitätsreserve des Bundespräsidenten zur Wahrung der Verfassung eine Stärkung erfahren, da diese ihn zu einer Auflösung des Parlaments gezwungen habe, der er dann auch entsprochen habe.[565]

(2) Der Bundeskanzler

Die Schwächung des Bundespräsidenten geht mit der Stärkung des Bundeskanzlers einher. War dieser bisher lediglich eines von drei Verfassungsorganen, die in Zusammenwirken die Auflösung bewerkstelligen konnten und dabei einen eigenständigen Beurteilungsspielraum zuerkannt bekamen, wächst dessen Bedeutung und Kompetenz über diejenigen der anderen hinaus. Nicht mehr dem Bundespräsidenten, und auch nicht dem Bundestag, sondern dem Bundeskanzler allein obliegt nunmehr die Einschätzung, ob eine „instabile Lage" gegeben ist oder nicht. Ihm kommt die „primäre Entscheidungskompetenz" zu.[566] Und dabei ist er noch nicht einmal an die gegebene Situation gebunden, sondern kann eine Prognoseentscheidung anstellen, ob er in Zukunft weiterhin mit einer tragfähigen Mehrheit regieren kann.

Diese Entscheidung unterliegt darüber hinaus auch nur noch einer begrenzten Überprüfung durch den Bundespräsidenten, der erwägen muss, ob eine andere Lagebeurteilung „eindeutig vorgezogen werden" kann.[567] Und das Bundesverfassungsgericht hat sich selbst auf eine Evidenzkontrolle in Anlehnung an den Beurteilungsspielraum des Gesetzgebers zurückgezogen.[568] Aufgrund des hierdurch fehlenden verfah-

---

[562] *Gusseck*, NJW 1983, S. 721 (722); *Stern*, Staatsrecht I, § 2 III 3 b; *Delbrück/Wolfrum*, JuS 1983, S. 758 (762); *Mager*, in: v.Münch/Kunig (Hg.), GG, Art. 68 Rn 35.

[563] *Ipsen*, NJW 2005, S. 2201 (2203).

[564] Dem Bundespräsidenten war vielmehr die Einflussmöglichkeit von Anfang an abgeschnitten, da die Regierung die Mehrheit im Parlament hinter sich wusste, so *Heun*, AöR 109 (1984), S. 13 (20 ff., 34).

[565] *Heun*, AöR 109 (1984), S. 13 (23). Legalitätsreserve und Reservefunktion hätten sich damit in einem Gegensatz befunden.

[566] *Delbrück/Wolfrum*, JuS 1983, S. 758 (760); *Stern*, Staatsrecht I, § 22 III 3 b γ; II, § 30 III 5 d.

[567] *Klein*, ZParl 1983, S. 402 (409).

[568] Dazu sogleich mehr.

rensrechtlichen Sicherungssystems erscheint der Bundeskanzler als „Herr des Verfahrens" und „usurpiert [...] praktisch die Entscheidungsfreiheit über die Auflösung des Bundestags",[569] da es von ihm abhängig ist, ob er auflösen oder weiterregieren will.[570] Dessen Einschätzungsspielraum gibt ihm und der Mehrheit im Parlament ein weitgehend nicht verfassungsrechtlich kontrollierbares Auflösungsrecht an die Hand.[571]

Zum Teil wird jedoch auch vertreten, dass eine derartige Stärkung der Position schwer voraussehbar sei und überdies das Grundgesetz ein „moderiertes Kanzlersystem" beinhalte, vor dessen Hintergrund eine derartige Stärkung nicht überzubewerten sei.[572] Und auch das dem Bundespräsidenten nach wie vor eröffnete Ermessen würde dazu führen, dass von einer Dominanz des Kanzlers nicht gesprochen werden könne.[573]

(3) Der Bundestag

Der Bundestag hingegen wird in seinem Stimmverhalten marginalisiert. War zuvor die Abstimmung im Plenum das entscheidende Kriterium, nach welcher die Frage der Gefolgschaft beurteilt wurde, treten nun außerparlamentarische Vorgänge und Äußerungen politischer Natur hinzu.[574] So wird die Frage des Vertrauens künftig auch an Parteitagen und Erklärungen von Landesverbänden einer politischen Partei gemessen werden.[575] Damit ist der Bundestag nicht länger das zentrale politische Forum und die Disziplinierungsmöglichkeit des Bundeskanzlers wächst.[576]

Die Parlamentsminderheit kann sich zudem zugunsten der Parlamentsmehrheit einem Auflösungsverlangen zunehmend schwerer entziehen.[577]

(4) Das Bundesverfassungsgericht

Aufgrund der Zunahme der Komplexität einer Entscheidung über die Frage der „instabilen Lage" und der damit einhergehenden Problematik der gerichtlichen Überprüfung bei fehlenden verfassungsrechtlichen Maßstäben[578] beschränkt zu guter Letzt

---

[569] *Delbrück/Wolfrum*, JuS 1983, S. 758 (762).

[570] *Stern*, Staatsrecht I, § 22 III 3 γ.

[571] *Heun*, AöR 109 (1984), S. 13 (34), auch wenn ein freies Auflösungsrecht im englischen Sinne nicht besteht.

[572] *Klein*, ZParl 1983, S. 402 (419)

[573] *Klein*, ZParl 1983, S. 402 (419).

[574] *Delbrück/Wolfrum*, JuS 1983, S. 758 (763); *Mager*, in: v.Münch/Kunig (Hg.), GG, Art. 68 Rn 15.

[575] *Gusseck*, NJW 1983, S. 721 (723 f.).

[576] *Gusseck*, NJW 1983, S. 721 (724).

[577] *Delbrück/Wolfrum*, JuS 1983, S. 758 (762).

[578] *Heun*, AöR 109 (1984), S. 13 (30), nach dem zwar eine konkrete Abstimmungsniederlage hätte festgestellt werden können, hingegen die Beurteilung einer Störung des Vertrauensverhältnisses und die Antizipation einer politischen Krise in der Zukunft einer verfassungsgerichtlichen Kontrolle entzogen sind.

das Bundesverfassungsgericht seine eigene Überprüfungsmöglichkeit, weniger aus *judicial restraint*, sondern als Folge der „Entformalisierung" des Verfahrens, das eine gerichtliche Überprüfung als nicht zu bewerkstelligen erscheinen lässt.[579] Diese Selbstbeschränkung, in der ein Teil der Literatur auch eine Andeutung der *political question doctrine* des U.S. Supreme Court sieht,[580] wird als Bruch mit der bisherigen Entscheidungspraxis angesehen.[581] Nachdem nun schon der Bundespräsident als Kontrollorgan starken Restriktionen unterliegt, fällt mit dem Bundesverfassungsgericht das letzte vollständig weg, was weiterhin die Stellung des Bundeskanzlers, dessen Entscheidung nahezu unüberprüfbar wird, festigt.

(5) Zusammenfassung

Damit hat sich das Kräfteverhältnis der Organe zum Bundeskanzler auf Kosten des Bundespräsidenten, des Bundestags und letztlich auch des Bundesverfassungsgerichts verlagert. Jener verfügt nunmehr über einen wesentlich breiteren Spielraum bei der Anwendung und Durchsetzung eines Antrags nach Art. 68 GG mit der Folge der Bundestagsauflösung.[582] Aus diesem Grunde verschiebt sich auch das Gleichgewicht zwischen Art. 67 und 68 GG, welches von Anfang an zu Gunsten des Kanzlers verrückt war,[583] weiter in dessen Richtung.

Diese Auswirkungen lassen das Urteil erneut in die Kritik geraten, bei welcher den Richtern vorgeworfen wird, die Auswirkungen auf das Verfassungsgefüge nicht bedacht bzw. zumindest nicht thematisiert zu haben[584] sowie eine eindeutige Abgrenzung der Kompetenzen des Bundeskanzlers und des Bundespräsidenten vermissen zu lassen.[585]

cc) Artikel 68 GG als Selbstauflösungsrecht des Bundestags

Zum Teil werden die Veränderungen derart drastisch gesehen, dass von einem „Quasi-Selbstauflösungsrecht" mit Folge einer völligen Entwertung des Art. 67 GG gesprochen wird,[586] da dem Bundeskanzler nun mit seiner Mehrheit im Parlament

---

[579] *Gusseck*, NJW 1983, S. 721 (723).

[580] *Schneider*, in: ders., AKzGG, Art. 68 Rn 6; *ders.,* NJW 1983, S. 1529.

[581] *Rudolf Dolzer*, Verfassungskonkretisierung durch das Bundesverfassungsgericht und durch politische Verfassungsorgane (Heidelberger Forum Bd. 14), 1982, Heidelberg, S. 3 ff.; *Delbrück/Wolfrum*, JuS 1983, S. 758 (764).

[582] *Gusseck*, NJW 1983, S. 721 (724).

[583] Vgl. hierzu schon die Ausführungen in Kap. 3 C.

[584] *Delbrück/Wolfrum*, JuS 1983, S. 758 (764).

[585] *Klein*, ZParl 1983, S. 402 (409).

[586] *Schlichting*, JZ 1984, S. 120 (123); *Schenke*, in: Dolzer/Vogel/Graßhof (Hg.), BK, Art. 68 Rn 85, 87; *Hochrathner*, Anwendungsbereich und Grenzen des Parlamentsauflösungsrechts, S. 98 f.

die Auflösung des Bundestags möglich würde, nachdem er über Art. 67 GG zum Kanzler gewählt worden ist.[587]

Dem wird jedoch entgegengehalten, dass nach wie vor drei Verfassungsorgane an dem Verfahren nach Art. 68 GG beteiligt seien.[588] Die Missbrauchsvorkehr erfolge weniger durch eine Ausdehnung der verfassungsrechtlichen Kontrolle, denn in der Betonung der Eigenständigkeit der Beurteilungskompetenz der am Verfahren beteiligten Organe.[589] Die Auflösung bedarf eines Antrags des Bundeskanzlers, der dadurch sich und sein Kabinett zur Disposition stellt.[590] Darüber hinaus kann der Bundespräsident, dessen Stellung geschwächt wird, auf Rechtsfolgenseite kraft seines Ermessens immer noch die Auflösung im Interesse des Staatswohls verweigern, was selbst bei einem Zusammenspiel zwischen Bundeskanzler und der Mehrheit im Bundestag zu einem öffentlichen Begründungszwang führen würde und eine rein macht- oder parteipolitisch kalkulierte Auflösung unpraktikabel mache.[591] Von einer verdeckten Einführung eines parlamentarischen Selbstauflösungsrechts könne daher keine Rede sein.[592]

dd) Der Verfassungswandel des Artikels 68 GG

Ob man bei dieser Veränderung gegenüber der ursprünglichen Auslegung des Art. 68 GG schon von Verfassungswandel sprechen kann, ist ebenso umstritten.

Das Bundesverfassungsgericht selbst verneint ausdrücklich einen solchen durch seine Rechtsprechung. Vielmehr habe „Art. 68 GG [...] nicht durch einen von der Verfassungswirklichkeit ausgehenden Verfassungswandel einen anderen Inhalt erlangt."[593]

In diesem Sinne kann auch ein Teil die Literatur verstanden werden, der darauf abstellt, dass es keine „verfassungsgesetzliche Regelung irgendeiner Verfassung der Erde [gibt], die normativ mit der Geschlossenheit einer Prozessordnung die Frage der politischen Führung und Leitung regeln könnte".[594] Vielmehr müsse „[d]er normative Geltungsanspruch der Verfassung von vornherein in seiner Reichweite [...] begrenzt sein",[595] was zu der Notwendigkeit führe, dass die Verfassung vermöge der Auslegung und Anwendung durch Staatsorgane eine institutionalisierte

---

[587] *Hochrathner*, Anwendungsbereich und Grenzen des Parlamentsauflösungsrechts, S. 98 f.

[588] *Schröder*, JZ 1982, S. 786 (788); *Mager*, in: v.Münch/Kunig (Hg.), GG, Art. 68 Rn 36.

[589] *Klein*, ZParl 1983, S. 402 (410).

[590] *Mager*, in: v.Münch/Kunig (Hg.), GG, Art. 68 Rn 36.

[591] *Mager*, in: v.Münch/Kunig (Hg.), GG, Art. 68 Rn 36.

[592] *Klein*, ZParl 1983, S. 402 (410); *Schröder*, JZ 1982, S. 786 (788); *Maurer*, Staatsrecht I, § 13 Rn 58; *Degenhart*, Staatsrecht I, Rn 599.

[593] BVerfGE 62, 1 (23) = EuGRZ 1983, S. 57 (63).

[594] *Carl Schmitt*, Verfassungslehre, 3. Aufl. 1957, München, S. 348.

[595] *Ernst-Wolfgang Böckenförde*, NJW 1976, S. 2089 (2095).

Konkretisierung erfahre.[596] So ziehe auch das Grundgesetz einen Rahmen, innerhalb dessen Raum für unterschiedliche tatsächliche Entwicklungen sei.[597] Diese Entwicklungen könnten zwar nicht das Verfassungsrecht ändern, jedoch unvermeidlich die politische Willensbildung der Verfassungsorgane bestimmen.[598] Von einer Änderung der Interpretation einer Norm hingegen könne nur gesprochen werden, wenn diese nunmehr in einer Weise angewendet werden soll, die von der bisher für zulässig gehaltenen abweicht. Dies wäre jedoch bei Art. 68 GG nicht der Fall, da sich die Änderungen im Rahmen der vom Grundgesetz ermöglichten politischen Wirklichkeit bewegten.[599] Der veränderte Inhalt des Art. 68 GG sei vielmehr noch von seinem Wortlaut gedeckt, weswegen es sich trotz der Änderungen um Politik handele, die sich im Rahmen der Verfassung und des verfassungsrechtlich Möglichen halte.[600] Sollte man hingegen doch von Verfassungswandel sprechen, so bewege er sich noch „innerhalb der Grenzen der bestehenden Fundamentalordnung des Staates".[601]

Dem entgegen wird darauf abgestellt, dass zwar die in Art. 68 GG geregelten Verfahrensschritte einem Wandel nicht zugänglich seien,[602] jedoch das ungeschriebene Tatbestandsmerkmal der „Lage der Instabilität" einen weiten Interpretationsspielraum lasse.[603] Dies sei die „Einbruchstelle für den Verfassungswandel", da mit der in der Begründung noch weiter ausgedehnten „Materialisierung" der Krise die „Entformalisierung" der Feststellung dieser Lage sowie die Antizipation einer zukünftigen Krisensituation einhergehe.[604] Dabei hebe sich die Auffassung des Bundesverfassungsgerichts von der bisherigen Interpretation in eklatanter Weise ab, da bislang Art. 68 GG lediglich formale Voraussetzungen normiert habe.[605]

Insbesondere sei eine Vertrauensversagung aus taktischen Gründen nicht mehr von Art. 68 GG gedeckt, sondern hierfür eine Verfassungstext- und Verfassungssinnänderung notwendig.[606] Wird nun deren Zulässigkeit unter dem Wortlaut des Art. 68

---

[596] *Zippelius/Würtenberger*, Deutsches Staatsrecht, § 7 II 1.

[597] *Klein*, ZParl 1983, S. 402 (416).

[598] *Klein*, ZParl 1983, S. 402 (417).

[599] *Klein*, ZParl 1983, S. 402 (414).

[600] *Geiger*, JöR n.F. 33 (1984), S. 41 (54); *Klein*, ZParl 1983, S. 402 (418); *Liesegang*, NJW 1983, S. 147 (148). Letzterer weist auf S. 149 insbesondere darauf hin, dass aufgrund der Übereinstimmung der obersten Staatsorgane, der Parteien und der Mehrheit des Volks eine derartige Interpretation zulässig sein sollte.

[601] So *Klein*, ZParl 1983, S. 402 (418), unter Berufung auf *Huber*, Deutsche Verfassungsgeschichte, S. 428.

[602] Da die organisatorischen Vorschriften, insbesondere Kompetenz- und Verfahrensvorschriften, einem Wandel kaum zugänglich sind, vgl. *Heun*, AöR 109 (1984), S. 13 (28), unter Bezugnahme auf die ständige Rechtsprechung des Bundesverfassungsgerichts sowie auf die Literatur.

[603] *Heun*, AöR 109 (1984), S. 13 (28).

[604] *Heun*, AöR 109 (1984), S. 13 (30).

[605] *Heun*, AöR 109 (1984), S. 13 (29).

[606] *Achterberg*, DVBl. 1983, S. 478 (481).

GG subsumiert, so liegt nach dieser Meinung ein Wandel des Art. 68 GG vor, ohne dass sich dessen Text geändert habe, was einen Verfassungswandel darstellen würde, der über die bloße Konkretisierung der Norm hinausgehe.[607] Denn der Verfassungsgesetzgeber hätte nicht bedacht, dass sich der Bundeskanzler „einer nur noch zweifelhaften Mehrheit" gegenübersieht, die kein stetiges Vertrauen mehr erwarten lässt.[608] Und auch die nun anerkannte Übereinstimmung der Verfassungsorgane, Neuwahlen über Art. 68 GG anzustreben, stelle einen Bedeutungswandel dar.[609]

Darüber hinaus würden ebenso die Auswirkungen auf die beteiligten Verfassungsorgane und die oben skizzierten Verschiebungen im Machtgefüge dazu berechtigen, von Verfassungswandel zu sprechen.[610] Der Bundespräsident sei weiter aus dem politischen Kräftefeld hinausgedrängt und in seiner Reservefunktion sowie dessen funktionell schwache Stellung dadurch weiter geschwächt worden.[611] Und auch sei das „plebiszitäre Öl, mit dem schon jetzt eine Parlamentswahl gesalbt ist, fühlbarer geworden", was ebenfalls einen Verfassungswandel darstelle.[612]

Die Auflösung des Bundestags sei der Präzedenzfall, dem verfassungsgestaltende Wirkung zukomme.[613]

2. Die Entscheidung des Bundesverfassungsgerichts vom 25. August 2005

a) Das Urteil

Die Abgeordneten des Deutschen Bundestags Jelena Hoffmann (SPD) und Werner Schulz (Bündnis 90/Die Grünen) stellten im Rahmen des Organstreits die Anträge festzustellen, dass die Anordnung des Bundespräsidenten vom 21. Juli 2005, den 15. Deutschen Bundestag aufzulösen und Neuwahlen auf den 18. September 2005 anzusetzen, verfassungswidrig ist und sie hierdurch in ihren Rechten als Abgeordnete unmittelbar gefährdet oder verletzt sind.[614]

---

[607] *Heun*, AöR 109 (1984), S. 13 (32).

[608] *Strohmeier*, ZParl 1983, S. 422 (426 ff.).

[609] *Strohmeier*, ZParl 1983, S. 422 (426 ff.).

[610] *Heun*, AöR 109 (1984), S. 13 (31).

[611] *Heun*, AöR 109 (1984), S. 13 (33).

[612] *Stern*, Staatsrecht I, § 22 III 3 δ.

[613] *Heun*, AöR 109 (1984), S. 13 (33).

[614] BVerfGE 114, 121 (123). Daneben erklärten mit der Allianz für Gesundheit, Frieden und Soziale Gerechtigkeit, der Familienpartei Deutschlands und der Ökologisch-Demokratischen Partei drei im Bundestag nicht vertretene Parteien ihren Beitritt zum Organstreitverfahren, da sie sich durch die kurze Wahlvorbereitung in ihrem Recht auf Chancengleichheit verletzt fühlten, der vom Bundesverfassungsgericht mit Beschluss vom 8. August 2005 für unzulässig erklärt wurde, BVerfGE 114, 105 f. Mit Beschluss vom 23. August 2005 verwarf dann das Bundesverfassungsgericht den Klageantrag der Familienpartei Deutschlands, dem auch die Ökologisch-Demokratische Partei beigetreten war, als unzulässig, BVerfGE 114, 107 ff., sowie in NJW 2005, S. 2682 ff. Darüber hinaus wies das Bundesverfassungsgericht die Kla-

Die vom Bundeskanzler vorgebrachten Gründe wie diejenigen der Legitimation durch das Volk, der Ausübung von Druck auf den Bundesrat, dessen Stärkeverhältnis sich durch die Bundestagswahl sowieso nicht ändere, wären von Verfassungs wegen nicht vorgesehen, insbesondere reiche ein „gefühltes Misstrauen" nicht aus und sei auch nicht nachzuvollziehen, da der Kanzler in allen 39 Fällen der Legislaturperiode, in denen eine Kanzlermehrheit erforderlich war, diese erhielt und noch am Vortag der Vertrauensfrage 40 Gesetzesentwürfe verabschiedet wurden.[615] Darüber hinaus habe der Parteivorsitzende Müntefering mehrmals versichert, Schröder habe das Vertrauen der SPD-Fraktion. Und auch die Rücktrittsdrohung von Ottmar Schreiner hätte sich durch dessen Kandidatur auf der saarländischen Landesliste erledigt.[616]

Da nur politische Handlungsunfähigkeit die Stellung einer unechten Vertrauensfrage mit dem Ziel der Bundestagsauflösung legitimieren könne, würde eine darüber hinausgehende Interpretation zu einer grundlegenden Veränderung und Umgehung des den Art. 68 GG prägenden grundgesetzlichen Verfassungsgefüges führen und zur Möglichkeit, Abgeordnete durch die Drohung mit der Selbstauflösung und der damit verbundenen Beendigung des Mandats zu disziplinieren,[617] was deren Unabhängigkeit beeinträchtige und damit Auswirkungen auf die parlamentarische Diskussion und innerparteiliche Demokratie zeitige.[618] Vielmehr erfordere das Stabilitätsziel von Art. 68 GG, dass der negativen Vertrauensfrage die positive als Drohung mit der Auflösung vorangehe.[619]

Dem entgegnen der Bundespräsident und die Bundesregierung mit den bereits angeführten Argumenten, dass insbesondere durch die Bundesratsmehrheit Kompromisse im Vermittlungsausschuss und zusätzlich in der eigenen Partei notwendig würden und so das Regieren eingeschränkt sei, wie auch das Reformprogramm und die Wahlverluste zu Verunsicherung innerhalb der Fraktion geführt hätten, die grundsätzliche Zweifel am verfolgten Kurs aufgeworfen hätten.[620]

Am 25. August 2005 ergeht die Entscheidung des Zweiten Senats des Bundesverfassungsgerichts, mit der die Anträge der Antragsteller als unbegründet zurückgewiesen werden. Dabei stellt das Gericht zuerst erneut abstrakt Ausführungen zu Art. 68 GG an, die auf denjenigen von 1983 basieren und diese ergänzen. So ist Zweck des Art. 68 GG und damit auch der auflösungsgerichteten Vertrauensfrage die Sicherung oder Wiedergewinnung der Handlungsfähigkeit der Regierung, der, neben Sicherungsmaßnahmen für die Handlungsfähigkeit einer Minderheitenregierung, einen

---

geanträge weiterer Parteien in einer Reihe von Beschlüssen vom 13. November 2005 zurück und bezog sich inhaltlich auf den Beschluss vom 23. August 2005, BVerfGE 114, 196 ff.

[615] BVerfGE 114, 121 (137). Insbesondere die umstrittenen Hartz-IV-Gesetze wurden mit eindeutiger Mehrheit verabschiedet.

[616] BVerfGE 114, 121 (137).

[617] BVerfGE 114, 121 (136).

[618] BVerfGE 114, 121 (140).

[619] BVerfGE 114, 121 (141).

[620] BVerfGE 114, 121 (141 ff.).

Ausweg aus einer derartigen Situation bereithalten würde.[621] Dies deshalb, da der Bundeskanzler für seine Regierungsarbeit einer kontinuierlichen und verlässlichen Mehrheit im Bundestag bedürfe[622] und auch die durch vorzeitige Auflösung erfolgenden Eingriffe in Art. 38 Abs. 1 Satz 2, 39 Abs. 1 Satz 1 GG zwar gerechtfertigt seien, jedoch durch den Zweck von Art. 68 GG begrenzt würden.[623]

Ob allerdings eine Mehrheit und damit Handlungsfähigkeit gegeben ist, „hängt maßgeblich davon ab, welche Ziele sie [die Regierung, T.H.] verfolgt und mit welchen Widerständen sie aus dem parlamentarischen Raum zu rechnen hat."[624] Dabei sei es „nicht zweckwidrig, wenn ein Kanzler, dem Niederlagen im Parlament erst bei künftigen Abstimmungen drohen, bereits eine auflösungsgerichtete Vertrauensfrage stellt. Denn die Handlungsfähigkeit geht auch dann verloren, wenn der Kanzler zur Vermeidung offenen Zustimmungsverlusts im Bundestag gezwungen ist, von wesentlichen Inhalten seines politischen Konzepts abzurücken und eine andere Politik zu verfolgen."[625] So stehe es dem Kanzler frei, einen Zeitpunkt zu wählen, der ein Zerwürfnis noch nicht als irreparabel erscheinen lässt, da er nicht um der Vereinfachung der rechtlichen Prüfung willen dazu gezwungen werden könne, die „instabile Lage", die er durch die auflösungsgerichtete Vertrauensfrage zu überwinden trachtet, zu verschärfen.[626] „Derartige Einschätzungen haben Prognosecharakter und sind an höchstpersönliche Wahrnehmungen und abwägende Lagebeurteilungen gebunden"[627] und könnten daher „von außen nur teilweise beurteilt werden".[628] Denn „[a]us den parlamentarischen und politischen Arbeitsbedingungen kann sich ergeben, dass der Öffentlichkeit teilweise verborgen bleibt, wie sich das Verhältnis des Bundeskanzlers zu den seine Politik tragenden Fraktionen entwickelt. Es muss nicht offen und nicht eindeutig zu Tage treten, ob der Kanzler und seine Regierung noch über eine verlässliche parlamentarische Mehrheit verfügen."[629] Insbesondere bei einer „verdeckten Minderheitssituation"[630] sei die Beurteilung der Lage vor allem für Außenstehende schwierig. Eine solche „tritt dann ein, wenn eine organisierte parlamentarische Mehrheit – die nominelle Kanzlermehrheit – sich zwar zu dem von ihr gewählten Kanzler erklärt und ihm äußerlich politische Unterstützung leistet, diese Unterstützung seines politischen Kurses aber in Wirklichkeit nicht so wirksam ist, dass der Bundeskanzler die von ihm konzeptionell vertretene Politik durchzuset-

---

[621] BVerfGE 114, 121 (Leitsatz 1, 149, 150). Aus diesem Grunde ist der Bundeskanzler in einer derartigen Situation auch nicht zum Rücktritt verpflichtet, BVerfGE 114, 121 (Leitsatz 3, 154).

[622] BVerfGE 114, 121 (149 f.).

[623] BVerfGE 114, 121 (Leitsatz 2, 152).

[624] BVerfGE 114, 121 (Leitsatz 4 a, 156).

[625] BVerfGE 114, 121 (154).

[626] BVerfGE 114, 121 (154 f.).

[627] BVerfGE 114, 121 (Leitsatz 4 a, 156).

[628] BVerfGE 114, 121 (150).

[629] BVerfGE 114, 121 (150 f.).

[630] BVerfGE 114, 121 (157).

zen vermag."[631] Dabei ließen sich „[e]ine Erosion und der nicht offen gezeigte Entzug des Vertrauens [...] ihrer Natur nach nicht ohne weiteres in einem Gerichtsverfahren darstellen und feststellen. Was im politischen Prozess in legitimer Weise nicht offen ausgetragen wird, muss unter den Bedingungen des politischen Wettbewerbs auch gegenüber anderen Verfassungsorganen nicht vollständig offenbart werden."[632]

Folglich könne diese Wertung durch das Bundesverfassungsgericht schon praktisch nicht eindeutig und nicht vollständig überprüft werden. Vielmehr ist es dem in Art. 68 GG angelegten „anspruchsvolle[n] Mechanismus der Gewaltenteilung"[633] durch die drei genannten Verfassungsorgane vorbehalten, „die Auflösung nach ihrer freien politischen Einschätzung zu verhindern."[634] Dieser Mechanismus könne sich dabei nur entfalten, wenn das Bundesverfassungsgericht die politische Einschätzung der Lage durch die zuvor tätigen Verfassungsorgane respektiere. Unter Verweis auf die starke Stellung, die das Grundgesetz dem Verfassungsrecht und der Verfassungsgerichtsbarkeit einräume, führt das Gericht aus, dass die Prüfungspflicht hierdurch zwar „eingeschränkt, aber nicht beseitigt" sei,[635] obgleich zu beachten sei, dass das Grundgesetz „nur die Kontrolle politischer Herrschaft gewollt [hat] und nicht die Verrechtlichung des politischen Prozesses."[636] Daher könne das Bundesverfassungsgericht lediglich prüfen, ob die Grenzen des Einschätzungsspielraums eingehalten sind und der Kanzler sich bei seiner Einschätzung auf Tatsachen stützt, welche diese „lediglich plausibel erscheinen lassen."[637] Dies sei dann der Fall, wenn nicht „eine andere Einschätzung der politischen Lage auf Grund von Tatsachen eindeutig vorzuziehen ist" bzw. „[w]enn sie keinen anderen Schluss zulassen als den, dass die Einschätzung des Verlustes der Handlungsfähigkeit im Parlament falsch ist."[638]

Und so sei die Auflösung durch Bundespräsident Köhler und die Festsetzung des Neuwahltermins auch verfassungsgemäß, da eine andere Beurteilung der Lage nicht unzweifelhaft vorzuziehen sei. Dies ergebe sich aus den Darlegungen des Bundeskanzlers als auch aus der „politischen Gesamtlage". Hiernach sei durch die allgemein zugängliche Tatsache der „heftigen Debatten" um die Agenda 2010, der Wahlniederlagen, der Einschätzung des Fraktions- und Parteivorsitzenden Müntefering, den Rücktrittsforderungen der Partei-Linken als auch dem überraschenden Rücktritt Schröders vom Amt des Bundesvorsitzenden ein Bild der Gesamtlage gezeichnet, das „der Einschätzung des Bundeskanzlers von der schleichenden Erosion [...] nicht widerspricht."[639]

---

[631] BVerfGE 114, 121 (157).

[632] BVerfGE 114, 121 (Leitsatz 4 b, 157).

[633] BVerfGE 114, 121 (159).

[634] BVerfGE 114, 121 (Leitsatz 4 c, 158).

[635] BVerfGE 114, 121 (159).

[636] BVerfGE 114, 121 (160).

[637] BVerfGE 114, 121 (160).

[638] BVerfGE 114, 121 (161).

[639] BVerfGE 114, 121 (162 ff.).

Zur Entkräftung des Antragstellervorbringens führt das Bundesverfassungsgericht aus, dass die „Begründung, das Volk über die Politik des Kanzlers entscheiden zu lassen", eher eine „rhetorische Floskel" sei und auch kein Art. 68 GG widersprechendes Plebiszit angestrebt würde, da keine einzelne Sachfrage so im Mittelpunkt stehe, dass von einem plebiszitär verformten Wahlkampf gesprochen werden könne.[640]

Auch die Äußerungen Münteferings, dass der Kanzler das Vertrauen der SPD-Fraktion besitze, „bezog sich ersichtlich allein auf die insoweit unumstrittene Person des Kanzlers", ebenso wie mit derjenigen, dass es hier nicht um Misstrauen gehe, allein gemeint war, „dass man sich nicht in der Situation eines konstruktiven Misstrauensvotums befinde."[641] Ebenso sei die Abstimmung über Gesetzesvorhaben unmittelbar vor der Abstimmung über den Vertrauensantrag nicht aussagekräftig, da es sich nicht um solche gehandelt habe, „die von seinen innerparteilichen Kritikern als Zumutung hätten empfunden werden können."[642]

Auch diesmal findet das Urteil nicht die Zustimmung aller Richter. Ein Richter trägt die Entscheidung weder in der Begründung noch im Ergebnis mit, zwei weitere stimmen der Begründung nicht zu, wobei lediglich eine Richterin ihre abweichende Begründung dem Urteil im Anschluss an die Entscheidung beilegt.

Richter Jentsch hält die Anträge für begründet, da keine „Lage der Instabilität" gegeben sei und „[d]ie Auffassung der Senatsmehrheit [...] diese Maßstäbe ohne Not und ohne dies kenntlich zu machen [verabschiedet]".[643] Eine „materielle Auflösungslage" würde nicht durch die vage Aussicht darauf, dass die Mehrheit im Bundesrat ihre Haltung ändert, bewirkt werden, ebenso wenig wie durch das angedrohte oder tatsächliche Ausscheiden von SPD-Mitgliedern aus der Partei, da kein Zusammenhang mit dem Geschehen im Bundestag – auf das es verfassungsrechtlich allein ankomme – gegeben sei. Lediglich das Argument, dass aufgrund der Androhung abweichenden Stimmverhaltens eine stetige und verlässliche Mehrheit für die eigene Regierungspolitik nicht gegeben sei, bliebe relevant.[644] Hierfür bestünden jedoch keine Anhaltspunkte, da in der Legislaturperiode keine einzige Abstimmung verloren gegeben wurde und auch die Agenda 2010 im Bundestag Erfolg hatte. Das Fehlen der Basis sei nicht ersichtlich, so dass es an einer aktuellen Krisenlage, einer Lage der Instabilität, fehle.[645] Vielmehr liege eine Vermutung für das Bestehen einer Unterstützung nahe, da die Abstimmung über das „Arbeitnehmer-Entsendegesetz[es] trotz gesicherter Mehrheit kurzfristig abgesetzt worden [war], weil die Aktualisierung der Kanzlermehrheit am Vortage der Vertrauensfrage ‚schlecht aussehe' und man die Ab-

---

[640] BVerfGE 114, 121 (166).

[641] BVerfGE 114, 121 (167).

[642] BVerfGE 114, 121 (168).

[643] Sondervotum Jentsch, BVerfGE 114, 121 (171).

[644] Sondervotum Jentsch, BVerfGE 114, 121 (171).

[645] Sondervotum Jentsch, BVerfGE 114, 121 (172).

stimmung daher jetzt ‚nicht gebrauchen' könne".[646] Hierfür spreche auch die Tatsache, dass die Mitglieder der SPD-Fraktion erst durch Zureden des Parteivorsitzenden zur Stimmenthaltung bei der Abstimmung am 1. Juli 2005 bewogen werden konnten, indem jener diesen eine Stimmenthaltung als Vertrauensbekundung für den Kanzler andiente. „Fehlende Mehrheiten sehen anders aus [...] sie bedürfen keines ‚konstruierten Misstrauens'",[647] welches das Grundgesetz im Übrigen nicht kenne.[648]

Durch die von der Senatsmehrheit aufgestellten Kriterien zur Überprüfung der Entscheidung des Bundeskanzlers würden nur noch die Einhaltung formaler Voraussetzungen gefordert, die materiellen Voraussetzungen des Vorliegens einer „instabilen Lage" aber „faktisch aufgegeben", da eine inhaltliche Kontrolle nicht mehr möglich sei.[649] Denn Jentsch stellt die Frage, „[w]ie und auf welcher Grundlage [...] aber der Bundespräsident und das Verfassungsgericht eine entsprechende Einschätzung beanstanden können [sollen], wenn diese allein an der Lagebeurteilung des Kanzlers zu messen ist?"[650]

Die gefundene Auslegung nähere Art. 68 GG einem Selbstauflösungsrecht an und würde „die vom Grundgesetz angestrebte Stabilität der Volksvertretung und des politischen Systems" untergraben und das freie Mandat des Abgeordneten beeinträchtigen.[651] Es würden dadurch „Manipulations- und Missbrauchsmöglichkeiten" eröffnet.[652] Die „Instrumentalisierung der Vertrauensfrage" verändere das politische System und schwäche „die Stellung des Bundestages zu Lasten quasi-plebiszitärer Elemente", da die Wahl aufgrund der Tatsache, dass der Bundeskanzler selbst im Falle einer gewonnenen Wahl nicht mehr erreichen könne als die jetzt schon bestehende Mehrheit, lediglich als Plebiszit über die Reformpolitik zu betrachten sei.[653] Damit würde aber auch gegen die in Art. 20 Abs. 2 Satz 2, 29 Abs. 2, 38 Abs. 1 Satz 2 und 39 Abs. 1 GG zum Ausdruck kommende repräsentative Demokratie verstoßen, da den Abgeordneten, denen die Wahrung der Interessen des Volks eine volle Legislaturperiode übertragen ist, abgesprochen würde, das Volk zu vertreten.[654] Dadurch sei auch die Gefahr der Vielzahl von Wahlen verbunden, wodurch die institutionelle Stabilität verloren ginge und damit Art. 68 GG in sein Gegenteil verkehrt würde.[655]

Handlungsfähigkeit und Unterstützung des Kanzlers bedeuteten dagegen, „dass der Abgeordnete dort, wo es darauf ankommt, wo über parlamentarische Vorhaben entschieden wird, bei den Abstimmungen im Deutschen Bundestag also, zum Kanzler

---

[646] Sondervotum Jentsch, BVerfGE 114, 121 (173).
[647] Sondervotum Jentsch, BVerfGE 114, 121 (174).
[648] Sondervotum Jentsch, BVerfGE 114, 121 (170).
[649] Sondervotum Jentsch, BVerfGE 114, 121 (174).
[650] Sondervotum Jentsch, BVerfGE 114, 121 (175).
[651] Sondervotum Jentsch, BVerfGE 114, 121 (174).
[652] Sondervotum Jentsch, BVerfGE 114, 121 (174).
[653] Sondervotum Jentsch, BVerfGE 114, 121 (178).
[654] Sondervotum Jentsch, BVerfGE 114, 121 (178 f.).
[655] Sondervotum Jentsch, BVerfGE 114, 121 (180).

und seinen Vorhaben steht."[656] Bezugspunkt der Beurteilung müsse also das Abstimmungsverhalten der Abgeordneten sein.[657]

Den Tenor stützend, jedoch in den Entscheidungsgründen abweichend, äußert sich im Anschluss Richterin Lübbe-Wolff. So bemängelt sie zum einen, dass bei der Vertrauensfrage nicht der Bundestag und dessen Antwort, sondern die Frage des Kanzlers in den Vordergrund gerückt werde, wodurch der Kanzler bestimme, der Bundestag hingegen „als ein willenloses Anhängsel, Instrument und Opfer des Bundeskanzlers, zwangsläufig infiziert von dessen Fehlern und unfähig, die Verfassung einzuhalten, wo dieser sie missachtet", erscheint.[658] Zum anderen sei verfehlt, dass für die Einschätzung des parlamentarischen Willens nicht mehr die Abstimmung im Plenum relevant sei, sondern dies anhand von sich außerhalb des Parlaments ergebenden Aspekten wie Äußerungen, Prognosen und gar Presseartikeln festgestellt wird.[659] Darüber hinaus würde der Einschätzungsspielraum, den die Senatsmehrheit dem Bundeskanzler in Fortsetzung der Entscheidung von 1983 zubilligt, von der Kontrollfunktion und auch von dem „ungeschriebenen Tatbestandsmerkmal", auf das der Einschätzungsspielraum sich bezieht, „nichts mehr übrig" lassen. Es würde dadurch die Qualität eines Tatbestandsmerkmals verlieren und lediglich „zum Ansatzpunkt für eine Kontrollinszenierung" verkümmern, in der das Bundesverfassungsgericht sich selbst eine „bloß scheinbar belangvolle Rolle" zumisst.[660] Der Kontrollmaßstab des Bundesverfassungsgerichts wird durch die Einschränkung auf Fälle, in denen „der Bundeskanzler *eindeutig zu Unrecht* von nicht hinreichend verlässlicher Unterstützungsbereitschaft des Parlaments ausgeht [...,] so weit reduziert, dass das Bundesverfassungsgericht praktisch nicht mehr in die Lage kommen kann, die Einschätzung des Bundeskanzlers [...] für falsch erklären zu müssen."[661] Und auch die nun erfolgende Erweiterung darauf, dass eine Berufung auf eine „verdeckte" Minderheitslage ebenfalls ausreichend sei, habe zur Folge, dass das einschränkende Tatbestandsmerkmal der „instabilen Lage" nur noch eine „juristische Scheinexistenz" führe.[662] Aber schon durch die 1983 bemühte Formulierung der eindeutigen Vorzugswürdigkeit einer anderen Einschätzung des Bundeskanzlers sei die Überprüfbarkeit weitestgehend verhindert worden, so dass das „Gericht sich in der Prüferrolle [...] gleich wieder außer Gefecht gesetzt" habe.[663] Denn die Frage, was denn überhaupt eindeutig falsch oder vorhanden sei, habe „überhaupt keinen feststellungsfähigen Sachverhalt zum Gegenstand".[664]

---

[656] Sondervotum Jentsch, BVerfGE 114, 121 (176).
[657] Sondervotum Jentsch, BVerfGE 114, 121 (176).
[658] Sondervotum Lübbe-Wolff, BVerfGE 114, 121 (183).
[659] Sondervotum Lübbe-Wolff, BVerfGE 114, 121 (185).
[660] Sondervotum Lübbe-Wolff, BVerfGE 114, 121 (186).
[661] Sondervotum Lübbe-Wolff, BVerfGE 114, 121 (186).
[662] Sondervotum Lübbe-Wolff, BVerfGE 114, 121 (187).
[663] Sondervotum Lübbe-Wolff, BVerfGE 114, 121 (187).
[664] Sondervotum Lübbe-Wolff, BVerfGE 114, 121 (188).

Erst die vom Bundesverfassungsgericht vorgenommene „Auslegung […] droht
[…] solche Inszenierungen hervorzurufen und erzeugt in einem Sachbereich, in
dem naturgemäß nur vermutet werden kann, systematisch den *Eindruck* verfassungs-
widriger Inszenierung und deren rückgratloser Absegnung durch andere Verfassungsorgane."[665] Diese käme einer „Regieanweisung" gleich, ausgelöst durch dieses
ungeschriebene Tatbestandsmerkmal, für das im Übrigen auch keine Anhaltspunkte
durch den Wortlaut, das Ziel, die Systematik und den Entstehungsprozess vorhanden
seien.[666]

Darüber hinaus wäre zweifelhaft, ob die „Kontrollfassade, die das Bundesverfassungsgericht mit einer für Inszenierungen und Inszenierungsverdacht anfälligen Auslegung des Art. 68 GG aufrichtet, dem Stabilisierungszweck dient",[667] da immer
dann, wenn das Recht seine eigene „Umgehung oder scheinhafte oder herbeiinsze-
nierte Erfüllung" nicht vermeiden kann, es nicht Ordnung, sondern „Simulation" be-
fördere, was den „Eindruck des Unlauteren" und „Misstrauen gegen die Institutionen
und die ordnende Kraft des Rechts" hervorrufe.[668]

b) Die Reaktionen in der Literatur

Im Vergleich zu der vom Urteil 1983 ausgelösten Diskussion hebt sich die nun einsetzende als weit begrenzter ab. Trotzdem bleiben die Gegenpole in der Literatur erhalten, auch weil das Bundesverfassungsgericht an die Rechtsprechung von 1983 an-
knüpft.

aa) Befürwortung des Urteils

So befürwortet Karlheinz Niclauß die mit dem Urteil einhergehende Erweiterung
des Spielraums des Bundeskanzlers, da sich insbesondere aus der Entstehungsgeschichte nicht ergäbe, dass Art. 68 GG die Situation eines Minderheitenkanzlers voraussetze,[669] sondern dieser vielmehr als plebiszitäre Komponente im Grundgesetz anzusehen sei. Hiernach bestünde für den Kanzler in Hinblick auf den Appell an die
Wählerschaft ein „weit größerer Spielraum, als die vorherrschende Verfassungsinterpretation annimmt". Der Parlamentarische Rat habe hiermit „ein Element der Kanzlerdemokratie formuliert, das vor Schröder nur Kohl im vollen Umfang nutzte".[670]

Aus diesem Grunde plädiert er auch für die Einführung eines Auflösungsrechts,
auf Initiative des Bundeskanzlers und losgelöst von einer Vertrauensfrage.[671]

---

[665] Sondervotum Lübbe-Wolff, BVerfGE 114, 121 (188).

[666] Sondervotum Lübbe-Wolff, BVerfGE 114, 121 (189 ff.).

[667] Sondervotum Lübbe-Wolff, BVerfGE 114, 121 (195).

[668] Sondervotum Lübbe-Wolff, BVerfGE 114, 121 (195).

[669] *Karlheinz Niclauß*, ZParl 2006, S. 40 (42).

[670] *Niclauß*, ZParl 2006, S. 40 (43).

[671] Diese sollte als Art. 68 a in das Grundgesetz integriert werden, vgl. *Niclauß*, ZParl 2006,
S. 40 (43).

Jörn Ipsen befürwortet das Urteil als „befriedend und befreiend" und als „im Ergebnis ohne Alternative", so dass von einem „inszenierten Misstrauen" zu sprechen Ausdruck einer „‚naiven' Sicht" sei, die verkenne, dass Politik zu einem guten Teil aus „Inszenierung" bestünde.[672] Gleichzeitig bemängelt er jedoch die untergeordnete Stellung des Parlaments sowie die Widersprüchlichkeit des Urteils.[673] So würde die Einsicht in die Begrenzungen verfassungsrechtlicher Erkenntnismöglichkeiten sowie die Anerkennung des Primats der Politik und der hieraus folgenden Ablehnung der Verrechtlichung des politischen Prozesses durch die Nachprüfung der Ermessensausübung des Bundespräsidenten konterkariert, wobei überdies verwaltungsrechtliche Kategorien im Verfassungsrecht herangezogen worden seien.[674]

bb) Ablehnung des Urteils

Wenn sich die Literatur auch zumeist auf die sachliche Analyse des Urteils und seiner Auswirkungen auf Art. 68 GG beschränkt, so bleiben die kritischen Stimmen, die das Urteil selbst angreifen, nicht stumm, insbesondere als ein derartiges Urteil schon allein deshalb erwartet wurde, da man davon ausging, dass das Bundesverfassungsgericht das Vertrauen der beteiligten Verfassungsorgane auf die 1983 aufgestellten Kriterien nicht enttäuschen werde.[675]

Insbesondere der Prozessbevollmächtigte des Antragstellers Schulz, Schenke, wendet sich in Anlehnung an seine in der Antragsschrift bereits vorgebrachten Argumente gegen dieses Urteil, da es einen „tiefen Einschnitt in die Verfassungsentwicklung" des Grundgesetzes darstelle.[676] So sei das Herabspielen der Ausführungen des Kanzlers, eine plebiszitäre Bestätigung für die Agenda 2010 zu erhalten, zur rhetorischen Floskel geeignet, die Hemmschwelle für den Einsatz des Art. 68 GG weiter zu senken und daher einen weiteren Affront eines anderen Verfassungsorgans und einen hiermit einhergehenden Autoritätsverlust des Bundesverfassungsgerichts zu verursachen, da auch rhetorische Gründe zur Missachtung der Verfassung nicht legitimierten.[677] Ebenso sei das Argument der obstruierenden Mehrheit im Bundesrat nicht tragfähig, da dies aufgrund der zumeist vorliegenden entgegengesetzten Kräfteverhältnisse immer fruchtbar gemacht werden könnte und überdies die Spannungen zwischen Bundesrat und Bundestag im Grundgesetz angelegt und gewollt seien.[678] Darüber hinaus fehle ein Beleg für eine „Obstruktionspolitik" sowie für das Ermangeln einer zukünftigen Kanzlermehrheit, so dass alle Indizien für das Fortbestehen des

---

[672] *Jörn Ipsen*, NVwZ 2005, S. 1147 (1150).

[673] *Ipsen*, NVwZ 2005, S. 1147 (1150).

[674] *Ipsen*, NVwZ 2005, S. 1147 (1150).

[675] *Pestalozza*, NJW 2005, S. 2817 (2819); *Ipsen*, NVwZ 2005, S. 1147 (1147).

[676] *Wolf-Rüdiger Schenke*, ZfP 2006, S. 26 (27).

[677] *Schenke*, ZfP 2006, S. 26 (31).

[678] *Schenke*, ZfP 2006, S. 26 (33).

Vertrauens gegeben seien.[679] Als einzig tragendes Kriterium wird hingegen das der Handlungsfähigkeit zugestanden. Dabei wird jedoch das vom Bundesverfassungsgericht zur Ausfüllung als ausreichend bezeichnete Merkmal der „verdeckte[n] Minderheitssituation" hinterfragt, da zweifelhaft erscheine, „ob Vertrauen [...] fehlen [kann], obwohl sich der Vertrauensverlust nach außen hin gar nicht offenbart."[680] Damit würde vorausgesetzt, was noch zu beweisen sei, was die Annahme eines Zirkelschlusses nahe lege. Die hierdurch erfolgende „normative Aufwertung" von persönlichen Kontakten, geheimen Absprachen und taktisch-strategischem Verhalten als Bestandteil des politischen Willensbildungsprozesses mute seltsam an.[681] Und so bestünde die Gefahr, dass die Bedeutung aller die Zustimmung zu Person und Programm des Bundeskanzlers signalisierenden Akte heruntergespielt würde,[682] womit den Abgeordneten auch die Möglichkeit genommen werde, die Einschätzung des Kanzlers durch die Bejahung der Vertrauensfrage zu widerlegen.[683] Dies führe auch zum Verlust der dem Art. 68 GG zugedachten Stabilisierungsfunktion.

Dass die Einschätzung des Kanzlers auf Tatsachen gestützt sein müsse, würde durch das Heranziehen von Vorgängen außerhalb des parlamentarischen Raums sowie durch eine „kanzlergetönt" erfolgende Interpretation auf „höchst selektive Weise" ermittelt,[684] so dass der Eindruck entstanden sei, dass das Gericht die offen zu Tage tretenden Tatsachen ignoriere oder doch zumindest so deute, dass eine Auflösungslage konstruiert werden konnte.[685] Durch diesen weiten Spielraum seien auch die anderen, die negative Vertrauensfrage begrenzenden Aspekte in Frage gestellt, da diese durch Scheinargumentation umgangen werden könnten[686] und dadurch eine „politische Inszenierung des Vertrauensverlustes von Mehrheitskanzlern" begünstigt[687] bzw. hierzu sogar ermuntert würde.[688]

Und so wird einerseits für nötig erachtet, dass die Sachverhaltsaufklärung unverzichtbare Angelegenheit des Gerichts bleibt, um der „Schwächung der Normativität der Verfassung" entgegenzuwirken.[689] Geheimhaltungsinteressen seien dabei, wenn überhaupt, im Wege der Ausgestaltung des Verfahrens zu wahren.[690] Weitergehend fordert Florian Edinger, auf eine schwer überprüfbare Prognose zu verzichten und

---

[679] *Schenke*, ZfP 2006, S. 26 (34); *Christian Starck*, JZ 2005, S. 1053 (1054 f.).

[680] *Schenke*, ZfP 2006, S. 26 (36).

[681] *Herbst*, Der Staat 45 (2006), S. 45 (69).

[682] *Schenke*, ZfP 2006, S. 26 (36).

[683] *Schenke*, ZfP 2006, S. 26 (42).

[684] *Schenke*, ZfP 2006, S. 26 (37).

[685] *Starck*, JZ 2005, S. 1053 (1954).

[686] *Schenke*, ZfP 2006, S. 26 (40).

[687] *Florian Edinger*, ZParl 2006, S. 28 (39).

[688] *Pestalozza*, NJW 2005, S. 2817 (2820).

[689] *Schenke*, ZfP 2006, S. 26 (40, 45 f.); *Pestalozza*, NJW 2005, S. 2817 (2820).

[690] *Schenke*, ZfP 2006, S. 26 (45 f.).

an deren Stelle auf ein sich schon vor der Vertrauensfrage manifestierendes Vertrauen abzustellen.[691]

Andererseits wird – ganz im Gegenteil – in Anlehnung an die Ausführungen von Lübbe-Wolff ein Verzicht auf die gefundene Einschränkung des Art. 68 GG durch das negative Tatbestandsmerkmal gefordert,[692] was natürlich dem Vorwurf ausgesetzt ist, Missbrauch nicht vorbeugen zu können und damit der Stabilität als Ziel des Art. 68 GG nicht zu genügen.[693]

Letztlich wird der Schluss gezogen, 2005 wäre die verfassungsrechtliche Institution benutzt worden, um, instruiert durch das Urteil von 1983, formal die Vertrauensfrage zu verneinen und Neuwahlen zu erreichen.[694] Das Bundesverfassungsgericht hätte daher die Auflösung für verfassungswidrig erklären und die Nichtigkeit anordnen müssen.[695]

c) Die Folgen für Artikel 68 GG und das Kräfteverhältnis im Grundgesetz

Das Bundesverfassungsgericht verfolgt in seinem Urteil die Linie der Entscheidung von 1983 weiter, geht jedoch in einigen wesentlichen Aspekten über diese hinaus.[696] Insbesondere das Abstellen auf eine „verdeckte Minderheitssituation" zeitigt Auswirkungen.

aa) Die Folgen für Artikel 68 GG

Im Urteil von 2005 wird die 1983 erfolgte Anerkennung der nun als „auflösungsgerichtete Vertrauensfrage" bezeichneten Anwendung des Art. 68 GG erneut bestätigt, allerdings scheint es so, als würde diese nun – im Gegensatz zu 1983 – nicht mehr als Ausnahme, sondern durchaus als „grundsätzlicher Ausweg" aus einer Krisensituation angesehen, wodurch sie aufgewertet wird.[697] In diesem Sinne wird auch als Zweck von Art. 68 GG nicht mehr vorrangig die Vermeidung der Bundestagsauflösung erkannt, sondern ausgeführt, dass es „gemessen am Sinn des Art. 68 GG nicht zweckwidrig sei",[698] die auflösungsgerichtete Vertrauensfrage zu stellen, auch wenn die befürchteten Abstimmungsniederlagen erst in Zukunft drohen.[699] Damit stehen bei der Beurteilung der „instabilen Lage" – ebenso wie im Urteil 1983 – zukünftige

---

[691] *Edinger*, ZParl 2006, S. 28 (38).

[692] *Herbst*, Der Staat 45 (2006), S. 45 (80).

[693] *Edinger*, ZParl 2006, S. 28 (38).

[694] *Schenke*, ZfP 2006, S. 26 (27); *Degenhart*, Staatsrecht I, Rn 685.

[695] *Starck*, JZ 2005, S. 1053 (1056). A. A. *Ipsen*, Staatsrecht I, Rn 881, der davon ausgeht, dass der Bundespräsident die Auflösung rückgängig machen müsse, diese also nicht schon allein durch das Urteil des Bundesverfassungsgerichts nichtig sei.

[696] *Herbst*, Der Staat 45 (2006), S. 45 (79); *Schenke*, ZfP 2006, S. 26 (27).

[697] *Herbst*, Der Staat 45 (2006), S. 45 (51 f.).

[698] BVerfGE 114, 121 (154).

[699] *Herbst*, Der Staat 45 (2006), S. 45 (55, 63).

Verhältnisse und Entwicklungen im Vordergrund, die keiner gesicherten Beurteilung, sondern nur einer unsicheren Prognose zugänglich sind, wobei die bis zur Vertrauensfrage zustande gekommenen Abstimmungsergebnisse nur Anhaltspunkte darstellen.[700]

Beachtenswert erscheint jedoch insoweit das Abstellen auf eine „verdeckte Minderheitssituation", die – ohne „Ross und Reiter" nennen zu müssen – als ausreichend für die Beurteilung der zur Vertrauensfrage berechtigenden „instabilen Lage" angesehen wird.[701] Damit macht das Gericht deutlich, dass eine „Lage der Instabilität" auch schon dann gegeben sein kann, wenn sie sich noch nicht in Abstimmungsniederlagen manifestiert hat.[702] Die Zukunftsgerichtetheit, wie sie im Urteil von 1983 begründet wurde, wird beibehalten und ausgeweitet. In Folge dessen wird auch davon gesprochen, dass sich das ungeschriebene Tatbestandsmerkmal der „instabilen Lage" „verflüchtigt" hat und „nur noch eine Scheinexistenz führt".[703]

bb) Die Folgen für das Kräfteverhältnis im Grundgesetz

Die neue Judikatur verändert weiterhin auch das Verfassungsgefüge in schwerwiegender Weise.[704]

(1) Der Bundespräsident

Die Überprüfungsmöglichkeit des Bundespräsidenten wird in Anschluss an das Urteil von 1983 weiter zurückgenommen. Insbesondere durch die Einführung des Kriteriums der „verdeckte[n] Minderheitssituation" ist eine Kontrolle der Einschätzung des Bundeskanzlers nahezu ausgeschlossen.[705] Allerdings bleibt ihm das nach Art. 68 GG zuerkannte Ermessen erhalten.[706]

(2) Der Bundeskanzler

Dem Bundeskanzler kommt bei der Prüfung der „Lage der Instabilität" nun ein weiterer Einschätzungsspielraum zu, da ausreichend ist, dass er sich auf eben diese „verdeckte Minderheitssituation" beruft, ohne dass er die Personen, die ihm die Gefolgschaft im Verborgenen verweigern, nennen müsste.

Die Einschätzung des Kanzlers ist nicht zu beanstanden, wenn nicht „eine andere Einschätzung der politischen Lage auf Grund von Tatsachen eindeutig vorzuziehen ist".[707] Ob durch diese, zum Urteil von 1983 differierende Formulierung eine weitere

---

[700] *Herbst*, Der Staat 45 (2006), S. 45 (63).
[701] BVerfGE 114, 121 (163).
[702] *Herbst*, Der Staat 45 (2006), S. 45 (65).
[703] *Starck*, JZ 2005, S. 1053 (1054).
[704] *Schenke*, ZfP 2006, S. 26 (27).
[705] *Schenke*, ZfP 2006, S. 26 (47).
[706] Zu der Problematik dieser Ermessensausübung vgl. unter Kap. 5.
[707] BVerfGE 114, 121 (161).

Ausweitung angestrebt ist, wird bezweifelt.[708] Trotzdem wird die Stellung des Kanzlers weiter gestärkt.[709] Dieser vermag sich nun auf fehlendes Vertrauen schon bei verdeckt geäußerter Kritik zu berufen.[710] Damit erhält er ein Disziplinierungsrecht gegenüber den Abgeordneten im Bundestag an die Hand.[711]

Als Einschränkung ist dann die Anforderung zu sehen, die eine Einschätzung auf Tatsachengrundlage fordert, welche jedoch auch schon im Urteil von 1983 angelegt ist,[712] wobei diese durch die auflösungsfreundliche Prüfung durch das Bundesverfassungsgericht ebenfalls entwertet wird und kaum als tragfähige Begrenzung gelten kann.

(3) Der Bundestag

Die Verschiebung des Kräfteverhältnisses hin zum Bundeskanzler erfolgt in erster Linie wieder auf Kosten des Bundestags. Neben dem Art. 38 Abs. 1 Satz 2 GG einschränkenden Disziplinierungseffekt wird der Abstimmung im Bundestag erneut lediglich Indizwirkung zugemessen, diese jedoch v. a. in Anbetracht des Kriteriums der „verdeckte[n] Minderheitssituation" weiter abgeschwächt.

(4) Das Bundesverfassungsgericht

Die eigene Prüfungsmöglichkeit nimmt das Gericht unter Bezugnahme auf den Prognosecharakter der Einschätzung des Bundeskanzlers als auch aufgrund des Arguments der drei in Art. 68 GG als verantwortlich hervorgehobenen Verfassungsorgane weiter zurück. Insbesondere durch die Betonung der spezifischeren Erkenntnismöglichkeiten des Bundespräsidenten wie auch der Verantwortung des Bundesverfassungsgerichts, den „vom Grundgesetz garantierten Raum freier politischer Gestaltung und Verantwortung offen[zu]halten" und der Erhebung des politischen Willensbildungsprozesses als zu schützendes Gut, stünden der gerichtlichen Feststellung nicht nur praktische Schwierigkeiten, sondern auch normative Grenzen entgegen.[713] Dabei wird vertreten, dass die Überprüfung auf Fälle des Missbrauchs beschränkt bleibe,[714] hingegen andernorts eine Prüfung generell als unmöglich erachtet wird.[715] Letzteres führt nach Schenke nicht nur zu einem Autoritätsverlust des Bun-

---

[708] So aber *Herbst*, Der Staat 45 (2006), S. 45 (70).

[709] *Schenke*, ZfP 2006, S. 26 (40).

[710] *Schenke*, ZfP 2006, S. 26 (42).

[711] *Schenke*, ZfP 2006, S. 26 (44).

[712] *Herbst*, Der Staat 45 (2006), S. 45 (70).

[713] *Herbst*, Der Staat 45 (2006), S. 45 (68 f.).

[714] *Herbst*, Der Staat 45 (2006), S. 45 (80); *Edinger*, ZParl 2006, S. 28 (37). Letzterer sieht den Missbrauchsfall vor allem darin, dass der Kanzler einen ihn geeignet erscheinenden Neuwahltermin anstrebt. Diesbezüglich führt er jedoch auch aus, dass es letztlich sowohl bei der Auflösung betrieben durch Kohl als auch bei der durch Schröder in erster Linie um einen diesen günstigen Zeitpunkt für Neuwahlen ging, was jedoch die Auflösung auch nicht verhindert habe.

[715] *Schenke*, ZfP 2006, S. 26 (38).

desverfassungsgerichts, sondern auch zur „Schwächung der Normativität der Verfassung".[716]

cc) Verfassungswandel hin zu einem Selbstauflösungsrecht?

Durch dieses Urteil scheint ein deutlicher Schritt hin zur Kanzlerdemokratie vollzogen zu sein.[717] Daher veranlassen die nun erfolgte Ausgestaltung des Art. 68 GG und insbesondere die fehlende inhaltliche Kontrolle des Vorliegens einer „verdeckte[n] Minderheitssituation" sowohl durch den Bundespräsidenten als auch durch das Bundesverfassungsgericht Jentsch dazu, im Urteil von einem „dem Selbstauflösungsrecht sehr nahe kommende[n] Schritt" zu sprechen, da *de facto* die schon 1983 aufgestellten materiellen Voraussetzungen für die Auflösung des Bundestags aufgegeben werden.[718] Und auch Schenke spricht, etwas drastischer formulierend, von einem Auflösungsrecht durch den Bundeskanzler, das demjenigen der Monarchen in der Monarchie und dem des Reichspräsidenten in der Weimarer Republik ähnlich sei.[719] Jedenfalls scheinen nunmehr einer Auflösung des Bundestags aufgrund der Vertrauensfrage keine nennenswerten Hindernisse mehr entgegenzustehen,[720] so dass vom Sinn des Art. 68 GG nicht mehr allzu viel übrig gewähnt und eine Umgehung der nunmehr geltenden Anforderungen als kaum mehr möglich erachtet wird. Aus diesem Grunde wird auch eine Verfassungsänderung, die ein Selbstauflösungsrecht normieren würde, als überflüssig angesehen.[721] Dem widerspricht hingegen Niclauß, der das System von *checks and balances* schon allein durch die Möglichkeit des Bundestags, einen neuen Bundeskanzler zu wählen, als gewahrt ansieht.[722]

In diesem Sinne wird auch von einem vollzogenen Verfassungswandel gesprochen, der einen tiefen Einschnitt in die Verfassungsentwicklung des Grundgesetzes seit 1949 markiere.[723] Mit dem des Art. 68 GG gehe auch ein Wandel hin zu einem plebiszitär-demokratischen Element im ansonsten bewusst repräsentativ-demokratisch ausgestalteten System des Grundgesetzes einher,[724] dem eine Schwächung

---

[716] *Schenke*, ZfP 2006, S. 26 (40, 48).

[717] *Schenke*, ZfP 2006, S. 26 (48).

[718] Sondervotum Jentsch, BVerfGE 114, 121 (174).

[719] *Schenke*, ZfP 2006, S. 26 (45). Dem kann jedoch entgegengehalten werden, dass letztlich eine Auflösung nur im Zusammenwirken mit dem Bundestag möglich ist. Die negative Abstimmung über den Antrag nach Art. 68 GG bleibt ja als Voraussetzung erhalten, vgl. hierzu auch die Ausführungen zu Kap. 5.

[720] *Schenke*, ZfP 2006, S. 26 (49).

[721] *Pestalozza*, NJW 2005, S. 2817 (1820).

[722] *Niclauß*, ZParl 2006, S. 40 (43).

[723] *Schenke*, ZfP 2006, S. 26 (27).

[724] *Schenke*, ZfP 2006, S. 26 (27). Darüber hinaus sei durch die Anerkennung der Begründung der entgegenstehenden Mehrheitsverhältnisse im Bundesrat eine Veränderung des bundesstaatlichen Föderalismus zu erkennen, da nun bei Landtagswahlen immer bundespolitische Elemente berücksichtigt und diese so zu Bundes(rats)wahlen würden. Damit sei der Politikverflechtung Vorschub geleistet und das föderale System geschwächt, ebenda, S. 34.

des Parlaments auch in Anbetracht des Übergewichts von Art. 68 GG gegenüber Art. 67 GG innewohnt.

Kapitel 5

Schlussbetrachtungen

Zwar ist die durch das Urteil des Bundesverfassungsgerichts von 1983 erfolgte Interpretation des Art. 68 GG zu begrüßen, sie enttäuscht allerdings um so mehr, als die getroffenen Aussagen und Feststellungen für die Beurteilung der Lage von 1983 offensichtlich unberücksichtigt bleiben und die Vertrauensfrage als verfassungsgemäß beurteilt wird. Die Entscheidung von 2005 ist dagegen inhaltlich stringenter und schlüssiger, was nicht zuletzt an der massiven Absenkung der Anforderungen an das materielle Tatbestandsmerkmal der „instabilen Lage" liegt, weswegen allerdings auch dieses Urteil nicht zu überzeugen vermag, sondern einmal mehr den Anschein erweckt, dass vom Ergebnis her argumentiert wird und die Verfassung an von Politikern – unter Umständen sogar unbedacht – hervorgerufenen politischen Gegebenheiten angepasst werden sollte. Dies wirft zwangsläufig die Frage nach einer von politischen Interessen unabhängigen Verfassungsgerichtsbarkeit auf, die ihren Platz als „Hüter der Verfassung" ernst nimmt und auch die Standfestigkeit beweist, die Verfassung gegen Bestrebungen der Politik zu verteidigen.

A. Die Auswirkungen der Staatspraxis und der diese bestätigenden Urteile auf Artikel 68 GG

Trotzdem kommt man nicht umhin, die Auswirkungen der Urteile, welche diese aufgrund von Art. 31 Abs. 1 BVerfGG auf die Rechtslage und die Auslegung von Art. 68 GG zeitigen, zur Kenntnis zu nehmen. Diese stellen sich zusammenfassend folgendermaßen dar:

I. Die Anerkennung der negativen Vertrauensfrage

Die negative bzw. auflösungsgerichtete Vertrauensfrage, bei welcher der Bundeskanzler die Vertrauensfrage mit dem erklärten Ziel der Auflösung des Bundestags stellt, wird in beiden Urteilen anerkannt, wenn auch unter Einschränkungen, die einem Missbrauch Vorkehrung sein sollten.[1]

---

[1] Vgl. zu den Einschränkungen bereits Kap. 4 B. VI. 1. c).

2005 wird dann der Eindruck erweckt, als würde das Bundesverfassungsgericht diese Variante der Vertrauensfrage, welche nach wie vor in der Literatur umstritten ist, als Regelfall ansehen, indem sie als „grundsätzlicher Ausweg" aus der Krisensituation bezeichnet wird.[2]

Dabei stellt sich unabhängig von der bereits diskutierten Frage der Verfassungsmäßigkeit diejenige der Strukturnotwendigkeit einer Verlagerung auf die auflösungsgerichtete Vertrauensfrage und die Notwendigkeit, diese zu stellen. Das Erfordernis hierzu dürfte bei den drei bislang erfolgten negativen bzw. auflösungsgerichteten Vertrauensfragen allein bei Brandt gegeben gewesen sein, um einen Ausweg aus der parlamentarischen Patt-Situation, wie sie sich 1972 ergab, zu finden. Sowohl bei Kohl als auch bei Schröder war eine parlamentarische Mehrheit vorhanden.

Darüber hinaus muss auch in Erinnerung gerufen werden, dass zumindest die Neuwahlen 2005 nicht zur gewünschten Stabilität beitrugen. Vielmehr waren die Wahlergebnisse derartig, dass sich zuletzt eine große Koalition bildete, die für ein Parlamentarisches System immer als Rückschritt und Stillstand angesehen werden muss.

Hiervon zu trennen ist die Frage nach dem Abstimmungsverhalten im Parlament. In all den drei Vertrauensfragen wurde die Abstimmung durch Nichtteilnahme oder negative Stimmabgabe von Koalitions- oder gar Regierungsmitgliedern beeinflusst bzw. sogar entschieden. Kommt dies bei Kohl und Schröder erschwerend hinzu, stellt es bei Brandt nicht bloß einen „Schönheitsfleck"[3] dar, sondern ebenfalls einen manipulativen Akt, um sicher zu gehen, dass ein negatives Votum erreicht wird. Dabei drängt sich die Frage auf, ob nicht auch ohne einen solchen das nötige Quorum verfehlt hätte werden können, was ja die Patt-Situation nahe legt. Unabhängig hiervon stellt allerdings das Grundgesetz auch für den Fall, dass ein konstruktives Misstrauensvotum scheitert, der Ausgang der Vertrauensfrage ungewiss ist, der Bundeskanzler jedoch trotzdem keine Handlungsfähigkeit besitzt, die Möglichkeit der Verbindung der Vertrauensfrage mit einem Sachantrag zur Verfügung. So hätte man die Abstimmung z. B. über den Haushaltsplan mit der Vertrauensfrage verbinden können, wie nach einer Äußerung des Kanzleramtsministers Ehmke offensichtlich auch in Erwägung gezogen wurde.[4] In diesem Falle wäre entweder die Handlungsfähigkeit Brandts durch Zustimmung oder aber die Möglichkeit der Auflösung des Bundestags, wie dies beabsichtigt war, die Folge gewesen. Weshalb diese Möglichkeit nicht ergriffen wurde, bleibt ungeklärt. Jedenfalls scheint das Argument, dieser Weg sei zu „umständlich",[5] nicht tragbar, da er eben nun einmal von der Verfassung für diese äußerst seltene Konstellation vorgesehen und bzgl. der Alternative, keine Handlungsfähigkeit zu besitzen oder manipulativ die Vertrauensfrage zu verlieren, vorzuziehen ist. Die Nichtergreifung dieser Möglichkeit ist umso unverständlicher, als sie einen Aus-

---

[2] *Herbst*, Der Staat 45 (2006), S. 45 (51 f.). Vgl. hierzu schon Kap. 4 B. VI. 2. c) aa).

[3] So *Löwer*, DVBl. 2005, S. 1102 (1105).

[4] Vgl. *Zeh*, Kalendarium, S. 156; *Lange/Richter*, ZParl 1973, S. 38 (57).

[5] So *Neubauer*, DÖV 1973, S. 597 (598).

weg aus der verfahrenen Situation geboten hätte, der verfassungsrechtlich gedeckt gewesen wäre und nicht den Eindruck der Manipulation erweckt hätte.

In diesem Sinne ist auch der Auffassung, die positive Vertrauensfrage wäre an der politischen Realität vorbei konstruiert und würde ihrem Zweck, der Stabilisierung der Regierung durch die Möglichkeit der Zwangsausübung auf das Parlament und der Überwindung von Regierungskrisen,[6] nicht oder nur höchst unzureichend gerecht,[7] weswegen sich der Sinn des Art. 68 GG in der auflösungsgerichteten bzw. negativen Vertrauensfrage erschöpfe, entgegenzutreten. Dieser Meinung ist zwar zu Gute zu halten, dass sie geprägt von der Krisensituation 1972 und der Abwahl Schmidts 1982 ihr Urteil fällte. Im Jahr 1982 war die Vertrauensfrage in der Tat nicht geeignet, die Koalition zusammenzuhalten. Allerdings würde Art. 68 GG zu viel Wirkung abverlangt, wollte man durch ihn sich völlig widersprechende Positionen innerhalb einer Regierungskoalition zusammenschweißen. Art. 68 GG hat nicht den Zweck, unüberbrückbare Gegensätze innerhalb einer Regierungskoalition oder zwischen Parlament und Kanzler dauerhaft zu überwinden und dadurch um jeden Preis eine Regierung zu erhalten. Vielmehr soll er dem Kanzler ermöglichen, sich für einen kurzen Weg die Gefolgschaft der Mehrheit im Parlament zu erzwingen, was vor allem bei einzelnen Sachfragen von Belang sein kann. Aus diesem Grunde wäre es verfehlt, der positiven Vertrauensfrage aufgrund des Scheiterns der Sozialliberalen Koalition 1982 ihre Wirkung und Existenzberechtigung abzusprechen.[8] Dies wird durch die Vertrauensfrage von Schröder 2001 deutlich unterstrichen, die eine Zerreißprobe der Regierungskoalition darstellte und anhand dieses Instruments gemeistert wurde.

Langfristige Regierungsstabilität, wie sie die bisherigen Bundesregierungen in Ausnahme derjenigen im Jahre 1972 zweifellos kennzeichneten, kann jedoch nicht durch verfahrensrechtliche Vorschriften erzwungen werden, sondern ist vielmehr eine Frage der Gestaltung des parlamentarischen Systems.[9] Dabei hat allein schon die 5 %-Klausel zu einer wesentlich beständigeren Parteienkonstellation im Sinne sicherer Parlamentsmehrheiten im Bundestag gegenüber derjenigen im Weimarer Reichstag beigetragen.[10] Und auch die Stabilität der Parteien stellt für die Festigung eine tragende Rolle dar.[11]

Die Tatsache, dass die positive Vertrauensfrage lediglich zwei Mal, die negative hingegen mit insgesamt drei Mal öfter gestellt wurde, vermag die oben genannte An-

---

[6] *Schlaich*, in: Isensee/Kirchhof (Hg.), HStR II, § 49 Rn 38.

[7] *Schneider*, in: ders., AKzGG, Art. 68 Rn 15; *Liesegang*, NJW 1983, S. 147 (148); *Oberreuter*, Vertrauensfrage, S. 661.

[8] So aber *Schlaich*, in: Isensee/Kirchhof (Hg.), HStR II, § 49 Rn 38; *Schneider*, in: ders., AKzGG, Art. 68 Rn 15; *Liesegang*, NJW 1983, S. 147 (148).

[9] So auch *Schneider*, in: ders., AKzGG, Art. 68 Rn 17; *Stern*, Staatsrecht I, § 22 III 3 β; *Degenhart*, Staatsrecht I, Rn 685; *Hesse*, Grundzüge des Verfassungsrechts, Rn 635.

[10] Auch wenn durch die Gründung und Etablierung neuer Parteien wie Bündnis 90/Die Grünen, PDS und Die Linke die Parteienlandschaft verändert und die Koalitionsbildung erschwert wurde.

[11] So auch *Stern*, Staatsrecht I, § 22 III 3 β.

sicht nicht zu stützen, da die Auflösungen 1983 und 2005 mit Art. 68 GG nicht vereinbar waren[12] bzw. ihnen massiver Widerstand in der Literatur und Rechtsprechung
entgegengesetzt wurde, so dass nicht schon allein aufgrund dieser Faktizität von
einem Vorzug der negativen bzw. auflösungsgerichteten Vertrauensfrage vor der positiven zu sprechen ist.

II. Die Voraussetzung für die Auflösung –
die „verdeckte Minderheitssituation"

Als Voraussetzung für eine Auflösung nach Art. 68 GG wird in beiden Urteilen –
wie zuvor schon zum Teil in der Literatur – eine „materielle Auflösungslage" gefordert, welche durch das „ungeschriebene sachliche Tatbestandsmerkmal" der „Lage
der Instabilität" zum Ausdruck kommt. Musste sich diese bislang durch Abstimmungsniederlagen manifestiert haben, um Aktualität zu demonstrieren, wird im Urteil von 1983 durch die ausreichende Prognose des Bundeskanzlers, „daß er eine vom
stetigen Vertrauen der Mehrheit getragene Politik nicht sinnvoll zu verfolgen vermag",[13] der Blick in die Zukunft gerichtet, so dass eine Antizipation einer zukünftigen
Krise durch erwartete Abstimmungsniederlagen als ausreichend angesehen wird, um
als Krise im Sinne des Art. 68 GG zu gelten. Dem folgend wird dann im Urteil von
2005 für die Prognose des Kanzlers eine von diesem entdeckte „verdeckte Minderheitssituation" als genügend erachtet, bei welcher der Kanzler noch nicht einmal die
Personen bezeichnen muss, von denen er abweichendes Stimmverhalten in Zukunft
erwarten zu können glaubt.[14] Letztlich wird damit das 1983 eingeführte Tatbestandsmerkmal, welches durch die Verneinung einer bloß formellen Auflösungslage ein
Mehr an Rechtssicherheit erzeugen sollte, völlig zur Disposition des Bundeskanzlers
gestellt und damit seiner begrenzenden Wirkung beraubt.

Zur Beurteilung wird allen auch außerhalb des Parlaments sich befindlichen An-
haltspunkten Bedeutung beigemessen, was sich naturgemäß der richterlichen Überprüfung entzieht. Dabei kommt dem Abstimmungsverhalten des Parlaments bzgl. anderer Sachfragen lediglich noch Indizwirkung zu.

---

[12] So die ganz h. M., vgl. stellvertretend für viele *Schenke*, in: Dolzer/Vogel/Graßhof (Hg.),
BK, Art. 68 Rn 75 ff., Rn 165 ff.; *Mager*, in: v.Münch/Kunig (Hg.), GG, Art. 68 Rn 16, 20;
Hesselberger, GG, Art. 68 Rn 6; *Stern*, Staatsrecht I, § 6 II 10; *Degenhart*, Staatsrecht I,
Rn 591, 685, 725; a. A. *Schmidt-Bleibtreu/Klein*, GG, Art. 68 Rn 4.

[13] BVerfGE 62, 1 (Leitsatz 6, 44) = EuGRZ 1983, S. 57 (68); *Gusseck*, NJW 1983,
S. 721 (722).

[14] BVerfGE 114, 121 (157).

B. Die Auswirkungen der Staatspraxis und der diese bestätigenden Urteile auf das Kräfteverhältnis im Grundgesetz

I. Der Bundeskanzler

Weiterhin wird das Kräfteverhältnis der am Verfahren nach Art. 68 GG beteiligten Staatsorgane zu Gunsten des Bundeskanzlers verschoben. War dieser ursprünglich eines der drei Staatsorgane, die bei der Auflösung gleichberechtigt mitwirken mussten, obliegt diesem nun weitgehend allein die Einschätzung, ob eine „instabile Lage" vorliegt, wobei er nicht an die gegenwärtige Situation gebunden ist, sondern eine Prognose für die Zukunft anstellen kann. Dabei reicht eine von ihm befürchtete „verdeckte Minderheitssituation" aus, deren – unter Umständen zukünftiges – Vorliegen er nicht einmal durch Nennung von Personen darlegen muss.

II. Der Bundespräsident

War ursprünglich vom Bundespräsidenten selbständig zu beurteilen, ob der Tatbestand des Art. 68 GG vorliegt, ist er nunmehr an die Einschätzung des Kanzlers gebunden und auf eine Plausibilitätskontrolle sowie eine der formalen Voraussetzungen verwiesen. Dabei hat er jedoch grundsätzlich der Einschätzung des Bundeskanzlers zu folgen, soweit nicht „eine andere Einschätzung der politischen Lage auf Grund von Tatsachen eindeutig vorzuziehen ist".[15] Übrig bleibt ihm allein sein Ermessen, ob er dem Auflösungsantrag des Bundeskanzlers entspricht.

III. Der Bundestag

Die Stellung des Bundestags wird darauf reduziert, dass ein Abstimmungsergebnis im Plenum lediglich ein Indiz für das Vorliegen einer Auflösungslage sein kann. Daneben wird jedoch einer Vielzahl anderer Aspekte Bedeutung beigemessen, so dass sich das Gewicht der Abstimmung im Plenum marginalisiert.

IV. Das Bundesverfassungsgericht

Endlich erklärt sich auch noch die letzte verbleibende Kontrollinstanz, das Bundesverfassungsgericht, aufgrund praktischer Schwierigkeiten und normativer Grenzen für nicht in der Lage, die Entscheidung des Bundeskanzlers vollständig zu überprüfen. Vielmehr gibt es durch seine Entscheidungen Bundeskanzler und Bundesprä-

---

[15] BVerfGE 114, 121 (161).

sident Kriterien an die Hand, nach denen eine Auflösung betrieben werden kann, die jedoch selbst kaum nachgeprüft werden können. Darüber ist es deutlich bemüht, den Sachverhalt so auszulegen, dass ein auflösungsfreundlicher Tenor ergehen kann.[16]

V. Das Verhältnis von Art. 67 zu Art. 68 GG

Durch diese Zentrierung des Mittels von Art. 68 GG in der Hand des Bundeskanzlers wird dessen Stellung maßgeblich gestärkt und auch das Zusammenspiel von Art. 68 GG und Art. 67 GG nachhaltig beeinträchtigt. Bleibt das konstitutionelle Misstrauensvotum trotz der veränderten Parteienlandschaft[17] für das Parlament nahezu unerreichbar, wird die Auflösung nach Art. 68 GG wesentlich erleichtert, so dass das Verhältnis von „Kolben und Zylinder einer Maschine"[18] tiefgreifend verschoben ist und auch von einer „Entwertung" des Art. 67 GG gesprochen wird.[19]

C. Ein Auflösungsrecht des Bundeskanzlers im Zusammenwirken mit der Parlamentsmehrheit

Beachtet man nun diese veränderte Situation, so fällt auf, dass zwar das Parlament allein immer noch keine Möglichkeit hat, sich aufzulösen. Jedoch kann der Bundeskanzler zumindest nach der weiteren Lockerung und Eingrenzung der Überprüfungsmöglichkeit durch den Bundespräsidenten aufgrund der Entscheidung von 2005 im Zusammenspiel mit der Parlamentsmehrheit eine solche bewirken, ohne auf größere Hindernisse zu stoßen. Von dem ursprünglich in Art. 68 GG angelegten und zur Sicherung gegen Missbrauch dienenden Zusammenwirken von eigenständig beurteilenden Verfassungsorganen bleibt nicht mehr viel übrig.

Die Ansicht, die darauf abstellt, dass das Parlament sich durch eine Gewissensentscheidung der Parlamentarier gegen die vom Kanzler angestrebte Auflösung stellen wird,[20] verkennt, dass die Mehrheit im Parlament, welche hinter dem Kanzler steht, sich bis auf einige Ausnahmen dem Auflösungswunsch schon aufgrund des Fraktionszwangs kaum widersetzen wird. Ebenso wenig die Oppositionsparteien. Zwar

---

[16] Vgl. die Entscheidungsgründe von BVerfGE 114, 121 ff., in denen jegliche Gegenargumente entweder in ihrer Bedeutung herabgewürdigt oder aber im Sinne einer Auflösungsentscheidung ausgelegt wurden.

[17] Mittlerweile sind fünf Parteien im Bundestag vertreten. Dabei erhöht die gestiegene Anzahl der Parteien die Chance auf ein konstruktives Misstrauensvotum. Hingegen wären bei einem Zweiparteiensystem die Möglichkeiten, ein konstruktives Misstrauensvotum erfolgreich zu bewerkstelligen, wesentlich geringer, vgl. *Loewenstein*, Verfassungslehre, S. 92 f.

[18] *Loewenstein*, Verfassungslehre, S. 85.

[19] *Mager*, in: v.Münch/Kunig (Hg.), GG, Art. 68 Rn 11.

[20] *Mager*, in: v.Münch/Kunig (Hg.), GG, Art. 68 Rn 15.

wird davon ausgegangen, dass interne Schwierigkeiten wie Gewissenskonflikte oder auch das abschreckende Wahlergebnis 2005 entgegenstehen.[21] Dies dürfte jedoch zu kurz greifen, da das politische Machtstreben unberücksichtigt bleibt, das oftmals sowohl Regierungspartei als auch Oppositionspartei antreibt, dem Wunsch zuzustimmen, um die eigene Position zu verbessern, auch wenn dies objektiv betrachtet nicht realistisch erscheint.[22] Hinter diesem Bestreben und dem Fraktionszwang bleibt die vom Grundgesetz idealisierte freie Gewissensentscheidung zumeist auf der Strecke. Insbesondere sind die Risiken einer Neuwahl für die Opposition wesentlich geringer. Vom Bundestag wird daher kein nennenswerter Widerstand zu erwarten sein. In diesem Sinne lassen sich jedenfalls die bisherigen Auflösungen interpretieren.

Bleibt noch der Bundespräsident, der, beschränkt auf sein Ermessen, zwar noch immer die Möglichkeit hat, die Auflösung zu verhindern. Allerdings wird zu Recht die Frage gestellt, wann nach dem vom Bundesverfassungsgericht erstellten Kriterium im politischen Prozess einer anderen Einschätzung ohne Ermessensfehler gegenüber derjenigen des Kanzlers der eindeutige Vorzug zu geben ist.[23] Die Prüfsteine, nach denen eine „instabile Lage" beurteilt werden kann, erweisen sich als derart ungreifbar, dass eine gegenteilige Auffassung so gut wie nie vorzuziehen sein dürfte bzw. nie mit der geforderten Sicherheit dargelegt werden kann. Darüber hinaus würde der Bundespräsident mit einer derartigen Verweigerung die im Vorfeld bei allen Parteien und hierdurch auch bei der Bevölkerung aufkommenden Neuwahlwünsche enttäuschen und die durch die Vertrauensfrage ins Rollen gekommene Maschinerie auch des Wahlkampfs stoppen. Hierzu bedarf es schon besonderer Stärke, die weder Carstens noch Köhler[24] an den Tag legten. Dass vom Bundespräsidenten auch kein Widerstand erwartet, sondern vielmehr von einem Auflösungsautomatismus ausgegangen werden kann, demonstrieren die Vorkommnisse um die Auflösung von 1982/83 und 2005 auf eindrucksvolle Weise. Wird diesem 1982 in der Frage der Festsetzung des Neuwahltermins vorgegriffen,[25] erfährt er 2005 erst aus den Medien von der Stellung der Vertrauensfrage. Und auch die Anfeindungen insbesondere durch Mitglieder der SPD und Bündnis 90/Die Grünen, denen das Staatsoberhaupt ausgesetzt war, lassen nicht nur jeglichen Respekt vermissen, sondern veranschaulichen die Geringschätzung, mit der diesem Amt mittlerweile begegnet wird, was als Folge der gewachsenen Bedeutungslosigkeit angesehen werden kann.

---

[21] *Niclauß*, ZParl 2006, S. 40 (43), der auch davon ausgeht, dass die Wähler das negative Vertrauensvotum als Vertrauensbruch ansehen.

[22] So auch *Starck*, JZ 2005, S. 1053 (1056).

[23] So auch *Ipsen*, NJW 2005, S. 2201 (2203).

[24] Insofern ließ die Umsetzung der Ankündigung, „unbequem" zu sein, auf sich warten und scheint erst in kürzerer Vergangenheit zur Verweigerung der Unterzeichnung von Gesetzen geführt zu haben.

[25] Die Ankündigung des Wahltermins erfolgt schon sehr früh und zeitigte auch Auswirkungen auf den Parlamentsalltag, in dem Parlamentsvorlagen, die nicht mehr bis zum Neuwahltermin abschließend behandelt werden konnten, nicht mehr gedruckt und verteilt wurden, vgl. *Bücker/Schlimbach*, Die Wende in Bonn, S. 161.

So ist auch das dritte Verfassungsorgan nunmehr zum Statisten degradiert, von dem die Ausübung der ihm ursprünglich zugedachten Kontrollfunktion nicht mehr erwartet werden kann. Dies wird auch durch die drei negativen bzw. auflösungsgerichteten Vertrauensfragen gestützt, bei denen jede zur Auflösung durch den Bundespräsidenten führte, obgleich zumindest von der Verfassungswidrigkeit der letzten beiden ausgegangen werden muss.

Das Bundesverfassungsgericht gibt hingegen die eigene Prüfungsmöglichkeit aus der Hand und hat durch seine Urteile gezeigt, dass es sich dem politischen Druck ebenso nicht entgegenzustellen wagt oder dies zumindest nicht will.[26]

Damit ist es einem Bundeskanzler, der die Mehrheit im Parlament hinter sich weiß, möglich, sich auf eine „verdeckte Minderheitssituation" berufend im Zusammenspiel mit der Mehrheit des Parlaments ein negatives Votum über eine Vertrauensfrage und die Auflösung durch den Bundespräsidenten herbeizuführen.[27] Mit Art. 68 enthält damit das Grundgesetz durch die Verfassungsrechtsprechung einen allgemeinen Auflösungstatbestand, der kaum noch Restriktionen unterliegt.[28]

D. Die normative Kraft des Faktischen – der Verfassungswandel des Artikels 68 GG

Betrachtet man nun die ursprüngliche Ausgestaltung des Art. 68 GG und vergleicht sie mit der Veränderung der Rechtslage, die durch die Verfassungsrechtsprechung 2005 einen vorläufigen Höhepunkt erreicht hat, so kommt man nicht umhin, eine Änderung des Art. 68 GG festzustellen. Unter diesen wird nunmehr auch die negative bzw. auflösungsgerichtete Vertrauensfrage sowie die manipulative Abstimmung im Bundestag als gedeckt angesehen. Geht man davon aus, dass Art. 68 GG für einen Minderheitenkanzler konstruiert wurde, würde Art. 68 GG ein anderer Sinn beigelegt, ohne dass sich jedoch der Wortlaut geändert hätte, was einen Verfassungswandel darstellen würde.[29] Denn es hätte sich das ursprünglich als Waffe gegen das Parlament vorgesehene Institut gewandelt in eines, in dessen vornehmlichem Fokus nicht mehr die Auflösung, sondern die Neuwahlen sowie die Zusammensetzung des Parlaments stünden.[30]

---

[26] So auch *Ipsen*, NJW 2005, S. 2201 (2203).

[27] Nach *Degenhart*, Staatsrecht I, Rn 601, müsste gerade eine solche Möglichkeit vermieden werden.

[28] In Folge dessen wird auch die Einführung eines Selbstauflösungsrechts, wie es spätestens seit der Patt-Situation 1972 diskutiert wurde und Anlass vielzähliger Äußerungen in der Literatur war, für nicht mehr notwendig erachtet, vgl. *Schneider*, in: ders., AKzGG, Art. 68 Rn 17.

[29] So auch *Achterberg*, DVBl. 1983, S. 478 (481).

[30] *Busch*, ZParl 1973, S. 213 (245 f.).

Aber selbst wenn man zugestehen wollte, dass die negative bzw. auflösungsgerichtete Vertrauensfrage vom Wortlaut und durch die Äußerungen des Abgeordneten Katz im Parlamentarischen Rat von Art. 68 GG gedeckt sein sollte, hat sich dessen Verständnis und das Kräftegleichgewicht der beteiligten Staatsorgane, wie eben skizziert, grundlegend verschoben.[31] Durch die Möglichkeit der Auflösung mittels kollusiven Zusammenwirkens von Bundeskanzler und Bundestag wird aus einem Instrument zur Bewältigung von parlamentarischen Krisen im Ausnahmefall ein allgemeiner Auflösungstatbestand, der jeglicher wirksamer Begrenzung insbesondere auch durch die nunmehr noch schwächer ausgestaltete Stellung des Bundespräsidenten entbehrt. Hierdurch wird auch ein ansonsten dem repräsentativ-demokratisch ausgestalteten System des Grundgesetzes fremdes plebiszitär-demokratisches Element eingeführt, dem eine Schwächung des Parlaments innewohnt.[32] Damit hat sich zwar das – um mit Hesse zu sprechen – „Normprogramm" von Art. 68 GG nicht geändert, hingegen der „Normbereich" erweitert und darüber hinaus auch strukturelle Änderungen des Grundgesetzes bewirkt, die so in diesem nicht angelegt waren. Der Vertrauensfrage wohnt damit nicht mehr ihre klassische Funktion inne. Sie ist „zum Äquivalent für das im Grundgesetz bisher nicht vorgesehene Selbstauflösungsrecht geworden."[33]

Zwar wird bestritten, dass dem Faktischen allein normative Kraft zukommt,[34] wie dies Jellinek mit seinem Ausspruch von der „normative[n] Kraft des Faktischen" ausdrückt.[35] Jedoch ist nicht von der Hand zu weisen, dass zumindest mittelbar dieses Faktische normative Kraft entwickelt hat. Denn Politiker wie Kohl und Schröder haben durch ihr zum Teil vorschnelles Agieren und durch deren Gefolgschaft im Bundestag aufgrund der Schwäche des Bundespräsidenten und der sich selbst verordneten des Bundesverfassungsgerichts zum Verfassungswandel des Art. 68 GG maßgeblich beigetragen, wenn dieser auch erst durch die Urteile des Bundesverfassungsgerichts mit verbindlicher Wirkung versehen wurde. Und so scheint Jellinek letztlich auch mit seiner Aussage, dass sich die realen politischen Kräfte nach ihren eigenen Gesetzen unabhängig der juristischen Formen bewegen, Recht zu behalten. Ein so verstandenes „Primat der Politik", bei dem das politisch Wünschenswerte mit dem verfassungsrechtlich Möglichen vermengt wird, stimmt nachdenklich, scheint doch die im Grundgesetz angedachte unabhängige Sicherung der Verfassung durch ein Verfassungsgericht – zumindest in diesem Falle – unwirksam und die Verfassung politischen Interessen und Machtstreben schutzlos preisgegeben zu sein, ohne dass die „Hüter der Verfassung", getrieben von dem politischen Geschehen, ihrer Aufgabe ge-

---

[31] So auch *Heun*, AöR 109 (1984), S. 13 (31 ff.).

[32] So schon *Stern*, Staatsrecht I, § 22 III 3 δ; *Schenke*, ZfP 2006, S. 26 (27).

[33] *Oberreuter*, Vertrauensfrage, S. 662.

[34] So *Badura*, Staatsrecht, F 60.

[35] *Jellinek*, Allgemeine Staatslehre, S. 338.

recht würden. Wünschenswert wäre daher eine verstärkte richterliche Kontrolle, welche der Verfassung wieder zur Durchsetzung verhilft.[36]

---

[36] Der Bundespräsident könnte zwar vom Bundesverfassungsgericht nicht zur Aufhebung seiner Maßnahme verurteilt werden, aufgrund der Verbindlichkeit der Entscheidung des Bundesverfassungsgerichts gem. § 31 Abs. 1 BVerfGG wäre der Bundespräsident jedoch verpflichtet, die Auflösung des Bundestags rückgängig zu machen, *Ipsen*, Staatsrecht I, Rn 881. A. A. *Starck*, JZ 2005, S. 1053 (1056), der von einer Nichtigerklärung ausgeht.

Quellen- und Literaturverzeichnis

Quellen

Beschluss des Zweiten Senats vom 8. August 2005 – 2 BvE 4/05, BVerfGE 114, 105 ff.

Beschluss des Zweiten Senats nach § 24 BVerfGG vom 23. August 2005 – 2 BvE 5/05, BVerfGE 114, 107 ff., sowie in: NJW 37 (205), S. 2682 ff.

Beschluss des Zweiten Senats vom 13. September 2005 – 2 BvF 2/03, BVerfGE 114, 196 ff.

BGBl. I (1972), S. 18833 f.

BGBl. I (1976), S. 2381

BGBl. I (1983), S. 1 f.

BGBl. I (2005), S. 2169 f.

Der Parlamentarische Rat 1948–1949. Akten und Protokolle 2, Der Verfassungskonvent auf Herrenchiemsee, Deutscher Bundestag und Bundesarchiv (Hg.), bearbeitet von Peter Bucher, 1981, Boppard am Rhein, Dokument Nr. 14, S. 579 ff.

Der Parlamentarische Rat 1948–1949. Akten und Protokolle 7, Entwürfe zum Grundgesetz, Deutscher Bundestag und Bundesarchiv (Hg.), bearbeitet von Michael Hollmann, 1995, Boppard am Rhein, Dokument Nr. 14, S. 571 ff.

Deutscher Bundestag, Stenographischer Bericht, 6. Wahlperiode, 183. Sitzung vom 27. April 1972, in: Verhandlungen des Deutschen Bundestages, 6.Wahlperiode, Stenographische Berichte Bd.79 von der 171. Sitzung am 23. Februar 1972 bis zur 185. Sitzung am 4. Mai 1972, 1972, Bonn, S. 10697 ff. (zitiert: Sten.B., 6. Wp., 183. Stzg. v. 27.4.1972)

Deutscher Bundestag, Stenographischer Bericht, 6. Wahlperiode, 197. Sitzung vom 20. September 1972, in: Verhandlungen des Deutschen Bundestages, 6.Wahlperiode, Stenographische Berichte Bd.80 von der 186. Sitzung am 10. Mai 1972 bis zur 199. Sitzung am 22. September 1972 und 1. Sitzung des Ständigen Ausschusses gemäß Art. 45 des Grundgesetzes am 30. Oktober 1972, 1972, Bonn, S. 11565 ff. (zitiert: Sten.B., 6. Wp., 197. Stzg. vom 20.9.1972)

Deutscher Bundestag, Stenographischer Bericht, 6. Wahlperiode, 199. Sitzung vom 22. September 1972, in: Verhandlungen des Deutschen Bundestages, 6.Wahlperiode, Stenographische Berichte Bd.80 von der 186. Sitzung am 10. Mai 1972 bis zur 199. Sitzung am 22. September 1972 und 1. Sitzung des Ständigen Ausschusses gemäß Art. 45 des Grundgesetzes am 30. Oktober 1972, 1972, Bonn, S. 11725 ff. (zitiert: Sten.B., 6. Wp., 199. Stzg. vom 22.9.1972)

Deutscher Bundestag, Stenographischer Bericht, 9. Wahlperiode, 84. Sitzung vom 5. Februar 1982, in: Verhandlungen des Deutschen Bundestages, 9. Wahlperiode, Stenographische Berichte Bd.120, Plenarprotokolle 9/66–9/84, 25. November 1981–5. Februar 1982, 1981/1982, Bonn, S. 4999 ff., sowie http://dip.bundestag.de/btp/09/09084.pdf (zitiert: StenB., 9. Wp., 84. Stzg. v. 5.2.1982)

Deutscher Bundestag, Stenographischer Bericht, 9. Wahlperiode, 111. Sitzung vom 9. September 1982, in: Verhandlungen des Deutschen Bundestages, 9. Wahlperiode, Stenographische Berichte Bd.122, Plenarprotokolle 9/110–9/128, 8. September 1982–12. November 1982, 1982, Bonn, S. 6741 ff., sowie http://dip.bundestag.de/btp/09/09111.pdf (zitiert: Sten.B., 9.Wp., 111.Stzg. v. 9.9.1982)

Deutscher Bundestag, Stenographischer Bericht, 9. Wahlperiode, 115. Sitzung vom 17. September 1982, in: Verhandlungen des Deutschen Bundestages, 9. Wahlperiode, Stenographische Berichte Bd.122, Plenarprotokolle 9/110–9/128, 8. September 1982–12. November 1982, 1982, Bonn, S. 7063 ff., sowie http://dip.bundestag.de/btp/09/09115.pdf (zitiert: Sten.B., 9.Wp., 115.Stzg. v. 17.9.1982)

Deutscher Bundestag, Stenographischer Bericht, 9. Wahlperiode, 120. Sitzung vom 4. Oktober 1982, in: Verhandlungen des Deutschen Bundestages, 9. Wahlperiode, Stenographische Berichte Bd.122, Plenarprotokolle 9/110–9/128, 8. September 1982–12. November 1982, 1982, Bonn, S. 7209 ff., sowie http://dip.bundestag.de/btp/09/09120.pdf (zitiert: Sten.B., 9.Wp., 120.Stzg. v. 5.10.1982)

Deutscher Bundestag, Stenographischer Bericht, 9. Wahlperiode, 138. Sitzung vom 14. Dezember 1982, in: Verhandlungen des Deutschen Bundestages, 9. Wahlperiode, Stenographische Berichte Bd.123, Plenarprotokolle 9/129–9/142, 24. November 1982–20. Januar 1983, 1982/1983, Bonn, S. 8577 ff., sowie http://dip.bundestag.de/btp/09/09138.pdf (zitiert: Sten.B., 9. Wp., 138. Stzg. v. 14.12.1982)

Deutscher Bundestag, Stenographischer Bericht, 9. Wahlperiode, 139. Sitzung vom 15. Dezember 1982, in: Verhandlungen des Deutschen Bundestages, 9. Wahlperiode, Stenographische Berichte Bd.123, Plenarprotokolle 9/129–9/142, 24. November 1982–20. Januar 1983, 1982/1983, Bonn, S. 8685 ff., sowie http://dip.bundestag.de/btp/09/09139.pdf (zitiert: Sten.B., 9. Wp., 139. Stzg. v. 15.12.1982)

Deutscher Bundestag, Stenographischer Bericht, 9. Wahlperiode, 140. Sitzung vom 16. Dezember 1982, in: Verhandlungen des Deutschen Bundestages, 9.Wahlperiode, Stenographische Berichte Bd.123, Plenarprotokolle 9/129–9/142, 24. November 1982–20. Januar 1983, 1982/1983, Bonn, S. 8825 ff., sowie http://dip.bundestag.de/btp/09/09140.pdf (zitiert: Sten.B., 9. Wp., 140. Stzg. v. 16.12.1982)

Deutscher Bundestag, Stenographischer Bericht, 14. Wahlperiode, 198. Sitzung vom 8. November 2001, in: Verhandlungen des Deutschen Bundestages, 14. Wahlperiode, Stenographische Berichte Bd.209, Plenarprotokolle 14/197–14/210, 7. November – 22. Dezember 2001, 2001, Berlin, S. 19281 ff., sowie http://dip.bundestag.de/btp/14/14198.pdf (zitiert: Sten.B., 14.Wp., 198. Stzg. v. 8.11.2001)

Deutscher Bundestag, Stenographischer Bericht, 14. Wahlperiode, 202. Sitzung vom 16. November 2001, in: Verhandlungen des Deutschen Bundestages, 14. Wahlperiode, Stenographische Berichte Bd.209, Plenarprotokolle 14/197–14/210, 7. November – 22. Dezember 2001, 2001, Berlin, S. 19855 ff., sowie http://dip.bundestag.de/btp/14/14202.pdf (zitiert: Sten.B., 14.Wp., 202. Stzg. v. 16.11.2001)

Deutscher Bundestag, Stenographischer Bericht, 15. Wahlperiode, 185. Sitzung vom 1. Juli 2005, in: Verhandlungen des Deutschen Bundestages, 15. Wahlperiode, Stenographische Berichte Bd.227, Plenarprotokolle 15/174–15/187, 11. Mai 2005–28. September 2005, 2005, Berlin, S. 17465 ff., sowie http://dip.bundestag.de/btp/15/15185.pdf (zitiert: Sten.B., 15. Wp., 185. Stzg. v. 1.7.2005)

Deutscher Bundestag, Drucksache 6/3831, in: Verhandlungen des Deutschen Bundestages, 6. Wahlperiode, Anlagen zu den stenographischen Berichten Bd. 167, Drucksachen VI/3801 bis VI/3831 sowie Drucksachen VI/VII/1 bis 3 des Ständigen Ausschusses, 1972, Bonn (o. Seitenangabe), sowie BGBl. I (1972), S. 18833 f.

Deutscher Bundestag, Drucksache VI/3829, in: Verhandlungen des Deutschen Bundestages, 6. Wahlperiode, Anlagen zu den stenographischen Berichten Bd. 167, Drucksachen VI/3801 bis VI/3831 sowie Drucksachen VI/VII/1 bis 3 des Ständigen Ausschusses, 1972, Bonn, S. 89 ff.

Deutscher Bundestag, Drucksache VI/3831, in: Verhandlungen des Deutschen Bundestages, 6. Wahlperiode, Anlagen zu den stenographischen Berichten Bd. 167, Drucksachen VI/3801 bis VI/3831 sowie Drucksachen VI/VII/1 bis 3 des Ständigen Ausschusses, 1972, Bonn, sowie BGBl. I (1972), S. 18833 f.

Deutscher Bundestag, Drucksache VII/5924, in: Verhandlungen des Deutschen Bundestages, 7. Wahlperiode, Anlagen zu den stenographischen Berichten Bd.227, Drucksachen 7/5901 bis 7/5953 (neu), 1976, Bonn, sowie http://dip.bundestag.de/btd/07/059/0705924.pdf

Deutscher Bundestag, Drucksache 9/1312, in: Verhandlungen des Deutschen Bundestages, 9. Wahlperiode, Drucksachen Bd.280, Drucksachen 9/1241 bis 9/1340, 1981/1982, Bonn, sowie http://dip.bundestag.de/btd/09/013/0901312.pdf

Deutscher Bundestag, Drucksache 14/7296, in: Verhandlungen des Deutschen Bundestages, 14. Wahlperiode, Drucksachen Bd.686, Drucksachen 14/7251 – 14/7349, 2001, Berlin, sowie http://dip.bundestag.de/btd/14/072/1407269.pdf

Deutscher Bundestag, Drucksache 14/7333, in: Verhandlungen des Deutschen Bundestages, 14. Wahlperiode, Drucksachen Bd.686, Drucksachen 14/7251 – 14/7349, 2001, Berlin, sowie http://dip.bundestag.de/btd/14/073/1407333.pdf

Deutscher Bundestag, Drucksache 14/7440, in: Verhandlungen des Deutschen Bundestages, 14. Wahlperiode, Drucksachen Bd.687, Drucksachen 14/7350 – 14/7490, 2001, Berlin, sowie http://dip.bundestag.de/btd/14/074/1407440.pdf

Deutscher Bundestag, Drucksache 14/7445, in: Verhandlungen des Deutschen Bundestages, 14. Wahlperiode, Drucksachen Bd.687, Drucksachen 14/7350 – 14/7490, 2001, Berlin , sowie http://dip.bundestag.de/btd/14/074/1407445.pdf

Deutscher Bundestag, Drucksache 14/7447, in: Verhandlungen des Deutschen Bundestages, 14. Wahlperiode, Drucksachen Bd.687, Drucksachen 14/7350 – 14/7490, 2001, Berlin , sowie http://dip.bundestag.de/btd/14/074/1407447.pdf

Deutscher Bundestag, Drucksache 14/7480, in: Verhandlungen des Deutschen Bundestages, 14. Wahlperiode, Drucksachen Bd.687, Drucksachen 14/7350 – 14/7490, 2001, Berlin, sowie http://dip.bundestag.de/btd/14/074/1407480.pdf

Deutscher Bundestag, Drucksache 14/7503, in: Verhandlungen des Deutschen Bundestages, 14. Wahlperiode, Drucksachen Bd.688, Drucksachen 14/7491 – 14/7600, 2001, Berlin , sowie http://dip.bundestag.de/btd/14/075/1407503.pdf

Deutscher Bundestag, Drucksache 14/7512, in: Verhandlungen des Deutschen Bundestages, 14. Wahlperiode, Drucksachen Bd.688, Drucksachen 14/7491 – 14/7600, 2001, Berlin, sowie http://dip.bundestag.de/btd/14/075/1407512.pdf

Deutscher Bundestag, Drucksache 15/5825, in: Verhandlungen des Deutschen Bundestages, 15. Wahlperiode, Drucksachen Bd. 772, Drucksachen 15/5820–15/5860, 2005, Berlin , sowie http://dip.bundestag.de/btd/15/058/1505825.pdf (jeweils zitiert: BT-Drs.)

Die Verfassung des Deutschen Reiches vom 11. August 1919: Sammlung von Reichsgesetzen staats- und verwaltungsrechtlichen Inhalts, Textausgabe mit Anmerkungen, Carl Sartorius, 12. Auflage, 1935, München/Berlin 1, Nr. 32

Grundgesetz für die Bundesrepublik Deutschland, Verfassungs- und Verwaltungsgesetze. Textsammlung, Sartorius I, München, Stand: Februar 2007 (83.EL)

Herrenchiemseer Entwurf: Deutscher Bundestag und Bundesarchiv (Hg.), Der Parlamentarische Rat 1948–1949. Akten und Protokolle, 13 Bde., 1975–2002, München u. a.

Parlamentarischer Rat, Hauptausschuss, Stenographischer Bericht, 4. Sitzung vom 17. November 1948, in: Parlamentarischer Rat. Verhandlungen des Hauptausschusses, 1948/49, Bonn, S. 41 ff. (zitiert: Parlamentarischer Rat, HA-Sten.B., 4. Stzg. v. 15. 9. 1948)

Parlamentarischer Rat, Hauptausschuss, Stenographischer Bericht, 33. Sitzung vom 8. Januar 1949, in: Parlamentarischer Rat. Verhandlungen des Hauptausschusses, 1948/49, Bonn, S. 403 ff. (zitiert: Parlamentarischer Rat, HA-Sten.B., 33. Stzg. v. 8. 1. 1949)

Urteil des Bayerischen Verfassungsgerichtshofes vom 14. 8. 1974, in: BayVBl. 1974, S. 584 ff.

Urteil des Zweiten Senats vom 25. August 2005 auf Grund der mündlichen Verhandlung vom 9. August 2005 – 2 BvE 4/7/05 –, BVerfGE 114, 121 ff.

Urteil des Zweiten Senats vom 16. Februar 1983 auf die mündliche Verhandlung vom 25. Januar 1983 – 2 BvE 1, 2, 3, 4/83 –, BVerfGE 62, 1 ff., sowie in: DÖV 1983, S. 236 ff., sowie in: EuGRZ 1983, S. 57 ff.

Wahlergebnis: http://www.bundestag.de/parlament/wahlen/sitzverteilung/1541_16.html

Literatur

o.A.: Brandt fordert Lambsdorff zum Rücktritt auf. Schmidt kündigt Konsequenzen an, in: Süddeutsche Zeitung 212/1982, S. 1

o.A.: Die Ernennungsurkunde für 15 Uhr bestellt, in: Der Spiegel 19/1972, S. 21 ff.

o.A.: Die Richter haben sich gebeugt, in: Süddeutsche Zeitung 39/1983, S. 4

o.A: „Die Verfassung ist kein Schweizer Käse", in: Der Spiegel 39/1966, S. 43.

Achterberg, Norbert: Vertrauensfrage und Auflösungsanordnung, in: DVBl. 1983, S. 478 ff.

Anschütz, Gerhard: Die Verfassung des Deutschen Reichs vom 11. August 1919, (Stilkes Rechtsbibliothek Nr. 1), 11. Aufl. 1929, Berlin

Appel, Reinhard: Wehner: Voraussetzungen für Neuwahlen so schnell wie möglich schaffen, in: Süddeutsche Zeitung 208/1972, S. 1

Badura, Peter: Staatsrecht. Systematische Erläuterung des Grundgesetzes für die Bundesrepublik Deutschland, 3. Aufl. 2003, München

Badura, Peter: Verfassungsänderung, Verfassungswandel, Verfassungsgewohnheitsrecht, in: Isensee, Josef/Kirchhof, Paul (Hg.), HStR VII, 1992, Heidelberg, S. 57 ff.

Benda, Ernst, in: Witz und Aberwitz, in: Der Spiegel, 23/2005, S. 30 ff.

Bergsträsser, Ludwig: Die Entwicklung des Parlamentarismus in Deutschland, (Geschichte und Politik Heft 13), 1954, Laupheim

Blischke, Werner: Verfahrensfragen des Bundestages im Jahre 1972, in: Der Staat 12 (1973), S. 65 ff.

Böckenförde, Ernst-Wolfgang: Methoden der Verfassungsinterpretation – Bestandsaufnahme und Kritik, in: NJW 1976, S. 2089 ff.

Bonner Redaktion: Die Chancen für Neuwahlen wachsen, in: Süddeutsche Zeitung 131/1972, S. 1

Brandt, Edmund: Die Bedeutung parlamentarischer Vertrauensregelungen. Dargestellt am Beispiel von Art. 54 WRV und Art. 67, 68 GG (Schriften zum Öffentlichen Recht Bd.396), 1981, Berlin

Broß, Siegfried: Aus der Rechtsprechung des Bundesverfassungsgerichts: Anordnung des Bundespräsidenten über die Auflösung des 9. Deutschen Bundestags vom 6. Januar 1983 und Anordnung über die Bundestagswahl 1983, in: Recht im Amt 30 (1983), S. 101 ff.

Bryde, Brun-Otto: Verfassungsentwicklung. Stabilität und Dynamik im Verfassungsrecht der Bundesrepublik Deutschland, 1982, Baden-Baden

Bucher, Peter: Der Parlamentarische Rat 1948–1949. Akten und Protokolle 2, Der Verfassungskonvent auf Herrenchiemsee, Deutscher Bundestag und Bundesarchiv (Hg.), 1981, Boppard am Rhein

Bücker, Joseph/*Schlimbach*, Helmut: Die Wende in Bonn. Deutsche Politik auf dem Prüfstand (Motive – Texte – Materialien Bd.22), 1983, Heidelberg

Bull, Hans Peter: Parlamentsauflösung – Zurückweisung an den Souverän, in: ZRP 1972, S. 201 ff.

Busch, Eckart: Bundestagsauflösung und Gemeinsamer Ausschuß, in: Kremer, Klemens (Hg.), Parlamentsauflösung. Praxis – Theorie – Ausblick, 1974, Köln/Berlin/Bonn/München, S. 79 ff.

Busch, Eckart: Die Parlamentsauflösung 1972. Verfassungsgeschichtliche und verfassungsrechtliche Würdigung, in: ZParl 1973, S. 213 ff.

Degenhart, Christoph: Staatsrecht I, Staatsorganisationsrecht, 21. Aufl. 2005, Heidelberg

Delbrück, Jost/*Wolfrum*, Rüdiger: Die Auflösung des 9. Deutschen Bundestages vor dem BVerfG – BVerfGE 62, 1, in: JuS 1983, S. 758 ff.

v. Doemming, Klaus-Berto/*Füsslein*, Rudolf Werner/*Matz*, Werner: Entstehungsgeschichte der Artikel des Grundgesetzes, in: JöR n.F. 1 (1951), S. 1 ff.

Dolzer, Rudolf: Verfassungskonkretisierung durch das Bundesverfassungsgericht und durch politische Verfassungsorgane (Heidelberger Forum Bd.14), 1982, Heidelberg

Dolzer, Rudolf/*Vogel*, Klaus/*Graßhof*/Karin (Hg.): Bonner Kommentar zum Grundgesetz, Loseblattsammlung, Stand: Sept. 2006 (124.EL.) (zitiert: BK)

Dreier, Horst (Hg.): GG – Grundgesetz Kommentar 2, Artikel 20–82, 2. Aufl. 2006, Tübingen (zitiert: GG)

Edinger, Florian: Wer misstraut wem? Die Entscheidung des Bundesverfassungsgerichts über die Vertrauensfrage des Bundeskanzlers und die Bundestagsauflösung 2005 – 2 BvE 4/05 und 7/05, in: ZParl 2006, S. 28 ff.

Erdmann, Karl Dietrich: Die Weimarer Republik (Handbuch der deutschen Geschichte Bd.19, Gebhardt, Bruno (Hg.)) Grundmann, Herbert (Hg.), 11. Aufl. 1993, München

Eschenburg, Theodor: Übergangskabinett als Eselsbrücke, in: Die Zeit 21/1972 vom 26. Mai 1972, S. 3

Everhard, Holtmann (Koordinator): Die Weimarer Republik

– Bd. 2: Der brüchige Frieden 1924 – 28, 1994, München

– Bd. 3: Das Ende der Demokratie 1929 – 33, 1995, München

Falter, Jürgen W.: Die Wahlen des Jahres 1932/33 und der Aufstieg totalitärer Parteien, in: Everhard Holtmann (Koordinator), Die Weimarer Republik 3 – Das Ende der Demokratie 1929 – 33, 1995, München, S. 271 ff.

Feldenkirchen, Markus/*v. Hammerstein*, Konstantin/*Knaup*, Horand/*Steingart*, Gabor/*Volkery*, Carsten: Schröders Legenden, in: Der Spiegel 23/2005, S. 24 ff.

Feldkamp, Michael F.: Chronik der Vertrauensfrage von Bundeskanzler Gerhard Schröder im November 2001, in: ZParl 2002, S. 5 ff.

Feldkamp, Michael F.: Chronik der Vertrauensfrage des Bundeskanzlers am 1. Juli 2005 und der Auflösung des Deutschen Bundestages am 21. Juli 2005, in: ZParl 2006, S. 19 ff.

Feldkamp, Michael F./*Ströbel*, Birgit: Datenhandbuch zur Geschichte des Deutschen Bundestages 1994 bis 2003, 2005, Baden-Baden

Friesenhahn, Ernst: Parlament und Regierung im modernen Staat, in: VVDStRL 16 (1958), S. 9 ff.

Friesenhahn, Ernst: Aussprache über: Parlament und Regierung im modernen Staat, S. 113 ff.

Fromme, Friedrich Karl: Von der Weimarer Verfassung zum Bonner Grundgesetz (Tübinger Schriften zum Staats- und Verwaltungsrecht Bd.50, Wolfgang Graf Vitzthum (Hg.)), 3. Aufl. 1990, Berlin

Geiger, Willy: Die Auflösung des Bundestages nach Art.68 GG, in: JöR n.F. 33 (1984), S. 41 ff.

Geyer, Matthias/*Kurbjuweit*, Dirk/*Schnibben*, Cordt: Operation rot-grün. Geschichte eines Abenteuers, 2005, München

Glum, Friedrich: Appell an das Volk in lebenswichtigen Fragen?, in: NJW 1952, S. 281 ff.

Glum, Friedrich: Kritische Bemerkungen zu Art. 63, 67, 68 und 81 des Bonner Grundgesetzes, in: Um Recht und Gerechtigkeit, Festgabe für Erich Kaufmann zu seinem 70. Geburtstag, 1950, Stuttgart/Köln, S. 47 ff.

Grimm, Dieter/*Kirchhof*, Paul (Hg.): Entscheidungen des Bundesverfassungsgerichts, Studienauswahl 1, 2. Aufl. 1997, Tübingen

Grote, Gustav: Das Bundesverfassungsgericht zur Bundestagsauflösung: Welche Sprachregelung gebietet das Grundgesetz?, in: Demokratie und Recht 11 (1983), S. 26 ff.

Gusseck, Lutz: Bundestagsauflösung kraft Richterspruchs?, in: NJW 1983, S. 721 ff.

Haass, Jörg: Vertrauensnotstand – Konkretisierte Vertrauensfrage und politische Instabilität, in: BayVBl. 2004, S. 204 ff.

Hauck, Peter: Auflösung des Bundestages zur Verbreiterung der Regierungsmehrheit?, in: DVBl. 1971, S. 135 ff.

Henke, Wilhelm: Der fließende Staat, in: Der Staat 20 (1981), S. 580 ff.

Henkel, Joachim: Zur Verbindung von Vertrauensfrage und Gesetzesvorlage, in: DÖV 1973, S. 73 ff.

Herbst, Tobias: Die auflösungsgerichtete Vertrauensfrage, in: Der Staat 45 (2006), S. 45 ff.

Herzog, Roman: Die Stellung der parlamentarischen Staatssekretäre im Falle der Bundestagsauflösung, in: Kremer, Klemens (Hg.), Parlamentsauflösung. Praxis – Theorie – Ausblick, 1974, Köln/Berlin/Bonn/München, S. 113 ff.

Hesse, Konrad: Grundzüge des Verfassungsrechts der Bundesrepublik Deutschland, 20. Aufl. 1995, Heidelberg

Hesse, Konrad: Grenzen der Verfassungswandlung, in: Festschrift für Ulrich Scheuner zum 70. Geburtstag, Ehmke, Horst u. a. (Hg.), 1973, Berlin, S. 123 ff.

Hesselberger, Dieter: Das Grundgesetz. Kommentar für die politische Bildung (Schriftenreihe der Bundeszentrale für politische Bildung Bd.409), 13. Aufl. 2003, Bonn (zitiert: GG)

Heun, Werner: Die Stellung des Bundespräsidenten im Licht der Vorgänge um die Auflösung des Bundestages, in: AöR 109 (1984), S. 13 ff.

Heyde, Wolfgang/*Wöhrmann*, Gotthard (Hg.): Auflösung und Neuwahl des Bundestages 1983 vor dem Bundesverfassungsgericht. Dokumentation des Verfahrens (Motive – Texte – Materialien Bd.24), 1984, Heidelberg

Hochrathner, Uwe J.: Anwendungsbereich und Grenzen des Parlamentsauflösungsrechts nach dem Bonner Grundgesetz (Europäische Hochschulschriften Reihe II Bd. 462), 1985, Frankfurt a.M./Berlin/New York

Höfling, Wolfram: Das Institut der Parlamentsauflösung in den deutschen Landesverfassungen, in: DÖV 1982, S. 889 ff.

Hollmann, Michael: Der Parlamentarische Rat 1948–1949. Akten und Protokolle 7, Entwürfe zum Grundgesetz, Deutscher Bundestag und Bundesarchiv (Hg.), 1995, Boppard am Rhein

Hopfauf, Axel: Zur Entstehung des Artikels 68 GG, in: AöR 108 (1983), S. 391 ff.

Huber, Ernst Rudolf: Deutsche Verfassungsgeschichte seit 1789 Bd.VI, Die Weimarer Reichsverfassung, 1981, Stuttgart/Berlin/Köln/Mainz

Ipsen, Jörn: Staatsrecht I, Staatorganisationsrecht, 17. Aufl. 2005, München

Ipsen, Jörn: Zur Regierung verurteilt? Verfassungsrechtliche Probleme der Vertrauensfrage nach Art. 68 GG, in: NJW 2005, S. 2201 ff.

Ipsen, Jörn: Die Auflösung des 15. Deutschen Bundestages – eine Nachlese, in: NVwZ 2005, S. 1147 ff.

Isensee, Josef: Staat und Verfassung, in: ders./Kirchhof, Paul (Hg.), HStR II, 3. Aufl. 2004, Heidelberg, S. 3 ff.

Isensee, Josef/*Kirchhof*, Paul (Hg.): Handbuch des Staatsrechts der Bundesrepublik Deutschland Bd. 2, Demokratische Willensbildung – Die Staatsorgane des Bundes, 1. Aufl. 1987, 3. Aufl. 2004, Heidelberg

Handbuch des Staatsrechts der Bundesrepublik Deutschland Bd. 7, Normativität und Schutz der Verfassung – Internationale Beziehungen, 1992, Heidelberg

Jarass, Hans D./*Pieroth*, Bodo: GG. Grundgesetz für die Bundesrepublik Deutschland, 6. Aufl. 2002, München (zitiert: GG)

Jasper, Gotthard: Die große Koalition 1928–1930, in: Everhard Holtmann (Koordinator), Die Weimarer Republik 3 – Das Ende der Demokratie 1929–33, 1995, München, S. 19 ff.

Jellinek, Georg: Verfassungsänderung und Verfassungswandlung, 1906, Berlin

Jellinek, Georg: Allgemeine Staatslehre, 3. Aufl. 1976, Kronberg/Ts.

Jellinek, Walter: Kabinettsfrage und Gesetzgebungsnotstand nach dem Bonner Grundgesetz, in: VVDStRL 8 (1950), S. 3 ff.

Kaack, Heino: Fraktionswechsel und Mehrheitsverhältnisse im Deutschen Bundestag, in: ZParl 3 (1972), S. 131 ff.

Kaltefleiter, Werner: Die Funktionen des Staatsoberhauptes in der parlamentarischen Demokratie (Demokratie und Frieden Bd.9, Hermens, Ferdinand A. (Hg.)), 1970, Köln/Opladen

Kaltefleiter, Werner: Zwischen Krise und Stagnation. Aspekte der verfassungspolitischen Entwicklung 1972, in: Verfassungspolitischer Immobilismus in der Bundesrepublik? (Verfassung und Verfassungswirklichkeit, Jahrbuch 1972, Teil 2, Hermens, Ferdinand A./Kaltefleiter, Werner (Hg.)), 1972, Köln/Berlin/Bonn/München, S. 43 ff.

Kersten, Jens: Georg Jellinek und die klassische Staatslehre (Beiträge zur Rechtsgeschichte des 20. Jahrhunderts, Bd.28, Nörr, Knut Wolfgang/Rückert, Joachim/Rüthers, Bernd/Stolleis, Michael (Hg.)), 2000, Tübingen

Kessler, Uwe: Auflösung des Bundestages, in: Handbuch des deutschen Parlamentarismus, Röhring, Hans-Helmut/Sontheimer, Kurt (Hg.), 1970, München, S. 34 f.

Kirchhof, Paul: Die Identität der Verfassung, in: Isensee, Josef/ders. (Hg.), HStR II, 3. Aufl. 2004, Heidelberg, S. 261 ff.

Klein, Hans Hugo: Die Auflösung des deutschen Bundestages nach Art.68 GG. Zum Urteil des Bundesverfassungsgerichts vom 16. Februar 1983, in: ZParl 1983, S. 402 ff.

Klemmt, Rainer: Ein Vergleich mit der britischen Verfassung zeigt: Festschreibung der rein parlamentarischen Form ministerieller Verantwortlichkeit durch das Urteil des Bundesverfassungsgerichts vom 16. 2. 1983, in: ZParl 1983, S. 430 ff.

Kremer, Klemens: Die Rechtsstellung der Mitglieder des Bundestages nach dessen Auflösung, in: ders. (Hg.), Parlamentsauflösung. Praxis – Theorie – Ausblick, 1974, Köln/Berlin/Bonn/München, S. 33 ff.

Kremer, Klemens: Die Auswirkungen der Bundestagsauflösung auf den Bundestag und seine Organe sowie auf die Gremien mit Abgeordneten als Minister, in: ders. (Hg.), Parlamentsauflösung. Praxis – Theorie – Ausblick, 1974, Köln/Berlin/Bonn/München, S. 47 ff.

Kremer, Klemens (Hg.): Parlamentsauflösung. Praxis – Theorie – Ausblick, 1974, Köln/Berlin/Bonn/München

Küchenhoff, Erich: Mißtrauensantrag und Vertrauensfrage-Ersuchen, in: DÖV 1967, S. 116 ff.

Laband, Paul: Die Wandlungen der deutschen Reichsverfassung, Vortrag vom 16. März 1895 (Jahrbuch der Gehr-Stiftung zu Dresden Bd.1), 1895, Dresden

Ladeur, Karl-Heinz: Das Bundesverfassungsgericht zur Bundestagsauflösung: Welche Sprachenregelung bietet das Grundgesetz?, in: Recht und Politik 2 (1983), S. 68 ff.

Lange, Rolf/*Richter*, Gerhard: Erste vorzeitige Auflösung des Bundestages. Stationen vom konstruktiven Mißtrauensvotum bis zur Vereidigung der zweiten Regierung Brandt/Scheel, in: ZParl 1973, S. 38 ff.

Leibholz, Gerhard: Strukturprobleme der modernen Demokratie, 1958, Karlsruhe

Leibholz, Gerhard/*Rinck*, Hans-Justus: Grundgesetz für die Bundesrepublik Deutschland. Kommentar an Hand der Rechtsprechung des Bundesverfassungsgerichts, 4. Aufl. 1971, Köln

Leicht, Robert: Mißtrauensvotum und Vertrauensfrage – eine konstruktive Alternative, in: ZRP 1972, S. 204 ff.

Leisner, Walter: Imperium in fieri. Zur Evolutionsgebundenheit des Öffentlichen Rechts, in: Der Staat 8 (1969), S. 273 ff.

Leisner, Walter: Von der Verfassungsmäßigkeit der Gesetze zur Gesetzmäßigkeit der Verfassung (Recht und Staat in Geschichte und Gegenwart. Eine Sammlung von Vorträgen und Schriften aus dem Gebiet der gesammelten Staatswissenschaften Bd.286/287), 1964, Tübingen

Lerche, Peter: Stiller Verfassungswandel als ausgewähltes Politikum, in: Ausgewählte Abhandlungen (Schriften zum Öffentlichen Recht Bd.969), Scholz, Rupert u.a. (Hg.), 2004, Berlin, S. 47 ff.

Liesegang, Helmuth: Zur verfassungsrechtlichen Problematik der Bundestagsauflösung, in: NJW 1983, S. 147 ff.

Loewenstein, Karl: Verfassungslehre, 2. Aufl. 1969, Tübingen

Löwer, Wolfgang: Inszeniertes Misstrauen, in: DVBl. 2005, S. 1102 ff.

Mahrenholz, Ernst Gottfried, in: Witz und Aberwitz, in: Der Spiegel, 23/2005, S. 30 ff.

v. Mangoldt, Hermann/*Klein*, Friedrich/*Starck*, Christian (Hg.): GG – Kommentar 2, Art.20–82, 5. Aufl. 2005, München (zitiert: GG)

Maunz, Theodor/*Dürig*, Günter/*Herzog*, Roman/*Scholz*, Rupert u.a. (Hg.): Grundgesetz. Kommentar 4, Art. 28–69, München, Loseblattsammlung, Stand: März 2007 (49.EL.) (zitiert: GG)

Maurer, Hartmut: Staatsrecht I. Grundlagen – Verfassungsorgane – Staatsfunktionen, 5. Aufl. 2007, München

Maurer, Hartmut: Vorzeitige Auflösung des Bundestages, in: DÖV 1982, S. 1001 ff.

Megerle, Klaus: Regierungsperiode relativer Stabilität. Parteien, Wahlen und Koalitionen bis 1928, in: Everhard Holtmann (Koordinator), Die Weimarer Republik Bd.2 – Der brüchige Frieden 1924–28, 1994, München, S. 17 ff.

Meyer, Hans: Anmerkung zu BVerfGE 62, 1 ff, in: DÖV 1983, S. 243 ff.

Müller, Helmut M.: Schlaglichter der Deutschen Geschichte, Sonderausgabe für die Landeszentrale für politische Bildung, 2. Aufl. 1990, Mannheim

Müller, Martin: Das konstruktive Mißtrauensvotum. Chronik und Anmerkungen zum ersten Anwendungsfall des Art. 67 GG, in: ZParl 1972, S. 275 ff.

v. Münch, Ingo/*Kunig*, Philip (Hg.): Grundgesetz-Kommentar

– Bd.2 (Art.20 bis 69), 5. Aufl. 2001, München (zitiert: GG)

– Bd.3 (Art. 70 bis Art. 146 und Gesamtregister), 5. Aufl. 2003, München (zitiert: GG)

Nettesheim, Martin: Die Aufgaben des Bundespräsidenten, in: Isensee, Josef/Kirchhof, Paul (Hg.), HStR III, 3. Aufl. 2005, Heidelberg, S. 1073 ff.

Neubauer, Frank: Neuwahlen und Grundgesetz. Vorschlag einer Grundgesetz-Ergänzung, in: DÖV 1973, S. 597 ff.

Niclauß, Karlheinz: Auflösung oder Selbstauflösung? Anmerkungen zur Verfassungsdiskussion nach der Vertrauensfrage des Bundeskanzlers 2005, in: ZParl 2006, S. 40 ff.

Nierhaus, Michael: Entscheidung, Präsidialakt und Gegenzeichnung. Ein Beitrag zur verfassungsrechtlichen Stellung des Bundespräsidenten im System des Grundgesetzes (Studien zum öffentlichen Recht und zur Verwaltungslehre Bd.11), 1973, München

Oberreuter, Heinrich: Vertrauensfrage, in: Handwörterbuch des politischen Systems, Anderson, Uwe/Woyke, Wichard (Hg.), 5. Aufl. 2003, Bonn, S. 661 f.

Pestalozza, Christian: Art. 68 GG light oder Die Wildhüter der Verfassung, in: NJW 2005, S. 2817 ff.

Pilz, Frank: Der Sozialstaat. Ausbau – Kontroversen – Umbau, 2004, Bonn

Pilz, Frank/*Ortwein*, Heike: Das politische System Deutschlands, 3. Aufl. 2000, München/Wien

Potthast, Walter: Die Auflösung des Bundestages nach Artikel 68 des Grundgesetzes, Diss., 1986, Köln

Püttner, Günter: Vorzeitige Neuwahlen – ein ungelöstes Reformproblem, in: NJW 1983, S. 15 f.

Reimer, Franz: Vertrauensfrage und Bundestagsauflösung bei parlamentarischer Anscheinsgefahr, in: JuS 2005, S. 680 ff.

Reiter, Karl J.: Verfassungsrechtliche Erwägungen zu der parlamentslosen Zeit nach einer Bundestagsauflösung, in: Kremer, Klemens (Hg.), Parlamentsauflösung. Praxis – Theorie – Ausblick, 1974, Köln/Berlin/Bonn/München, S. 89 ff.

Sachs, Michael (Hg.): GG- Grundgesetz Kommentar, 4. Aufl. 2007, München (zitiert: GG)

Schaefer, Rainer: Parlamentarische Lähmungskrise und Etablierung der Präsidialkabinette, in: Everhard Holtmann (Koordinator), Die Weimarer Republik Bd.3 – Das Ende der Demokratie 1929–33, 1995, München S. 315 ff.

Schäfer, Friedrich: Der Bundestag. Eine Darstellung seiner Aufgaben und seiner Arbeitsweise, 4. Aufl. 1982, Köln/Opladen

Schenke, Wolf-Rüdiger: Bemerkungen zu dem der Vertrauensfrage vorausgehenden Verfahren, in: NJW 1983, S. 152

Schenke, Wolf-Rüdiger: Das „gefühlte" Misstrauen. Zur Verfassungsrechtslage nach der Entscheidung des Bundesverfassungsgerichts vom 25. 8. 2005 zur Vertrauensfrage nach Art.68 GG, in: ZfP 2006, S. 26 ff.

Schenke, Wolf-Rüdiger: Die verfassungswidrige Bundestagsauflösung, in: NJW 1982, S. 2521 ff.

Schenke, Wolf-Rüdiger: Zur verfassungsrechtlichen Problematik der Bundestagsauflösung, in: NJW 1983, S. 150 ff.

Schenke, Wolf-Rüdiger/*Baumeister*, Peter: Vorgezogene Bundestagswahlen: Überraschungscoup ohne Verfassungsbruch?, in: NJW 2005, S. 1844 ff.

Schindler, Dietrich: Verfassungsrecht und soziale Struktur, 1932, Zürich

Schindler, Peter: Datenhandbuch zur Geschichte des Deutschen Bundestages 1949 bis 1999 Bd.1: Kapitel 1–6, 1999, Baden-Baden

Schlaich, Klaus: Die Funktionen des Bundespräsidenten im Verfassungsgefüge, in: Isensee, Josef/Kirchhof, Paul (Hg.), HStR II, 1987, Heidelberg, S. 541 ff.

Schlichting, Gerhard: Zur Auslegung des Art. 68 GG durch das Bundesverfassungsgericht, in: JZ 1984, S. 120 ff.

Schmid, Carlo/*Sontheimer*, Kurt/*Kriele*, Martin: „Keine Verfassungsänderung", in: Süddeutsche Zeitung 219/1972, S. 11.

Schmidt-Bleibtreu, Bruno/*Klein*, Franz: Kommentar zum Grundgesetz, 9. Aufl. 1999, Neuwied (zitiert: GG)

Schmitt, Carl: Verfassungslehre, 3. Aufl. 1957, München

Schneider, Hans-Peter: Kommentar zum Grundgesetz für die Bundesrepublik Deutschland 2, Art.38–146 (Reihe Alternativkommentare, Wassermann, Rudolf (Hg.)), 2. und 3. Auflage, Neuwied, Loseblattsammlung, Stand: Aug. 2002 (zitiert: AKzGG 2)

Schneider, Hans-Peter: Die vereinbarte Parlamentsauflösung, in: JZ 1973, S. 652 ff.

Schneider, Hans-Peter: Sibyllinisch oder Salomonisch? – Das Urteil des Bundesverfassungsgerichts zur Parlamentsauflösung, in: NJW 1983, S. 1529 ff.

Schneider, Jens: Angst vor dem Freundschaftsschwur, in: Süddeutsche Zeitung 260/2001, S. 6

Schönberger, Christoph: Parlamentarische Autonomie unter Kanzlervorbehalt?, in: JZ 2002, S. 211 ff.

Schreiber, Wolfgang/*Schnapauff*, Klaus-Dieter: Rechtsfragen „im Schatten" der Diskussion um die Auflösung des Deutschen Bundestages nach Art.68 GG, in: AöR 109 (1984), S. 369 ff.

Schröder, Meinhard: Bildung, Bestand und parlamentarische Verantwortung der Bundesregierung, in: Isensee, Josef/Kirchhof, Paul (Hg.), HStR III, 3. Aufl. 2005, Heidelberg, S. 1133 ff.

Schröder, Meinhard: Parlamentsauflösung bei gesicherten Mehrheitsverhältnissen?, in: JZ 1982, S. 786 ff.

Schueler, Hans: Die Stunde des Präsidenten, in: Die Zeit 21/1972, S. 3.

Schultz, Günther: Blick in die Zeit, in: MDR 1972, S. 926 ff.

Schultz, Günther: Blick in die Zeit. Das Aschermittwoch-Urteil, in: MDR 1983, S. 365 ff.

Seuffert, Walter: Freiheit der Politik und Grenzen des Rechts, in: AöR 108 (1983), S. 403 ff.

Smend, Rudolf: Staatsrechtliche Abhandlungen und andere Aufsätze, 3. Aufl. 1994, Berlin

Starck, Christian: Anmerkung zu BVerfGE 114, 121 ff., in: JZ 2005, S. 1053 ff.

Starck, Christian: Die Verfassungsauslegung, in: Isensee, Josef/Kirchhof, Paul (Hg.), HStR VII, 1992, Heidelberg, S. 189 ff.

Steffani, Winfried: Vertrauensfrage zwecks Neuwahl?, in: ZParl 1982, S. 573 ff.

Steiger, Heinhard: Organisatorische Grundlagen des parlamentarischen Regierungssystems (Schriften zum Öffentlichen Recht Bd. 207), 1973, Berlin

Steiger, Heinhard: Selbstauflösungsrecht für den Bundestag? in: FS für Erwin Stein zum 80. Geburtstag, Avenarius, Hermann u. a. (Hg.), 1983, Bad Homburg, S. 349 ff.

Stern, Klaus: Das Staatsrecht der Bundesrepublik Deutschland

– Bd. I, Grundbegriffe und Grundlagen des Staatsrechts, Strukturprinzipien der Verfassung, 2. Aufl. 1984, München

– Bd. II, Staatsorgane, Staatsfunktionen, Finanz- und Haushaltsverfassung, Notstandsverfassung, 1980, München

Strohmeier, Rudolf W.: Die verfassungsgemäße Bundestagsauflösung – einige kritische Anmerkungen zu den Begründungen des Verfassungsgerichtsurteils vom 16. Februar 1983, in: ZParl 1983, S. 422 ff.

Terhechte, Jörg Philipp: Die vorzeitige Bundestagsauflösung als verfassungsrechtliches Problem, in: Jura 2005, S. 512 ff.

Tiemann, Burkhard: Neuwahlen als Parteivereinbarung?, in: JZ 1972, S. 510 ff.

Tomuschat, Christian: Verfassungsgewohnheitsrecht? Eine Untersuchung zum Staatsrecht der Bundesrepublik Deutschland (Heidelberger Rechtswissenschaftliche Abhandlungen Neue Folge, 27. Abhandlung), 1972, Heidelberg

Tosse, Thomas: Parlamentsauflösung – Funktionen und Formen in der Bundesrepublik Deutschland, Diss, 1988, München

Trossmann, Hans: Parlamentsrecht und Praxis des Deutschen Bundestages, 1967, Bonn

Umbach, Dieter C.: Parlamentsauflösung in Deutschland. Verfassungsgeschichte und Verfassungsprozeß, 1989, Berlin/New York

Urschel, Reinhard: Gerhard Schröder. Eine Biografie, 2002, Stuttgart/München

Voßkuhle, Andreas: Gibt es und wozu nutzt eine Lehre vom Verfassungswandel?, in: Der Staat 43 (2004), S. 450 ff.

Wettig-Danielmeier, Inge: Die erste Selbstauflösung eines Parlaments, in: ZParl 1970, S. 269 ff.

Zeh, Wolfgang: Parlamentarisches Verfahren, in: Isensee, Josef/Kirchhof, Paul (Hg.), HStR III, 3. Aufl. 2005, Heidelberg, S. 807 ff.

Zeh, Wolfgang: Die Fortdauer des Amtes der Parlamentarischen Staatssekretäre nach der Auflösung des Bundestages, in: Kremer, Klemens (Hg.), Parlamentsauflösung. Praxis – Theorie – Ausblick, 1974, Köln/Berlin/Bonn/München, S. 105 ff.

Zeh, Wolfgang: Kalendarium der Ereignisse auf dem Weg zur Auflösung des Bundestages vom 22. September 1972, in: Kremer, Klemens (Hg.), Parlamentsauflösung. Praxis – Theorie – Ausblick, 1974, Köln/Berlin/Bonn/München, S. 151 ff.

Zeh, Wolfgang: Bundestagsauflösung über die Vertrauensfrage – Möglichkeiten und Grenzen der Verfassung, in: ZParl 1983, S. 119 ff.

Zippelius, Reinhold/*Würtenberger*, Thomas: Deutsches Staatsrecht, 32. Aufl. 2008, München

Personenregister

Sachregister